Von Heinz G. Konsalik
sind als Goldmann-Taschenbücher außerdem erschienen:

Der Fluch der grünen Steine. Roman (3721)
Ich gestehe. Roman (3536)
Das Lied der schwarzen Berge. Roman (2889)
Manöver im Herbst. Roman (3653)
Morgen ist ein neuer Tag. Roman (3517)
Schicksal aus zweiter Hand. Roman (3714)
Das Schloß der blauen Vögel. Roman (3511)
Die schöne Ärztin. Roman (3503)
Die schweigenden Kanäle. Roman (2579)
Die tödliche Heirat. Kriminalroman (3665)

Stalingrad. Bilder vom Untergang der 6. Armee (3698)

Heinz G. Konsalik

Ein Mensch wie du

Roman

Wilhelm Goldmann Verlag

1. Auflage April 1970   ·   1.– 10. Tsd.
2. Auflage Oktober 1971   ·   11.– 20. Tsd.
3. Auflage Januar 1973   ·   21.– 40. Tsd.
4. Auflage Oktober 1974   ·   41.– 60. Tsd.
5. Auflage Februar 1976   ·   61.– 90. Tsd.
6. Auflage November 1977 ·   91.–120. Tsd.
7. Auflage Juni 1978   ·   121.–143. Tsd.
8. Auflage Dezember 1978   ·   144.–193. Tsd.
9. Auflage Oktober 1979   ·   194.–243. Tsd.

Made in Germany 1979
Genehmigte Taschenbuchausgabe
Die Originalausgabe ist im Hestia-Verlag, Bayreuth, erschienen
Umschlagentwurf: Atelier Adolf & Angelika Bachmann, München
Umschlagfoto: Studio Floßmann, München
Satz: IBV Lichtsatz KG, Berlin · Druck: Presse-Druck Augsburg
Verlagsnummer: 2688
Lektorat: Martin Vosseler · Herstellung: Harry Heiß
ISBN 3–442–02688–1

Erstes Kapitel

Durch den Garten klang eine Stimme, eine helle, junge Stimme, die jubelnd in die Höhe kletterte und mühelos die Fermate hielt, ohne überhaupt darum zu wissen, denn der Sänger kannte keine Fermate, er konnte kaum eine Note lesen. Aber er sang, weil der Tag so sonnig war, weil die Blumen blühten, die Gräser sprossen, die weißen oder zartrosa Blüten der Obstbäume wie gewebte Spitzen über das Astwerk flossen und die Vögel in den Büschen mitsangen – in diesem Frühling voller Erwachen und Hoffnung.

Am Zaun aus weitem Maschendraht stand ein Mädchen und lauschte auf den Gesang. Es lächelte, als es den jungen Mann in seiner blauen Gärtnerschürze zwischen den Beeten stehen sah, den Kopf etwas in den Nacken gelegt, gestützt auf den Stiel eines Spatens, mit dem er gerade ein Beet umgegraben hatte. Neben ihm lagen die Beutel der Saat, eine kleine Schiebkarre mit Kunstdünger stand vor den Büschen... Aus einem sich drehenden Gartensprenger tanzte das Wasser glitzernd und in schillernde Tropfen zerstäubend über ein Beet junger Erdbeeren.

Die Gärtnerei – drei Morgen mit drei Gewächshäusern und einem Geräteschuppen – lag etwas außerhalb der kleinen Stadt Liblar im rheinischen Vorgebirge. In der Ferne sah man einen Wald von qualmenden Schloten... Schwarze Rußwolken zogen träge und fett gegen Westen... Knapsack, das Zentrum des rheinischen Braunkohlengebietes, grüßte herüber. Dort brauste der heiße Rhythmus der Maschinen, gebar die Erde das schwarze Gold, war die Landschaft geformt von den schwieligen Fäusten und dem Gesicht bizarr gestalteten Eisens und Form gewordenen Betons. Hier aber, am Rande

Liblars, umgeben von den weiten Feldern, auf denen das Gemüse wuchs, eingerahmt von dem kostbaren Rahmen weiter Obstkulturen, hier, in der Stille der Gärten und der Verträumtheit einer lieblich blühenden Landschaft, war das Leben wie das leichte Dahingleiten eines klaren Baches, den das Brausen des reißenden Stromes nicht störte.

Greta Sanden stand noch immer am Maschenzaun und sah hinüber auf den jungen singenden Gärtner. Er hatte den Spaten losgelassen, der jetzt zur Erde fiel, die Hände legte er auf die Brust, und seine Stimme jubelte auf, sein Körper streckte sich, als wolle er dem Ton nachfliegen, der hell in die Sonne stieg und dort verklang, als löse er sich auf in ihren Strahlen.

Als er den Kopf wieder senkte und den Spaten wieder aufnehmen wollte, klatschte Greta Sanden in die Hände. Erschrocken fuhr der junge Gärtner herum, doch dann lächelte er und trat an den Zaun, dem Mädchen seine Hände entgegenstreckend.

»Du hast mich erschreckt«, sagte er und sah das Mädchen mit Augen an, in denen noch die Versunkenheit in die Melodie lag. »War es schön, was ich sang?«

»Wunderschön, Franz.« Sie drückte seine etwas staubigen Hände und lächelte ihm zu.

»Es war Puccini, Greta.«

»Ja. Puccini.« Greta nickte. Sie kannte Puccini nicht. Sie wußte, was ein Oberhemd kostete oder eine Unterjacke, Größe 4. Sie stand von morgens um acht bis abends um sieben Uhr hinter der Theke und verkaufte von den Bergen an Hemden, Bettwäsche, Unterwäsche, Tischtüchern, Servietten, Babyausstattungen und Strandmoden alles, was den Kunden gefiel, und wenn dann der Laden geschlossen wurde, räumte sie wieder alles in die Regale, schön der Größe nach, geordnet nach Farben – »Dessins«, sagte der Chef immer –, und dann ging sie abends nach Hause, in ihr kleines möbliertes Zimmer in Sülz, um sich ein paar Kartoffeln zu braten, ein Brot mit Streichwurst zu essen und dann auf der Schlafcouch zu liegen und ermüdet noch eine Illustrierte oder Filmzeitschrift zu lesen. Puccini... Ach ja... In der Oper von Köln spielte man ihn, sie hatte es in der Zeitung gelesen… Oper – wie mochte sie aussehen? Bunte Kostüme, berauschende Musik, wunderbare Bilder auf der Bühne, wie im Film, nur greifbarer, natürlicher, märchenhafter – so stellte sie sich eine Oper vor. Und Franz sang Puccini…

Greta nickte und ging den Zaun entlang bis zu dem kleinen Tor, durch das man die Gärtnerei betrat. »Wir brauchen wieder eine schöne Blumendekoration für den Laden«, sagte sie, als sie neben Franz durch die Beete ging, hinüber zu dem Gewächshaus, vor dem im Schatten eines dunkelvioletten Fliederbaumes eine Bank stand, grün gestrichen, mit eisernen Füßen, eine alte, schon rissig gewordene Bank. »Ich habe Herrn Vornholtz gesagt, daß ich die Blumen am Montag mitbringe… Ich bekäme sie billiger.«

Ach ja – es war ja Sonntag! Franz Krone schaute in den blauen Himmel. Schon wieder Sonntag… Er spürte den Ablauf der Woche gar nicht in dem gleichen Rhythmus seines Lebens. Er schlief, erhob sich beim Morgengrauen, begann still seine Arbeit, unterbrach sie nur zu den Mahlzeiten, die er sich selbst bereitete, und wenn es dunkel wurde, wenn das letzte Beet gesprengt und gejätet, die letzte Blume beschnitten, festgebunden oder gedüngt war, wenn die Pflanzenkästen leer waren und die Mistbeete gut abgedeckt, ging er zurück zu seinem Bett und schlief bis zum Morgengrauen. Nur am Sonntag, da kam Greta Sanden, und so merkte er, daß es Sonntag war, ein wirklicher Sonntag, ein stiller Feiertag seines Herzens… Und dann sang er und freute sich selbst über seine Stimme, die anders war als alles, was sein Leben formte.

»Du siehst braun aus«, sagte Greta und legte Franz die kleine, weiße Hand auf den Arm.

»Wenn man den ganzen Tag draußen ist…« Er sah an sich hinunter, und jetzt störte ihn seine werktägliche Arbeitskleidung. »Du, ich ziehe mich schnell um, ja? Ich mache den Laden zu, und wir fahren hinaus nach Brühl und trinken auf der Schloßterrasse eine Tasse Kaffee. Einverstanden?«

»Einverstanden.«

Er erhob sich und wollte in das Haus gehen, aber dann blieb er plötzlich stehen und wandte sich zur Bank um.

»Greta«, sagte er leise. »Haben wir nicht etwas vergessen?«
»Ich glaube, ja.«

Er ging zur Bank zurück und beugte sich über das blasse, schmale Gesicht, das sich ihm entgegenhob. Die Augen waren geschlossen, die Wimpern zitterten, die Nasenflügel... Da küßte er sie, kurz nur, aber in tiefem Glück. Er umfaßte ihre Schulter und zog sie zu sich empor. »Wie leicht sie ist«, dachte er, »federleicht; ich kann sie auf meinen Händen tragen und spüre es kaum. – Greta«, sagte er leise, und seine Stimme war spröde, weil die Erregung in ihr schwang, »Greta – es ist so schön, daß heute Sonntag ist...« Er küßte sie wieder und war erfüllt von der Hingabe, mit der sie in seinen Armen lag.

Wenig später fuhren sie nach Brühl.

Greta saß auf dem Soziussitz des Motorrades, das Franz Krone vorsichtig über die unebene Straße steuerte, vorbei an den Bauernhäusern und den grünen Feldern, den Tulpengärten und Narzissenbeeten, mit denen die Häuser umgeben waren. Greta hatte die Arme um die Hüften des Fahrers geschlungen, ihr glückliches Gesicht lehnte an dem breiten Rücken – so fuhren sie langsam durch das blühende Land.

Kurz vor Brühl hielt Franz an, und sie standen auf einem kleinen Hügel und blickten hinüber auf das breit vor einem Park gelagerte Barockschloß, den Prunkpalast der ehemaligen Fürstbischöfe von Köln. Auf den Terrassen spiegelte die Sonne... Von einer Kaffeewirtschaft herüber leuchteten bunte Tischtücher und einige Sonnenschirme... Auf der Straße von Köln her schoben sich die Kolonnen der Wagen heran, Autobusse, Zeppelinen vergleichbar mit gläsernen Kanzeln, in denen sich die Sonne brach, kleine Wagen, eingehüllt in den Staub der vor ihnen dröhnenden mächtigen Reifen, dazwischen Motorräder, Fahrräder, einsame Fußgänger – eine Völkerwanderung in die Sonne, ein mechanisierter Schrei nach Luft, ein babylonischer Turm von Sonnen- und Erlebnishunger.

Greta und Franz standen auf der Anhöhe und schauten auf das Gewimmel zu ihren Füßen. »Wie ein Heer ausgehungerter Termiten«, sagte er langsam. Greta nickte. »Termiten«, dachte sie. »Was ist das?« Aber sie nickte, weil er es sagte, und sie bewunderte wieder seine Klugheit und schmiegte sich an ihn.

»Wollen wir da hinunter?« fragte sie kläglich. »In dieses Heer schwitzender Menschen? Bleiben wir doch hier, Franz... Hier, ganz allein... Hier ist es schön!«

Franz Krone nickte und stellte das Motorrad etwas abseits in den Schatten einer Kastanie, deren weiße Blütenkerzen verwelkten und die ihre Blütenblätter wie Schnee über das Grün der wuchernden Wiese schüttete. Hier setzten sie sich ins Gras und sahen hinüber auf die steinerne Kunst längst vergangener Jahrhunderte, auf die sinnenfrohe und doch schwere Eleganz des barocken Schlosses.

Greta lehnte den Kopf an Franz' Schulter und nahm mit glücklichem Lächeln seine streichelnde Liebkosung hin. »Warum fährst du eigentlich nicht nach Köln?« fragte sie, als er den Arm um ihre Schulter legte.

»Was soll ich in Köln? Ich ersticke in diesem zertrümmerten Steinhaufen. Ich bekomme keine Luft mehr, wenn ich die riesigen Ruinenfelder sehe, die geschwärzten Fassaden, die zerrissenen Kirchen, die untergegangene Welt von zwei Jahrtausenden. Ich lebe in meinem Garten und freue mich, wenn die Saat aufgeht, wenn die Tulpen blühen, wenn die Gladiolen schlank aus der Zwiebel brechen. Was soll ich in Köln?«

»Du solltest deine Stimme prüfen lassen.« Sie sagte es ganz ernst, so ernst, daß er verwundert zur Seite sah.

»Meine Stimme?« Er lachte schüchtern. »Man würde mich auslachen...«

»Du singst wunderbar... Du weißt das! Warum willst du nicht nach Köln gehen?«

»Es gibt bessere Sänger als mich. Stelle nur das Radio an... Ich sitze oft davor und höre sie mir an, Peter Anders, Helge Roswaenge, Gigli, Tagliavini, Tauber, Schock, Mario del Monaco, und wenn ich dann die gleichen Arien singe, in meinem Zimmer, dann weiß ich, daß ich gar nicht singen kann... Dann schäme ich mich, daß ich überhaupt singe... Und dann gehe ich zu meinen Blumen zurück und tröste mich: Du bist ja kein Gigli, du bist nur der Gärtner Franz

Krone, der von seinem Vater drei Morgen Garten erbte, Gewächshäuser, einen Motorpflug, einen Haufen Gartengeräte, sieben unbezahlte und prolongierte Wechsel und die Verpflichtung, diese Gärtnerei weiterzuführen, um nicht zu verhungern – trotz Abitur, trotz Leutnantspatent 1945, drei Monate vor Schluß... Und dann pflanze, dünge, begieße ich... Singen? Wenn die Sonne scheint, wenn du kommst, Greta, wenn ich glücklich bin... Aber nicht als Beruf... Dazu reicht es nicht.«

»Aber du solltest doch vorsingen«, sagte sie eigensinnig. Er lachte über diesen Dickkopf und zog sie an sich. Sie wehrte sich plötzlich und sprang aus dem Gras auf. Zierlich, ein wenig rührend in ihrem billigen Frühjahrsfähnchen, aber mit Augen in dem blassen Gesicht, die brannten und von innen heraus zu leuchten schienen, stand sie vor ihm. »Ich komme nicht wieder am Sonntag zu dir, wenn du nicht vorsingst!« sagte sie leise. Ihre Stimme zitterte bei diesen Worten, sie taten ihr leid in dem Augenblick, als sie gesprochen waren, aber sie sagte sie, sie preßte sie heraus in dem Bewußtsein, mit ihnen zu helfen und dem Leben vielleicht eine Richtung zu geben, auf der sie dann gemeinsam in ein fernes, fast traumhaftes Glück schreiten konnten.

Franz Krone starrte sie groß an. »Ein Ultimatum«, sagte er, zwischen Fröhlichkeit und plötzlichem Ernst schwankend.

»Nenne es, wie du willst! Ich glaube, du bist zu feige, vorzusingen.«

»Ja, das bin ich«, sagte er ehrlich.

»Ach!« Greta schüttelte den Kopf. »Du hast Angst?«

»Was weiß ich von Singen, von Musik überhaupt?« Er lehnte sich zurück an den Stamm der Kastanie und blickte hinüber zu dem Schloß, das gleißend in der Sonne lag. »Als ich das Abitur machte – das Notabitur, denn wir sollten schnell in den Krieg und die Lücken in Rußland füllen –, wußten wir nichts von dem, was man Musik nennt! Ein paar Lieder, sehr national und zackig, Opernanalysen, die nötigsten Begriffe der Notenlehre, im übrigen aber lange Vorträge über artreine Musik und artfremde Werke... Wen interessierte 1944 noch die Musik?! Das ist jetzt alles anders, Greta – der Mensch besinnt sich wieder auf seine wirklichen Werte, er ist hungrig nach Kunst, nach seelischem Erleben, er ist ein Verdurstender, der plötzlich eine Quelle sieht, die unversiegbar köstlichen Trank schenkt... Und wir, die Kriegsjugend, wir stehen daneben, ausgestoßen, leergebrannt, halbgebildet, aufgewachsen zwischen Kommandos und Heimabenden, Zeltlagern und Aufmärschen, Phrasen und Terror. Das hat alles nichts mit der Musik zu tun, mit meinem Gesang, das stimmt – aber ich habe keinen Mut mehr, Greta, einfach keinen Mut mehr, etwas anzufangen, wozu man nicht berufen ist. Ich singe, weil es mir Spaß macht... Sollte ich singen, um Geld damit zu verdienen, ich würde keinen Ton mehr hervorbringen. Glaube es mir...«

Greta Sanden sah Franz mit zur Seite geneigtem Kopf an. Sie dachte – man sah es an ihren Augen, daß sie ernsthaft nachdachte – nicht über das nach, was er gesagt hatte, denn seine Worte, hart, erregt, sich überschlagend, waren an ihr vorbeigerauscht, und sie hatte ihnen gelauscht nur in der Melodie ihres Tonfalls. Jetzt war es still um sie, nur vom Schloß her brummten die Motoren durch den Sonnenglast zu ihnen herauf.

»Soll ich für dich an der Musikhochschule fragen?« sagte sie langsam.

»Untersteh dich!« fuhr er auf.

»Es kostet doch nichts.«

»Ich bin ein Gärtner, sonst nichts!« Er stand neben ihr, hager, groß, mit einem kantigen, braunen Gesicht. Die dunkelbraunen Haare fielen ihm in die Stirn und über die Augen. »Ich könnte niemals vorsingen, vor anderen, vielen Menschen... Ich könnte es einfach nicht.«

Greta legte ihm die Hand auf den Arm. »Es ist gut, Franz«, sagte sie begütigend. Ihre Stimme klang tröstend, mütterlich, merkwürdig gereift in einem Augenblick, in dem sie an der Schwelle eines unbekannten Raumes stand und zögerte, die Tür aufzustoßen, um zu sehen, was hinter ihr verborgen war. »Wir wollen uns doch den schönen Sonntag nicht verderben.«

Mit dem letzten Omnibus fuhr Greta Sanden zurück nach Köln, in die Wüste aus Trümmern und überwucherten, rauchgeschwärzten Balken. Franz Krone winkte dem Omnibus nach, bis ihn die Dunkelheit aufsaugte und nur noch die vorausjagenden Scheinwerfer die stille Nacht durchschnitten. Dann fuhr er zurück zu seiner Gärtnerei und stand eine Weile sinnend draußen am weiten Drahtzaun.

Er blickte über die Glashäuser, über die Beete, die Büsche, die blühenden Obstbäume. Er tastete seine Welt ab, die ererbte, nicht die gewünschte. Gärtnerei und Gartenbaubetrieb Franz Krone. Liblar bei Köln. An der Bundesstraße 265, 14 km von Köln entfernt. Seit 1945 Ziel vieler Kölner, sich für ihre Einmachgläser Obst und Gemüse einzutauschen.

Er lehnte sich an einen Pfosten des Zaunes und sah zurück auf das helle Band der Straße, die gerade, wie eine Rennstrecke, nach Köln hinführte.

Nach Köln war er jeden Tag in die Schule gefahren... 14 km hin, 14 km zurück. Humboldt-Gymnasium in der Humboldtstraße. Heute ein riesiger Trümmerberg inmitten anderer Trümmer. Planiert das ganze Viertel. Parkplatz. Als schauriges Wahrzeichen dazwischen die hohlen Fenster und der aufgerissene Chor der Kirche.

In der Klasse. Mathematik. Dr. Dauhn sieht sich um. »Krone, erklären Sie mir die möglichen Kegelschnitte!« Der Schüler Krone schweigt. Dr. Dauhn: »Dann sagen Sie mir wenigstens die Formel für den Inhalt einer Pyramide!« Schweigen. Dr. Dauhn: »Krone, ich bin seit dreißig Jahren Studienrat. Aber so etwas wie Sie in Mathematik habe ich noch nicht erlebt! Ich werde dafür sorgen, daß Sie nicht das Abitur bekommen.« Aber es war Krieg, die Fronten gingen zurück, man schrie nach neuen Truppen.

In der Musikstunde setzte sich Dr. Wendel an den Flügel in der Aula. Er trug die hellbraune Uniform der Politischen Leiter, er trug sie stolz und mit lauter Stimme. »Heute singen wir wieder einmal, Kerls!« sagte er zackig. »Drei – vier!« Und sie sangen Herms Niel und schlugen das Bumbum mit der Faust auf die Bänke. Begeisterung – Freude. »Sie werden alle das Abitur bekommen...«, sagte Dr. Wendel zufrieden.

1944 starb der Vater. 1945 kam Franz zurück aus dem Ruhrkessel, weggejagt von den Engländern. »Alle Kinder nach Hause!« sagte der Captain des Lagers. Und er lachte dröhnend, als er das Tor öffnete und die Schar der Jungen verdreckt, ausgemergelt in die Trümmerwüsten hinausgeschickt wurden. Die Jugend des Krieges…

Die Gärtnerei war verkommen… Er baute sie wieder auf. Er tauschte, handelte für Blumen und Gemüse, für Obst und Samen Maschinen, Glas, Geräte und Dünger ein. Er zimmerte die Dächer selbst, er zerriß sich die umgeschneiderte Offiziersuniform an den Dornen der Hecken – aber er schaffte es, der Notabiturient und Leutnant Franz Krone. Und jetzt stand er hier am Maschenzaun, neben seinem Motorrad, sah über seine drei Morgen Garten hinweg und dachte an die Worte des kleinen Mädchens Greta Sanden, die er liebte, weil sie der einzige Mensch war, zu dem er sagen konnte: »Ich habe Angst.« Nicht Angst vor dem Leben – das Leben kannte er jetzt –, aber Angst vor etwas Unbestimmbarem, das in der Luft lag und drückend auf ihn niederfiel wie Föhn oder Gewitterschwüle.

Singen… Sollte er wirklich in Köln vorsingen? Professor Glatt lehrte in Köln an der Musikhochschule Gesang, ein bekannter Pädagoge, Lehrer des Belcanto, des italienischen Kunstgesanges. Ein strenger Lehrer, unbestechlich in seinem Gehör, streng gegen seine Schüler, unnachgiebig in seinen Methoden, aus einem Begabten den Künstler zu formen.

Franz Krone schob seine Maschine in den Schuppen und setzte sich noch auf die alte, grüne Bank mit den häßlichen gußeisernen Füßen.

Wovon sollte er das Studium bezahlen? Die Bücher, die Noten, die Konzerte, die er verpflichtet war zu hören? Die Gärtnerei verpachten? Er warf die Zigarette, an der er rauchte, auf den Boden und zertrat sie. »Nie!« – »Ich lege mein Lebenswerk in deine Hände, mein Junge«, hatte der Vater geschrieben, als er in dem Krankenhaus lag und wußte, daß er das weiße Zimmer mit dem dunklen Kruzifix an der Wand und den spärlichen Primeln am Fenster nie mehr verlassen würde. »Führe die Gärtnerei wie ich… Das ist alles, was ich dir zu sagen habe. Sie hat mich ernährt, deine Mutter und dich… Ich hätte dich lieber als Arzt gesehen, von dem du immer träumtest, und ich wäre stolz auf meinen großen Sohn gewesen... Aber das Leben geht andere Wege als unsere Wünsche, und wir müssen den Wegen folgen, denn unerforschlich ist der Ratschluß Gottes, und wir dürfen nicht wanken und nur sagen: ›Was Gott will, das ist gut!‹ Werde ein Gärtner, mein Junge... So wirst du nur das Blühen und Reifen der Welt sehen und auf deinem Stück Land glücklich sein. Das sei mein Vermächtnis... Lebe danach, und ich kann ruhig in Gottes Hand schlafen.«

»Nie!« sagte Franz Krone laut, als wolle er den Geist des Vaters ansprechen. »Nie gebe ich die Gärtnerei her!«

Der Himmel in der Ferne war gerötet. Dort lag Köln, die Riesenstadt, die eine Riesenfaust zerstampft hatte und die jetzt neu emporwuchs, langsam zwar, aber stetig mit der Kraft ihrer zweitausend Jahre. Von Knapsack herüber wehte der Wind den Geruch von Ruß... Die Bäume rauschten... Es war kühl.

Als er das Radio anstellte, klang ihm die Stimme eines Tenors entgegen. Schnell drehte er wieder ab und saß in der Dunkelheit und starrte aus dem Fenster in die Nacht.

Der Stachel saß in seinem Fleisch, und er schmerzte.

»Puccini«, dachte er und erschrak über diesen Gedanken. »Wenn ich jemals Puccini singen könnte. Ein einziges Mal singen wie Anders, Gigli, Tagliavini...«

Er legte den Kopf auf die Hände und schloß die Augen.

Und um ihn herum war die Dunkelheit Musik, die schwoll und schwoll und widertönte aus allen Winden und ihn ganz ergriff wie ein Fieber, schüttelnd, schmerzend, unheilbar...

Am 23. Mai 1949 erhielt Franz Krone ein Schreiben der Musikhochschule Köln, Oberländer Ufer.

Er las zuerst die Unterschrift.

»Glatt. Prof. Glatt.«

Er las sie zehnmal, ehe er sich bezwang, den Text des kurzen Briefes zu lesen:

»Sie werden gebeten, am kommenden Donnerstag zwischen 10 und 12 Uhr bei dem Unterzeichneten in der Musikhochschule Köln,

Oberländer Ufer, vorzusingen. Mitzubringen sind die Noten, auch für den Klavierpart. Falls Sie verhindert sein sollten, bitten wir zur Festlegung eines anderen Termins um Ihre schnelle Nachricht.

Hochachtungsvoll Prof. Glatt«

Einen Augenblick stand er wie betäubt vor dem großen Gewächshaus und starrte auf das Schreiben in seinen Händen. »Greta«, dachte er. »Es kann nur Greta gewesen sein. Sie ist zu Professor Glatt gegangen, sie hat ihm von mir erzählt, und sie wird so lange gesprochen und gebeten haben, bis Glatt diesen Brief schrieb.« Er konnte sich den berühmten Lehrer vorstellen, wie er fast widerwillig dieses Schreiben diktierte, nur, um Greta loszuwerden; wie er beim Unterschreiben des Briefes dachte: »Schon wieder ein Talent, das bei den ersten Tönen durchfällt und dem man schonend sagen muß, daß die Stimme ›noch nicht gereift‹ ist... Sinnlos vertane Zeit«, mochte Glatt gedacht haben, als der Brief dann zur Post gegeben wurde, und er würde auch nur widerwillig zuhören, wenn Franz Krone am Donnerstag mit klopfendem Herzen vor dem Flügel im Probensaal stand und in dieses Gesicht hineinsingen sollte, das verschlossen war, uninteressiert, stolz und von Beginn an bereit abzulehnen.

Franz Krone setzte sich auf die Bank und las das Schreiben noch einmal durch. Donnerstag zwischen zehn und zwölf! Noten für den Klavierpart sind mitzubringen. Noten! Was wußte er von Noten?! Ein Abiturient, der keine Noten kannte außer der C-dur-Tonleiter und einigen allgemeinen Regeln. Der in der Schule Landsknechtslieder sang, die Dr. Wendel selbst für einen Schülerchor umschrieb und mit blitzenden Augen dirigierte... »Der Tod reit't auf einem kohlschwarzen Rappen...« – »Es ist ein erhebendes Gefühl, dies zu singen, Kerls!« – so hatte damals Dr. Wendel gerufen. »Seht ihr nicht die Zelte der Söldner, die Marketenderwagen, die Lagerfeuer, die Fahnen und Standarten? Wehr dich, Garde – der Bauer kommt! Her mit Dreschflegel und Mistgabel, die Armbrust gespannt...! Die Hufe der Pferde zerstampfen den Sand... Staub wirbelt hinauf bis zur Zugbrücke der Burg... Sturm! Sturm! Es knallen die Fahnen... die Landsknechte singen... Der Tod reit't auf einem kohlschwarzen

Rappen...« Und Dr. Wendel dirigierte und war aufgegangen in der Welt des Mittelalters.

Notenlehre? »Musik ist Ausdruck völkischer Seele«, hatte Dr. Wendel gesagt. Und so gingen sie ins Abitur... völkisch, mit Landsknechtsmanier... Denn nach dem Abitur wartete die Uniform auf sie. »Hurra! Es zittern die morschen Knochen... bumbum... bumbum...«

Franz Krone, der Gärtner von Liblar, vernachlässigte an diesem Tag zum erstenmal seit vier Jahren seinen Garten. Er säte nicht, er stellte nur die Sprenger auf, jätete ein wenig zwischen den Erdbeeren, lockerte den Boden eines gestern umgegrabenen Beetes mit Torf auf... Die meiste Zeit aber saß er auf der scheußlichen grünen Bank und starrte tatenlos vor sich hin. Gegen Mittag versuchte er, Greta telefonisch zu erreichen... Sie war nicht zu sprechen, sie sei essen gegangen, sagte ihm eine Kollegin. Franz Krone legte den Hörer wieder auf... Greta ging mittags nie essen, sie nahm sich Butterbrote mit ins Geschäft und aß erst abends warm zu Hause. Sie wollte ihn nicht sprechen, sie wußte, daß er wütend war, sie hatte mit Professor Glatt gesprochen...

In einer Aufwallung von Zorn zerknüllte er den Brief in den Fingern. Aber dann nahm er das Papierknäuel und glättete es wieder auf dem Sitz der Bank, strich die Falten gerade und legte das Schriftstück zwischen ein dickes Gartenbuch, damit es sich wieder glatt preßte.

»Was soll ich singen?« dachte er. »Den Troubadour... Rudolf aus ›Bohème‹... Kalaf aus ›Turandot‹... Den Faust aus Gounods ›Margarete‹... Don José aus ›Carmen‹... Arien, glanzvolle Arien...« Und er wußte, daß seine Stimme brechen würde, daß sie ein Krächzen würde, ein mißtönendes Aneinanderreihen unsauberer Töne, wenn er in die Augen Professor Glatts sehen mußte, in kalte, abweisende Augen mit dem ironischen Blick: »Schon wieder ein verkanntes Talent...«

Am Nachmittag fuhr Franz Krone mit dem Motorrad nach Düren. Er stand in den beiden Musikaliengeschäften und suchte unter den Stapeln der Noten die Arien heraus, die er singen konnte. In diesem Augenblick traf ihn die Erkenntnis der Sinnlosigkeit seines Tuns wie ein Schlag. Noten! Nicht eine einzige Arie hatte er nach Noten gesungen, nur nach dem Gehör, nur so, wie er sie immer im Radio hörte oder in der Oper. Plötzlich wußte er, daß er gar keine eigene Stimme besaß, daß sein Gesang nur eine Imitation war... Er hatte sich bemüht, wie Anders zu singen, wie Gigli – welche Vermessenheit –, er hatte vor dem Radio gestanden und sich die Arien angehört, und dann sang er sie nach, immer und immer wieder, im Stil der großen Sänger, und er freute sich, wenn ihm die Höhe mühelos gelang, wenn er die Übergänge weich und ineinanderschmelzend sang und es fast so klang, als sänge Roswaenge oder Walter Ludwig... Das war es: Er sang wie die anderen! Er machte sie nach, er war ein Kopist, ein billiger Papagei bekannter Namen... Er besaß keine eigene Stimme, keine eigene Auffassung der Arie, kein eigenes Gefühl, keine Seele in der Stimme... Er sang wie ein Double, wie ein schlechtes Double, und dies hatte ihm genügt.

Aber jetzt verlangte Professor Glatt von ihm eine Stimme! Keine Nachahmung eines Stars, sondern den Ausdruck der eigenen Persönlichkeit, jenes Timbre, das die Sänger voneinander unterscheidet, jenes »Herz in der Stimme«, das mit jedem Ton offenlag.

Die Verkäuferin des Musikalienladens trat an Franz Krone heran. Er stand schon eine ganze Weile vor dem Notenstapel und starrte vor sich hin. Als sie ihn ansprach, schrak er zusammen und wandte sich um.

»Haben Sie nicht gefunden, was Sie suchen?«

»Doch, doch...« Er griff zur Seite. Es waren die Noten des »Troubadour« und der »Bohème«. »Diese bitte.« Und leise: »Ist der Klavierpart dabei?«

Die Verkäuferin sah den großen, schlanken Mann erstaunt an. »Natürlich. Sie haben doch die Solistenausgabe. Da ist doch immer die Klavierstimme dabei.«

»Ach so... Ja. Danke.« Er schämte sich seiner Unwissenheit und packte schnell die Noten in die Aktentasche. Er zahlte und verließ mit schnellen Schritten das Geschäft. Langsam fuhr er nach Liblar zurück, mit zusammengekniffenen Lippen und bleichem Gesicht.

»Ich werde nicht vorsingen«, dachte er immer wieder. »Ich werde mich nicht blamieren! Ich werde an Professor Glatt schreiben, daß ich kein Sänger werden möchte… Ich bin Gärtner, und ich bleibe es! Ich habe es Vater versprochen, und ein Wortbruch wäre eine Gemeinheit vor dem Glauben des Sterbenden.«

Aber noch während er fuhr und der Fahrtwind ihm ins Gesicht peitschte, während es zu regnen begann und die Tropfen ihm zwischen den Kragen in den Hals rannen, durchzogen sein Inneres die Melodien, die er hinter sich als nüchterne Noten in der Tasche nach Hause fuhr.

Er stellte sein Motorrad in den Schuppen und saß dann in dem kleinen Haus neben den Gewächshäusern am Tisch, die Schreibtischlampe nahe herangezogen, und schlug die ersten Notenblätter auf.

Den Violin- und Baßschlüssel kannte er, aber er konnte sich nur mehr vage entsinnen, was die kleinen Bes und die Kreuzchen vor den Noten zu bedeuten hatten. Gewiß, sie geben die Tonart an… Aber welche? Er erinnerte sich, diese Zeichen und ihre Bedeutung auf den fünf Notenlinien gelernt zu haben.. Es war in der Quinta, oder war es die Quarta…? Jedenfalls war es lange her, und er hatte Krieg spielen müssen, statt sich um die Notenschrift zu kümmern.

Zaghaft versuchte er, nach den Noten zu singen. Die Arien kannte er auswendig; er sang sie mit dem Radio einwandfrei… Aber jetzt, wo er die Noten vor sich sah, wo er sich bemühte, diese Melodien nach den Noten zu singen, war alles anders, fremd, unbekannt. Wo er die Töne festhielt, sieghaft, begeisternd, da stand in den Noten eine Pause; wo er schmelzend die Übergänge nahm, standen die Noten aneinandergereiht ohne besondere Zeichen. Auch der Text war an einigen Stellen anders, nur ein paar Worte; aber schon das genügte, ihn unsicherer zu machen als je zuvor.

Er schlug die Notenblätter zu und warf sie in die Ecke.

»Nein!« sagte er laut. »Ich singe nicht! Ich bin glücklich mit dem Leben, das ich führe! Nein!«

Er löschte das Licht und saß wieder in der Dunkelheit am Fenster. Von Köln herüber war der Himmel fahl… Dort lag die Riesenstadt, ein Schwamm, der auch ihn ansaugen würde, wenn er am Donnerstag vor Professor Glatt stand.

Donnerstag, 11 Uhr.

Greta Sanden hatte sich diesen Vormittag freigenommen und stand nun hinter den Bäumen der Rheinpromenade. Sie wartete auf die Straßenbahn, aus der Franz Krone steigen mußte. Ihr gegenüber lag in einem Garten der große Bau des Palais Oppenheim, nach dem Krieg die vorübergehende Heimstätte der Musikhochschule Köln. Eine große, steinerne Terrasse zeigte auf den breiten, träge fließenden Rhein. Hinter ihr führten große Türen in den Festsaal. Aus dem linken Seitenflügel erklang durch ein offenes Fenster Cellomusik, oft unterbrochen durch eine Stimme, die Anleitungen gab, Hinweise, Beispiele. Dann spielte der Unbekannte weiter, immer die gleiche Stelle, immer die gleichen Töne. Eine Schar junger Mädchen kam lachend durch den Garten und betrat die Uferpromenade. Sie schwenkten ihre Kollegmappen. Die langen Haare flatterten im Wind, sie waren geschminkt, ein wenig auffällig angezogen mit knappen Pullovern und engen, dreiviertellangen Hosen.

Die Straßenbahn… Ratternd näherte sie sich vom Kölner Hafen. Sie hielt in der Ferne, einige Menschen stiegen aus; dann kam sie näher, in den Schienen quietschend.

Greta stellte sich hinter einen der Bäume und lugte um den Stamm herum auf die Haltestelle vor dem Oppenheim-Palais. Ein Schwarm Musikschüler verließ die Wagen und strömte durch das breite Tor in die Schule. Der Schaffner klingelte ab, die Bahn fuhr weiter…

Ein großer, schlanker Mann blieb allein an der Haltestelle zurück. Er hatte eine Aktentasche unter dem Arm. Der Wind spielte mit seinen braunen Haaren und dem offenen Staubmantel, den er über dem Arm trug.

»Mach's gut, Franz«, sagte Greta zu sich selbst und lehnte das Gesicht an die rissige Rinde des Baumes.

Franz Krone sah den großen Bau an wie ein Gefängnis, in das er gleich eingeliefert würde. Auch er hörte die Cellomusik, die dozierende Stimme, irgendwo ertönte eine Klingel… Ein Klavier begann zu spielen, hüpfend, zierlich, Töne wie Perlen zu einer Kette aufgereiht... »Mozart«, dachte Franz Krone. »Eine Klaviersonate von Mozart...«

Er trat ein paar Schritte vor an den Eingang des Palais und zögerte dann wieder, den Vorgarten zu betreten. Er sah auf seine Uhr. Ein Viertel vor elf Uhr! Professor Glatt wartete... Als er sich umdrehte und auf den Rhein sah, wie ein Verurteilter noch einmal einen Blick auf die Freiheit wirft, bemerkte er nicht das Mädchen, das schnell den Kopf zurückzog und sich hinter den dicken Stamm des Baumes schmiegte. Dann betrat er den Vorgarten und wurde im Eingang von einem Portier empfangen, der hinter einem Telefon thronte und ein Brötchen aß. Eine Flasche Milch stand daneben mit einem Strohhalm.

»Wohin?« fragte er kauend.

»Zu Herrn Professor Glatt.«

»Bestellt?«

»Ja. Bitte.« Franz Krone reichte den Brief hin. Der Portier nahm das Schreiben, blickte mißbilligend auf Krone und musterte den zerknitterten Bogen, ehe er las.

»Aha!« brummte er dann, nahm einen Schluck von der Milch und biß noch einmal in das Brötchen. »Plockwurst«, dachte Franz Krone. »Er ißt Plockwurst.«

»Neues Talent?«

»Ich weiß nicht. Ich habe mich nicht gemeldet.«

»Also empfohlen? Ist schon besser, Mann. Ich rufe mal den Alten an.« Er drehte eine Nummer und hielt den Hörer an das Ohr. »Ja, hier Schmitz. Ein Herr Krone, Franz Krone, möchte Sie sprechen, Herr Professor. Was? – Weiß ich nicht – er hat ein Schreiben von Ihnen. Für heute bestellt. Muß wohl stimmen... Gut, ich sage Bescheid.« Er legte auf und sah Franz Krone nickend an. »Kannte Sie gar nicht. Na, dann mal viel Glück! Wer bei Glatt besteht, kann in drei Jahren sich die Opernbühnen aussuchen...« Er nahm wieder einen Schluck aus der Milchflasche unter Mißachtung des in ihr steckenden Strohhalmes und stieß leise auf. »Noch zehn Minuten... Der Professor ist gerade beschäftigt. Gehn Sie schon mal 'rauf...

Erster Stock, vierte Tür links… Da warten Sie, bis man Sie holt. Toi toi toi…«

Er klopfte Franz Krone auf die Schulter. »Toi toi toi«, sagte Krone und lächelte zurück. »Wenn du wüßtest, warum ich hier bin«, dachte er. Schnell stieg er die breite Treppe empor und suchte das beschriebene Zimmer. Als er eintrat, war er allein in dem Raum. Es war ein kleines Zimmer. Helle Tapete, am Fenster ein Stutzflügel, vier Stühle, ein Drehstuhl, ein Notenständer, auf dem Boden Linoleum, an der rechten Längswand eine andere Tür, mit Kunstleder gepolstert. »Sicher ein Probenzimmer«, dachte Krone und setzte sich. Die Tasche stellte er neben sich an das vordere Bein des Stuhles; als er die Hände ineinanderlegte, merkte er, daß sie schweißig waren vor innerer Erregung. Er nahm ein Taschentuch heraus und rieb sich die Handflächen trocken. Auf dem Flur klangen Stimmen auf, sie gingen vorüber. Eine Tür klappte, für einen Augenblick hörte man den Gesang einer Baritonstimme. Dann wieder Ruhe, völlige Stille… Aber hinter dreißig schalldichten Türen saßen oder standen die Schüler und gingen ein in das Reich der Melodien, tasteten sich mühsam vor in die Geheimnisse der musikalischen Genies.

Die gepolsterte Tür ihm gegenüber schwang lautlos auf. Einen Augenblick sah Krone einen großen Raum, einen mächtigen Flügel, dann stand ein mittelgroßer Herr im Zimmer, mit einem wirren, fast ungekämmt wirkenden grauen Haarschopf, der Anzug, beige mit braunen Streifen, war elegant, das seidene Hemd und die Krawatte vertieften den Eindruck einer bewußt getragenen Eleganz.

Der Grauhaarige musterte kurz den langen Besucher, der bei seinem Eintritt von dem Stuhl aufgeschnellt war und nun in fast strammer, militärischer Haltung vor ihm stand. Ein Lächeln zog über sein Gesicht, als er sagte: »Glatt.«

»Krone. Franz Krone. Sie hatten mich bestellt, Herr Professor.«

»Ja. Bitte, kommen Sie in mein Zimmer.«

»Ich bin nur gekommen, um Ihnen zu sagen…«

»Bitte, treten Sie ein.« Professor Glatt zeigte auf die Tür. Er ließ Krone vorgehen und zog hinter sich die gepolsterte Tür wieder zu. In dem großen, fast leeren Raum mit den hohen Fenstern, die hinaus

L 5,879

auf den Garten gingen, stand eine Frau. Sie lehnte an einem der Fenster und sah Franz Krone entgegen, der sich leicht zu ihr hin verbeugte. Sie erwiderte dies mit einem freundlichen Kopfnicken. Sie war hübsch. Unter kurzen, schwarzen Haaren brannten dunkle, große Augen. Die schlanke, wohlgeformte Figur wurde von einem Sommerkleid eingehüllt, das eng und tief ausgeschnitten den Wuchs unterstrich. Der Ansatz ihrer Brust war durch eine dünne Goldkette unauffälliger geworden. Die langen schlanken Beine staken in hellbraunen Schuhen mit unwirklich dünnen, hohen Absätzen.

Professor Glatt kam um Franz Krone herum und nickte der Dame am Fenster zu. »Die Dame stört doch nicht, Herr Krone?« fragte er höflich.

»Wenn ich die Dame nicht störe…«

»Aber nein! Darf ich vorstellen: Herr Krone – Frau Belora…«

Durch Franz Krone ging es wie ein Schlag. Sandra Belora! Die große Sandra Belora, die gestern noch die Butterfly im Rundfunk sang! Die Partnerin von Gigli in Rom und Mailand, von Peter Anders in Berlin und Hamburg, von Ramon Vinnay in New Yorks Metropolitan. Er verbeugte sich wieder, ein wenig linkisch und steif, die Absätze zusammengenommen wie bei einem Kasinoabend, als er der Gattin des Kommandeurs vorgestellt wurde. »Der jüngste Leutnant meines Regiments, meine Liebe…«

Professor Glatt setzte sich an den Flügel und streckte die rechte Hand hin. »Ich werde Sie selbst begleiten. Wo haben Sie die Noten?«

»Ich habe keine Noten, Herr Professor.«

Glatt sah erstaunt auf. »Habe ich Ihnen nicht geschrieben…«

»Ja, das haben Sie. Aber Sie haben mich eben nicht ausreden lassen, Herr Professor. Ich bin gekommen, um Ihnen zu sagen, daß ich nicht vorsingen werde.«

»Ach!« Glatt drehte sich auf dem Klavierstuhl herum und sah kurz Sandra Belora an. »Das ist etwas Neues! Sonst drängt sich alles, bei mir vorzusingen, und ich muß mir die schaurigsten Stimmen anhören… Und dieser junge Mann kommt herein und sagt: ›Ich singe nicht‹!«

»Ich möchte es Ihnen ersparen, auch meine schaurige Stimme anzuhören. Ich kann keine Noten lesen…«

»Das könnte man lernen. Ich habe 1935 einen bayerischen Holzknecht ausgebildet, der nach dem vierten Volksschuljahr entlassen worden war. Er konnte kaum schreiben und lesen. Aber singen! Heute singt er in Buenos Aires den Siegfried von Wagner! Eine Stimme ist eine Gnade Gottes, das andere ist der lernbare technische Teil.« Er stützte sich auf den Deckel des Flügels und sah Krone mit seinen grauen Augen hinter der dünnen Goldbrille scharf an. »Wo haben Sie schon gesungen?«

»Noch nirgendwo.«

»Nur zu Hause?«

»Ja. Nach dem Radio. Wie ein Papagei.«

Vom Fenster tönte ein leises Lachen. Sandra Belora schüttelte leicht den Kopf. Franz Krone blickte kurz zu ihr hinüber und spürte, wie das Blut in seinen Kopf stieg. »Ich spiele hier den Hampelmann«, durchfuhr es ihn. »Ich benehme mich wie ein dummer Junge… Darf ich jetzt gehen, Herr Professor?«

»Aber nein!« Glatt erhob sich und kam auf Krone zu. »Ihre Ehrlichkeit gefällt mir. Ich bin es gewöhnt, daß die Kandidaten, die hier vorsingen, mindestens so gut singen können wie jeder Kammersänger. Das sagen sie, und so treten sie auch auf. Sie legen eine Arie hin, daß man das Kotzen kriegt, und verdrehen dann die Augen: ›Was sagen Sie nun, Herr Professor?‹ Und Sie kommen da herein und sagen: ›Ich bin nur ein Papagei.‹ Mich interessiert der Papagei, Herr Krone… Lassen Sie das Vögelchen mal zwitschern!«

»Ich habe keine Noten, ich kann sie nicht lesen…«

»Dann singen Sie so, wie Sie's gewöhnt sind. Aus dem Gedächtnis. Ich werde mich bemühen, am Flügel mit Ihren Tempi Schritt zu halten. Improvisieren wir mal…« Er ging wieder an den Flügel zurück und setzte sich. Seine Finger glitten über die Tasten… Eine Melodie… »Dies Bildnis ist bezaubernd schön…« Mozart, »Zauberflöte«… »Was sind Sie von Beruf, Herr Krone?«

»Gärtner, Herr Professor.«

»Ausbildung?«

»Abitur… Leutnant…«

»Sieh an, sieh an. Abitur. In Köln?«

»Ja. Humboldt-Gymnasium.«

»Eine gute Schule. Ich habe sie auch besucht. Gutes Zeugnis?«

»Mittelmäßig. Ich war ein glatter Versager in Mathematik.«

»Genau wie ich! War zu Ihrer Zeit noch Dr. Wendel tätig?«

»Er war unser Musiklehrer.«

»O je!« Professor Glatt lachte. »Dann verzeihe ich Ihnen vieles! Wollen Sie ein Landsknechtlied singen?«

Franz Krone lachte. Irgendwie war der Bann, das Eis, das sich um sein Herz gelegt hatte, gebrochen. Am Fenster kicherte Sandra Belora… Das Spiel Professor Glatts brach plötzlich ab.

»Was wollen Sie als erstes singen?« fragte er.

»Ich möchte nicht singen.«

»Kreuzdonnerwetter!« Glatt hieb auf die Tasten. »Was hindert Sie, hier ein paar Töne von sich zu geben?! Mehr als hinterher 'rausfliegen können Sie ja nicht.«

Franz Krone sah hinüber zu der schönen Frau am Fenster. Sandra Belora hatte sich zurückgelehnt und den schlanken Körper gestreckt. »Wie eine Katze«, dachte Franz Krone. »Und sie wird lachen, wenn ich schlecht singe, sie wird mich auslachen, den dummen, ungelenken Jungen, der vor Professor Glatt steht und sich bitten läßt wie eine Diva.«

Er fühlte, wie eine Gegnerschaft zu dieser schönen Frau in ihm emporstieg, wie der Drang, ihren Spott zu vernichten, übermächtig wurde. Er sah ihre großen Augen mit dem hellen Punkt, der hin und her tanzte, ihre roten Lippen, die zu einem Lächeln gefroren schienen…

»›Troubadour‹«, sagte er laut. »Die Stretta des Manrico…«

»Verrückt!« Professor Glatt schüttelte den Kopf. »Zweimal das C! Singen Sie doch ein Volkslied! Warum eine Bravourarie, über die der beste Sänger stolpern kann? Was also soll's sein?«

»Die Stretta.«

»Bitte! Fallen Sie damit 'rein!«

Die ersten Töne, gehämmert, den Rhythmus angebend. Sandra

Belora hatte sich ein wenig vorgebeugt. Franz Krone sah es, als er kurz zur Seite blickte. Ihr tiefer Ausschnitt war in dieser Stellung gewagt... Das blitzende Gold der dünnen Kette lenkte den Blick noch mehr auf ihren Busen.

»Der Einsatz... Mein Gott, der Einsatz...«

»›Lodern zum Himmel seh' ich die Flammen...‹«

Die Stimme stand im Raum. Sie schwang von Ton zu Ton, sie jubelte auf, sie nahm die Höhe, metallen brach die Arie aus ihm hervor.

Professor Glatt zuckte mit den Wimpern. Er beugte sich über die Tasten und sah den Sänger nicht mehr an. Sandra Belora stand in einer Erstarrung am Fenster. Das Lächeln ihrer Lippen war weggewischt. Der Mund stand ein wenig offen, die dunklen Brauen waren hochgezogen, die Augen sahen voll Erstaunen, voll Unglauben auf den Mann, der da im Zimmer stand und mit zurückgeworfenem Kopf seine Arie sang.

Das C... Das hohe C... Noch zwei Takte... Noch einen Takt... Jetzt... Es war da! Es stand im Raum! Es wurde gehalten, es brach nicht, es löste sich nicht auf in einen Schluchzer, rein war es, wunderbar, unwirklich fast...

Sandra Belora klatschte in die Hände, noch ehe die Arie zu Ende war. Sie stürzte vor und umarmte Franz Krone. Ein Duft süßen Parfüms kam auf ihn zu. Er sah große Augen, rote Lippen. Er spürte einen heißen, schlanken Körper vor sich. »Sie sind der kommende Tenor...«, hörte er, dann wurde Sandra von Professor Glatt zur Seite geschoben.

»Ganz nett«, sagte er. »Ein bißchen zu starhaft, eben Papagei. Was können Sie noch?«

»›Bohème‹... ›Turandot‹... ›Rigoletto‹... ›Martha‹... – Es hat ihm nicht gefallen«, durchfuhr es Krone. »Aber Frau Belora hat mich umarmt, die große Belora.«

Das war ein Trost, sicher, aber was sollte ein Trost, da er nicht gewillt war, überhaupt zu singen. Daß er diese Arie gesungen hatte, war nur der Drang, dem spöttischen Lächeln der schönen Frau am Fenster Einhalt zu gebieten. Der Zweck war erreicht – nun konnte er gehen.

»Ich möchte nicht weitersingen«, sagte Franz Krone hart.

»Wie Sie wollen.« Professor Glatt setzte sich wieder an den Flügel. »Können Sie das Duett aus ›Bohème‹, erster Akt, Ende?«

»Ich habe nie ein Duett gesungen. Ich kenne die Tenorpartie, aber ich singe sie nicht…«

Professor Glatt nickte weise. »Frau Belora«, sagte er freundlich, »fangen Sie bitte mit dem Ende der Mimi-Arie an – ich leite dann über zu dem Duett. Bitte –«

Er gab den Einsatz an und nickte. Sandra Belora sang. Franz Krone stand in der Mitte des Raumes, in dem Augenblick verzaubert, als die Stimme aufklang, diese perlende, klare, hohe Stimme. Gestern sang sie im Rundfunk, und heute stand er neben ihr, der kleine Gärtner aus Liblar im rheinischen Vorgebirge, und sollte mit ihr ein Duett singen. Franz Krone mußte schlucken. Ein Kloß saß ihm im Hals, irgend etwas Hartes, das seine Stimme lähmte. Professor Glatt sah zu ihm hinüber, er hob die Hand…

Und Franz Krone sang… Er kannte den Text nicht, er sang sinnlose Laute, selbstgebildete Worte, aber die Melodie stimmte, seine Stimme vereinigte sich mit dem weichen Klang von Sandras Sopran… »Reich mir den Arm, Geliebte.« – »Ich gehorche, mein Herr…« Jetzt der Abgang… Wieder das C… Die Stimme der Belora blühte auf, sie zitterte im Raum, die Wände waren zu eng, diesen Sturm der Töne zu halten, aber auch Krones Tenor entfaltete sich, er legte den Arm um die Schulter der Belora und zog sie mit sich, abgehend wie auf der Bühne, ein Paar, das sich auflöste in Musik und herrlichem Wohlklang.

Mit leuchtenden Augen sah Sandra zu Professor Glatt hinüber, der eine Weile stumm hinter seinem Flügel saß und zu Franz Krone emporsah. Seine Hände lagen noch auf den Tasten. »Wie eine Urteilsverkündigung«, durchfuhr es Krone. »Die Geschworenen stehen hinter dem Richtertisch… Schweigen… Der Richter setzt sein Barett auf… Der Angeklagte sieht zu Boden…«

Die Stimme Professor Glatts riß ihn aus seinen Gedanken empor. Er wandte sich von Sandra ab und trat einen Schritt vor. »Nehmen

Sie das Urteil an?« hörte er den Richter sagen, und er war bereit, alles zuzugeben und zu allem ja zu sagen, wenn er nur hier herauskam, hinaus in die Sonne, an den Rhein, an die Luft, die ihn frei werden ließ von allem Druck, der sein Inneres zusammenpreßte. Er würde den Rhein entlang laufen, sich auf eine der Bänke setzen und den Kopf in die Hände legen... Er war müde, so müde, denn er ahnte, daß er versagt hatte, daß er von diesen grauen Augen hinter der dünnen goldenen Brille keine Gnade zu erwarten hatte.

»Ich gehe ja schon, Herr Professor«, sagte er, ohne die Antwort Glatts abzuwarten. »Und ich danke Ihnen sehr für Ihre Geduld, mich überhaupt angehört zu haben. Ich wollte es ja nicht... Verzeihen Sie...«

»Aber Professor...« Sandra Belora hob beide Arme. »Was soll das? Ich verstehe nicht...«

Glatt erhob sich langsam. »Sie haben eine leidlich gute Stimme. Ohne Zweifel. Aber Sie müßten drei Jahre intensiv studieren, an sich feilen, lernen, lernen und noch einmal lernen... Der Preis in der Kunst ist der Lohn des Fleißes. Auch der Begabteste geht unter, wenn er nicht an sich arbeitet. Immer arbeitet. Rastelli übte mit seinen Bällen jeden Tag acht Stunden, ehe er am Abend auftrat. Caruso übte am Tage, bis er in Schweiß gebadet war...« Er wandte sich an Sandra Belora und schoß förmlich auf sie zu. »Und wie lange üben Sie, gnädige Frau?«

»Viel, Professor...«, wich die Belora aus.

Glatt nickte. »Die Kunst des Gesanges ist die Schwerarbeit unter den Künsten. Wenn Sie wollen, Herr Krone, nehme ich Sie noch mit in das Sommersemester.«

»Gratuliere!« rief Sandra Belora enthusiastisch und drückte Franz Krone die Hand. »Das ist mehr als ein Lob...«

»Danke.« Krone verneigte sich wieder mit der Steifheit, die man ihm anerzog, als er als Neunzehnjähriger Anstandsunterricht auf der Kriegsschule erhielt. »Aber ich kann nicht kommen.«

»Kein Geld?«

»Genau das, Herr Professor. Ich habe eine kleine Gärtnerei bei Liblar... Von meinem Vater geerbt, als letztes Vermächtnis. Ich kann sie nicht im Stich lassen, um später ein mittelmäßiger Tenor zu werden.«

»Sie werden ein guter Tenor!« rief die Belora.

Professor Glatt hob die Schultern. »Die Stipendien sind besetzt... Ich habe keine Gelder mehr. Haben Sie Verwandte, gute Bekannte...?«

»Nein.«

»Können Sie einen Kredit auf die Gärtnerei aufnehmen, eine Grundschuldeintragung, irgend etwas?«

»Das möchte ich nicht. Mein Vater hat die Gärtnerei schuldenfrei an mich übergeben... Ich muß sie frei halten von allen Belastungen.«

»Überlegen Sie es sich. In aller Ruhe. Überschlafen Sie es einmal.« Er reichte Franz Krone die Hand. Dieser nahm sie, zaghaft, ein wenig verwirrt, und drückte sie leicht. »Sie können jederzeit bei mir anfangen... Überlegen Sie es sich genau. Ich will Ihnen nichts versprechen – aber wenn Sie zu mir kommen, werde ich einen Sänger aus Ihnen machen!«

Franz Krone nickte stumm. Er verbeugte sich vor Sandra Belora und verließ mit schnellen Schritten das große Zimmer. In dem kleinen Warteraum nahm er seine Tasche vom Boden, die noch immer an dem Stuhlbein lehnte. Er drückte sie fest unter den Arm. Es raschelte leise, als er sie an sich preßte... Die Noten, die er verleugnete.

Unten, am Eingang, hielt ihn der Portier fest. Er saß auf seinem Stuhl neben der Treppe und rauchte eine Pfeife. Er rauchte einen schrecklich starken Tabak, der den ganzen Flur mit seinem beißenden Geruch erfüllte. »Durchgefallen?« fragte der Portier, als er die verschlossene Miene Krones sah. »Machen Sie sich nichts draus.« Er legte ihm die Hand wie tröstend auf die Schulter; der Qualm der Pfeife kitzelte Krones Nase. »Hier gingen Männer hinein, die auftraten wie Richard Tauber, und sie kamen heraus wie nicht gar gekochte Fleischwürste! Bei Glatt ist jeder Mensch nur Stimme... Alles andere interessiert ihn nicht. Aber wenn er einen gefunden hat, der ihn interessiert, dann wissen wir alle hier im Bau: Das gibt einen neuen Namen in der Oper!«

Franz Krone nickte abwesend. »Was Sie sagen, ist nett«, meinte er versonnen. »Guten Tag… Ich habe die Prüfung bestanden…«

An dem verblüfften Portier vorbei eilte er durch den Vorgarten hinaus auf die Straße. Dort stand er einen Augenblick im Wind, der vom Rhein herüberwehte, er ließ ihn durch die Haare fliegen, er dehnte sich in der klaren Luft und breitete die Arme aus.

Auf einer Bank der Rheinpromenade saß ein junges Paar und küßte sich. Die Straßenbahn, die an der Hochschule hielt, spie neue Studenten aus, langmähnige Mädchen, Jünglinge mit amerikanisch gestutzten Haaren… Lebhaft diskutierend verschwanden sie hinter dem breiten Palais.

Franz Krone starrte in das schmutzige Wasser des Rheins. Er hatte die Hände auf das eiserne Geländer gestützt und stand mit nach vorn gekrümmtem Rücken am Ufer. Wer ihn so stehen sah, mochte denken, es sei ein Müßiggänger, der seine Zeit mit nutzlosem Betrachten des Lebens und Treibens auf dem Rhein vertat, oder ein Ausländer, der bewundernd vor dem mächtigen Strom stand und darüber nachdachte, was er gleich auf die Ansichtskarte schreiben sollte: »My dear… The Rhine is wonderful…«

»Die Gärtnerei verkaufen«, dachte Franz Krone und erschrak über diesen Gedanken. »Das ist unmöglich. Auch eine Hypothek nehme ich nicht auf – ich bleibe ein Gärtner.«

Ihm fiel ein, was Sandra Belora gesagt hatte: »Sie sind der neue Tenor!« Es klang ehrlich, sie hatte ihn in einer impulsiven Freude umarmt – noch sah er ihre Augen vor sich, große, brennende Augen mit einem goldenen Punkt inmitten der Iris, ihre roten Lippen, ein bißchen voll, sinnlich in dem schmalen Gesicht mit der gelbbraunen, fast kreolischen Haut… Er hatte sie umfaßt, als er mit ihr das Duett aus der »Bohème« sang, und sie hatte sich an ihn geschmiegt, als sei es immer so gewesen… Es war ein kurzer Rausch voller Musik gewesen, und als er erwachte, sagte Professor Glatt: »Kein Geld, was?«

Franz Krone richtete sich auf. Er preßte die Aktentasche unter den Arm und ging zur Haltestelle der Straßenbahn zurück, vorbei an dem dicken Baum, hinter dem noch immer, seit Stunden geduldig wartend, Greta Sanden stand und zu ihm hinüberblickte. Sie hatte die lange Zeit auf der Bank gesessen, immer den Blick auf das Palais geheftet... Einmal glaubte sie, seine Stimme zu hören, als ein Fenster an der Seite geöffnet wurde – sie sah eine Frau neben den spiegelnden Scheiben stehen, aber dann war es doch nicht seine Stimme, sie erkannte sie nicht an der klaren Höhe, mit der Franz mühelos sang. Und sie setzte sich wieder auf die Bank und wartete, sah hinüber zu dem Palais und rückte zur Seite, als ein junger Mann sich zu ihr auf die Bank setzte und ein Gespräch mit ihr beginnen wollte.

Dann sah sie ihn aus dem großen Gebäude kommen... Er stand vor dem Palais wie ein Mensch, der sich nicht mehr in seiner Welt zurechtfindet, der wie ein Blinder umhertastet und Halt sucht vor einer unsichtbaren Gefahr. Mitleid stieg in ihr empor, brennendes Mitleid. Er hatte die Prüfung nicht bestanden, das sah sie an seiner Haltung, an seinem Gang, an seiner Hilflosigkeit, mit der er jetzt an das Rheinufer trat und in das schmutzige Wasser starrte. Sie konnte nicht verstehen, daß Professor Glatt seine Stimme nicht schön fand. Einen Augenblick hatte sie den Drang, hinter dem Baum hervorzutreten und sich an seine Seite zu stellen.

Aber sie blieb hinter ihrem Versteck. Denn sie spürte Angst in sich emporsteigen, Furcht vor seinem Zorn, wenn er sie sehen würde. »Du bist allein schuld, du allein«, würde er rufen. »Ich wollte kein Sänger werden... Siehst du nun, daß ich keine Stimme habe? Durchgefallen bin ich, durchgefallen wie ein dummer Schüler. Du hättest mir diese Demütigung ersparen können... Ich wußte es ja...« So blieb sie hinter dem Baum stehen und sah hilflos zu, wie er die Bahn bestieg und in Richtung auf den Kölner Hauptbahnhof davonfuhr, zurück nach Liblar zu seinen Blumen und Gewächshäusern, in denen die Wicken blühten und ihren honigsüßen Duft in die warme, gestaute Luft strömten. Der Salat füllte sich schon, die ersten Gladiolen blühten, die Busch- und Kletterrosen mußten festgebunden werden. Das war seine Welt, die kleine, blühende, duftende, arbeitsschwere Welt des Franz Krone, und so fuhr er zurück zum Kölner Hauptbahnhof und aß am Würstchenstand eine Bockwurst (1 DM mit Brötchen und Düsseldorfer Senf), trank eine Flasche

Coca Cola dazu und wartete auf dem zugigen Bahnsteig unter dem zerstörten Stahlgerippe des weiten Daches auf das Einlaufen des Zuges nach Liblar–Lechenich–Zülpich.

In dem Zimmer Professor Glatts stand Sandra Belora noch immer verblüfft am Flügel, als Franz Krone schon längst die Musikhochschule verlassen hatte und sinnend am Rheinufer lehnte. Professor Glatt ordnete Noten und klappte den Deckel über die Tastatur des Flügels… Auch er sprach nicht und vermied es, Sandra anzusehen.

»Warum haben Sie das getan?« fragte sie nach einer langen Zeit betretenen Schweigens. »Sie wissen so gut wie ich, daß er eine wunderbare Stimme hat!«

»Das stimmt.«

»Er wird einer der größten Tenöre werden, die wir je auf der Opernbühne hatten!«

»Vielleicht. Es steckt in ihm, Frau Belora.«

»Und Sie schicken ihn weg wie einen dummen Jungen!« Sandra trat näher und stützte sich auf den Flügel. Ihre großen Augen waren dunkel vor Zorn. »Ich verstehe Sie nicht, Professor.«

Professor Glatt trat an das große Fenster und schob die Gardine zurück. Er sah hinaus auf den Garten, hinunter auf die Wiese, auf der einige Musikschüler saßen und ihre Noten studierten. In einer Ecke des Gartens, vor einem Taxusstrauch, stand ein kleiner, etwas dicker Mann und dirigierte ein unsichtbares Orchester nach der Partitur, die er in der linken Hand hielt.

»Wilhelm Pligges dirigiert wieder Wagner«, sagte Glatt und lächelte. »In vierzehn Tagen macht er in der Dirigentenklasse seine Prüfung… Man wird ihm Mozart geben, der ihm gar nicht liegt.« Er wandte sich um zu Sandra Belora, die an seine Seite getreten war. »Das ist unser Prinzip, gnädige Frau. Das Leben ist nicht immer ein Spaziergang durch die Gefilde des Angenehmen… Das Wohlgefällige sind die Ausnahmen, die Lichtblicke in dem grauen Hinterhof des Lebens. Wenn Herr Pligges Wagner liebt, muß er bei der Prüfung Mozart dirigieren, denn wenn er Mozart beherrscht, obgleich er ihn gar nicht mag, wird er jeden anderen Komponisten mit Begeisterung und Können dirigieren. Das ist das ganze Geheimnis der

Musikpädagogik: Der Künstler muß sich selbst beherrschen können, er muß sich zwingen können, das, was er nicht liebt, mit der gleichen inneren Durchdringung zu gestalten wie die ›Virtuosenstücke‹ seines Könnens. Erst dann – in der vollkommenen Beherrschung seiner selbst – ist er fähig, Leistungen zu vollbringen, die ihn über das Mittelmaß hinausheben.«

Sandra Belora fuhr mit ihrer schlanken Hand durch die Luft. »Was interessiert mich dieser Herr Pligges! Warum haben Sie den jungen Sänger einfach gehen lassen?«

Professor Glatt drehte sich lächelnd um, die Augen hinter der schmalen Goldbrille glänzten. »Weil ich bereit bin, an diesen jungen Menschen zu glauben.«

»Er ist gegangen.«

»Und er wird wiederkommen.«

»Das glaube ich nicht.«

Glatt hob die Schultern. »Das wäre schade. Dann habe ich mich getäuscht. Der Junge geht jetzt durch ein Fegefeuer. Es wird ihn läutern und zeigen, wohin er gehört: in seine Gärtnerei oder auf die Opernbühne. Seine erste Handlung wird die Überwindung des Gestern sein: Ringt er sich durch, für die Kunst seine Gärtnerei zu opfern, wird er ein großer Sänger werden! Der Abbruch der Brücken zwingt ihn, so lange zu schwimmen, bis er das Ufer seiner Sehnsucht erreicht hat. Entscheidet er sich für die Gärtnerei – das wäre schade; aber dann ist es besser so, denn er wäre so nur ein mittelmäßiger Sänger geworden, nicht ein ›Hungriger‹, der singen *muß!* Die Schwere der Kunst, die Kunst, über das Mittelmaß hinauszuragen, schafft nur der, dem das Leben die Aufgabe gestellt hat: kämpfen – oder untergehen!«

Sandra Belora schob die Unterlippe etwas vor. Sie spielte mit den Spitzen der Gardine und sah vor sich auf den linoleumbelegten Boden. »Eine merkwürdige Ansicht, Professor. Ich habe nie Hunger gehabt und bin leidlich bekannt geworden.«

»Sie sind erstens eine Frau und zweitens nicht ein Junge der Kriegsgeneration. In normalen Zeiten kann auch ein Millionär ein bekannter Sänger werden – wenn er die Ideale seines Berufes ernst nimmt –, aber sehen Sie sich doch diese Jungen an, die heute zu uns kommen. Notabitur... Kriegsschule... Frontbewährung... Offizier... Zusammenbruch, außen und innen... Entwurzelt, hungernd, Bunkertypen, in den entscheidenden Jahren mit Maisgries und Magermilch gefüttert, mit zehn Gramm Fett je Tag und hundertfünfzig Gramm Fleisch in der Woche. Menschenpflanzen, begossen mit destilliertem Wasser, ohne Nährkraft, ohne Lebensbaustoffe... Gewächse wie aus den chemischen Nährböden von Tuberkelbazillen... Fragen Sie diese Jungen nach Idealen, fragen Sie sie, was sie unter Kunst verstehen! ›Geldverdienen‹, werden sie sagen, ›wenn ich eine gute Stimme habe, kann ich zum Film kommen, werde ich berühmt, kaufe ich mir einen Sportwagen, lege ich mir eine feudale Geliebte zu...‹«

»Professor...«

»Es ist die Wahrheit, liebe Sandra. Wer singt heute noch um des Gesanges willen, allein nur als Diener der Kunst, nicht als ihr merkantiler Ausnutzer? Ich habe in drei Jahren – von 1947 bis 1949 – dreiundzwanzig junge Sänger ausgebildet, darunter Stimmen, die eine Hoffnung waren, die ein Name, ein Begriff werden konnten... Wo sind sie hin, die dreiundzwanzig? Siebzehn – hören Sie genau zu –, siebzehn sind Jazzsänger geworden, drei landeten bei Opern und kommen über eine Charge nicht hinaus, weil sie Schindluder mit ihrer Stimme treiben, zwei sind gestorben, und nur einer, ein einziger, hat seinen Weg gemacht... Er singt in Kopenhagen an der Oper als lyrischer Tenor. Aber auch er wird bald abtreten... Er ist mit der Tochter eines dänischen Gutsbesitzers verlobt. Dreitausend Morgen Land sind mehr, als jeden Abend auf der Bühne zu stehen und zwischen Leimgestank und bemalter Leinwand musikalische Tragödien zu mimen. Der Junge ist satt geworden, und er geht ab! Das waren dreiundzwanzig, und deshalb werde ich warten, ob dieser Franz Krone wiederkommt. Kommt er, wird die Welt einmal überrascht sein... Bleibt er in Liblar, so wird man schöne Blumen von ihm kaufen können und Saatbohnen für den Schrebergarten, frische Petersilie und Schnittlauch für den Quark... Das Leben, liebe, gnädige Frau, ist so dumm und verworren, so unlogisch – und doch liegt in allem die Hand Gottes, der weiter sieht als wir...«

Sandra Belora sah Professor Glatt an. In ihren Augen lag ein fast kindliches Erstaunen über das, was sie eben gehört hatte. Es war ihr, als habe sie in die Seele des kleinen Mannes geblickt, der jetzt sein graues Mähnenhaupt über die Noten beugte und sie zusammenschob.

»Und wenn er zurückkommt...?« fragte sie leise.

»Dann werde ich aus ihm einen Sänger machen, wie ich noch keinen aus meinen Händen entlassen habe.«

Sie sahen sich an, und sie wußte, daß das Schicksal des unbekannten Franz Krone an diesem Morgen merkwürdig auch mit ihrem eigenen Schicksal verbunden war.

»Er wird kommen«, sagte Sandra Belora fest.

Sie gaben sich die Hand, es war ein harter, fast verpflichtender Druck.

So lernte Franz Krone Sandra Belora kennen.

Zweites Kapitel

Aus den Aufzeichnungen Franz Krones:

Ich weiß nicht, wo ich zuerst beginnen soll. Das Leben ist in den vergangenen vierzehn Tagen auf mich ein- und über mich hinweggestürmt, und ich sitze noch immer wie betäubt und weiß nicht, ob das alles recht war und ob ich nicht zu feig war, einfach zu sagen: »Nein! Ich will es nicht...«

Sandra Belora war bei mir, hier in der Gärtnerei.

Sie kam am Spätnachmittag... Aus einer Staubwolke schälte sich ein weißer Wagen, und ich stand am Mistbeet, grub eine Fuhre Stallmist unter und trug die alte, ausgebleichte Schürze, die schon mein Vater umband, wenn er in den Mistbeeten arbeitete. Zuerst sah ich nur ihre Beine – schöne, lange, schlanke Beine in dünnen Strümpfen –, wie sie nach dem Boden angelten, als sich die Tür des weißen Wagens öffnete. Dann stand sie selbst vor meinem Zaun – in einem cremefarbenen Kleid aus Seide, die schwarzen Haare glänzten in der Sonne, sie trat an den Zaun heran und winkte mir zu wie einem alten Bekannten. Ich stand mit der Mistforke in der Hand und schämte mich meines Aufzuges, ja, ich wurde rot wie ein Schulmädchen, ich fühlte, wie mir das Blut singend zu Kopf stieg. »Hallo!« rief sie und winkte mit beiden Armen. »Darf ich hereinkommen?«

»Aber ja – bitte.« Ich weiß, daß ich stotterte... Ich band schnell die schmutzige, nach Jauche stinkende Schürze ab und warf sie hinter den Geräteschuppen. Dann stand sie vor mir, der Wind drückte ihr seidenes Kleid an den schlanken Körper, ihr schwarzen Haare wehten über die Augen. Sie sah sich um und ging durch die Beete, bückte sich zu den Gladiolen hinunter und richtete vorsichtig eine Rose auf, die eben erblüht an einem geknickten Zweig hing. »Sie wundern sich sicher, daß ich gekommen bin...«

»Allerdings, gnädige Frau. Diese schmutzige Umgebung ist sicher nichts für Sie...«

»Ich liebe das Land.« Sie wandte sich zu mir um, und ihr Blick traf mich, daß ich zu Boden sah und meine schmutzigen Hände hinter dem Rücken versteckte. »Ich habe in Rom – außerhalb der Stadt, in der Campagna – auch einen Garten. Pinien und Zypressen stehen darin, Mimosenbüsche und Klematis, ein kleiner Teich ist in der Mitte mit Seerosen und einem Schilfufer, in denen Rohrdommeln nisten und wilde Tauben. Nicht weit davon ist die Via Appia antica… Sie kennen doch die Via Appia?«

»Von der Schule her. Wir mußten eine Beschreibung dieser Gräberstraße aus dem Lateinischen übersetzen.«

»Ich habe an der Via Appia eine kleine Farm.« Sie ging mir voraus zu den Gewächshäusern und sah sich mehrmals dabei um. Ich folgte ihr dicht und war wie betäubt von der rätselhaften, triebhaften Kraft, die von ihr zu mir überströmte.

Heute, aus dem Bann ihres Blickes befreit, nicht mehr verzaubert durch ihre Erscheinung, ihre Stimme, ihre Haare und ihr kaskadenhaftes Lachen, zweifle ich, ob ich das, was ich unter dem Zwang ihrer Schönheit tat, vor mir selbst und Greta verantworten kann.

Greta – ich habe sie seit dem Tag, an dem ich Professor Glatt vorsang, nur zweimal gesehen. Sie kam an dem folgenden Sonntag, und wir sprachen nicht viel miteinander, es sei denn, ich machte ihr Vorwürfe über ihren Besuch bei Professor Glatt. Sie verteidigte sich nicht, sie wollte mich trösten, daß alles so anders gekommen sei; doch als ich ihr sagte, daß ich die Prüfung bestanden hätte, leuchteten ihre Augen auf, sie küßte mich, und unter diesem Kuß vergaß ich, daß ich ihr böse sein wollte und sie zu bestrafen gedachte, indem ich sie nicht küßte.

Man wird sagen, ich sei ein schwacher Mensch, inkonsequent, hin- und hergerissen von Gefühlen und Gedanken, ohne ein Fundament zu haben, das ein Charakter braucht, um zu wachsen. Es mag stimmen, denn in diesen Tagen kannte ich mich selbst nicht mehr… Am Tage stand ich im Garten oder fuhr das Gemüse und die Blumen nach Lechenich zum Großmarkt, aber wenn die Abendwolken sich über die Sonne schoben, wenn der Garten grau wurde und die grünen Pflanzen blau im Fahl des verblassenden Himmels, saß ich hinter dem Tisch in meiner Kammer und studierte die Opernpartien.

Es war ein verzweifeltes Beginnen, denn die Noten sind für ı.
Zeichen wie cyrillische Buchstaben oder hebräische Schnörkeı.
Aber den Text konnte ich lernen, und ich sang ihn mit den Melodien,
die mein Gehör mir konserviert hatte. Ich war glücklich in diesen
Stunden, ich hörte meine Stimme und schloß die Augen, um diesen
Tönen fremd gegenüberzustehen, um an ihnen Kritik zu üben und
sie unabgelenkt zu verfolgen. Ich sang auch, als Greta an diesem
Sonntag in meinem Zimmer saß, und ein Glück strömte über mich
hin, daß mein Herz fast zerspringen wollte.

Später saßen wir am Fenster und sahen hinaus auf den dunklen
Garten. In den Scheiben der Gewächshäuser spiegelte sich der auf-
gehende Mond, die Gladiolen hatten silberne Blüten.

»Du wirst die letzte Bahn verpassen«, sagte ich und sah auf meine
Uhr.

»Ich weiß«, antwortete sie leise.

»Um elf Uhr fährt noch ein Omnibus von Brühl nach Köln. Soll
ich dich nachher nach Brühl bringen?«

»Wenn du willst…« Sie sagte es ganz leise und lehnte den Kopf
an meine Schulter. So blieben wir sitzen und hörten auf die Laute
der Natur.

»Es ist halb elf«, sagte ich, als ich wieder auf die Uhr blickte. »Wir
müssen fahren, Greta.«

»Ja«, sagte sie und blieb sitzen. Als ich aufstand, um ihren Mantel
zu holen, fühlte ich, wie sie meine Hand festhielt. Da blieb auch ich
sitzen und umarmte sie stumm.

»Jetzt ist auch der Omnibus weg«, sagte ich nach einer Zeit.

Sie nickte. »Es ist gut so, Franz…«

Als ich die Hand ausstreckte, um die Lampe auszuknipsen, hielt
sie meinen Arm wieder fest, so, als bereue sie die Zukunft, die mit
diesen Stunden begann. Aber dann lösten sich ihre Finger, und ich
löschte das Licht. In der fahlen Dunkelheit warf sie sich mir entgegen und barg weinend den Kopf an meiner Brust.

Sie weinte auch später und umfing mich mit einer verzweifelten
Kraft, als habe sie Angst vor dem dämmernden Morgen.

Draußen wanderte der Mond über unseren Garten.

Es ist nicht mehr mein Garten... Es ist unser Garten.

Wie kurz ist doch eine Nacht...

Aber nun war Sandra Belora hier, ein Hauch aus einer Welt, die jenseits von Wünschen und Hoffen liegt auf einem anderen Stern. »Ich habe an der Via Appia eine Farm«, sagte sie und bog den Kopf dabei zu mir zurück. »Ich habe sie mir von den Honoraren einer Operngastspielreise durch die USA gekauft.« Sie lachte, und wie ihr Lachen mußten die Kaskaden der Brunnen im Park der Villa d'Este sein. »Genau kostete sie mich fünfzehn Opernabende.«

»Warum sagen Sie mir das?« fragte ich. Ihre Stimme hatte mich erregt, ich lehnte an der Glaswand des Treibhauses und mußte bleich aussehen, wie ein Lungenkranker.

»Sie haben eine gute Stimme«, antwortete sie mit diabolischem Lächeln. »Sie brauchten mit ihr vielleicht nur zehn Abende.«

»Was wollen Sie von mir?« fragte ich. Mir schien, als hätte ich es etwas grob gefragt, aber ich hatte das Gefühl, meine Kehle sei ausgedorrt, und mit dieser rauhen, schmerzenden, wunden Kehle sollte ich sprechen und singen und freundlich sein.

»Ich möchte Ihre Stimme erhalten. Sie gehören nicht nur Ihren Blumen und Pflanzen... Sie gehören uns allen... Mir auch...«

Das hatte sie gesagt. Ihre Augen waren wie Gold, und ich vergaß Greta, und ich vergaß »unseren« Garten. Ich verriet sie, ich verriet meinen Vater, sein Testament, ich verriet mich selbst, ich erbärmlicher Schwächling, ich Mensch ohne Knochen – ich wurde ein Verräter, ein Lump...

Sandra blieb nicht bis zum Morgen in meinem Gartenhaus – sie fuhr nach zwei Stunden in ihrem weißen Wagen wieder davon, untergehend in einer Staubwolke, aus der sie vor meinen Augen entstiegen war. Ich blieb zurück, innerlich zerstört, ausgebrannt wie Schlacke, die man auf Wege streut und knirschend mit dem Fuß zermalmt. Ich lehnte am Fenster und sah sie abfahren, und um mich herum, in der kleinen, dumpfen Stube war noch ihr Duft, ihr Parfüm, die tierhafte Witterung ihres Körpers.

Was hatte ich getan?! Traf mich allein die Schuld? War ich nicht der Zerstörte, der Besiegte, der im Staub Liegende, statt sieghaft zu triumphieren und den eigenen Willen wie einen Schild vor mir her- zutragen, wie ein Banner: »Sieh, das will ich, das werde ich tun! Ich habe dich bezwungen.« – Wie schwach ich bin, wie ohne Charakter, wie schuftig...

Und während ich diese Zeilen schreibe, während draußen die Sonne blutend untergeht und der Garten, mein Garten, glänzt, als sei er mit Gold überschüttet und mit flüssiger Sonne gedüngt, sitze ich hier und friere in der Schuld, die mich zu Boden wirft, und möchte mit Hiob schreien: »Der Tag müsse verloren sein, darin ich geboren bin...«

Ich kann es selbst nicht glauben, ich will das Stück Papier nicht sehen, das wahr ist, das vor mir liegt und mir die Schuld entgegen- schreit, aus der ich nie entlassen werden kann. Aber es ist da... Es liegt hier, eng beschrieben, und am Ende eine Unterschrift, von mei- ner Hand...

Vater, vergib mir, wenn du es kannst. Ich habe dich verraten.

Und ich schrei' es dir zu, ich will es hinausschreien zu jedem, der mich fragt: Ich hasse Sandra Belora...

Ich habe meine Gärtnerei verkauft...

Drei Monate später sah Franz Krone Sandra wieder.

Er stand im Zimmer Professor Glatts und übte seit zwei Stunden – mit nur einer kleinen Pause für die Frühstücksmilch, die ihm der Hausmeister grinsend herausgab – eine einfache Tonleiter. Er sollte sie singen mit *einem* Atem, auf- und abschwellend, ineinander überfließend, Messa di voce, wie es der italienische Kunstgesang nennt, ringen um das Geheimnis des Schmelzes und der mühelosen Atemführung.

An diesem Tag beachtete er Sandra Belora nicht, als sie zu Profes- sor Glatt ins Zimmer trat, eilig, einem Reisekostüm, mit geröteten Wangen. »Ich habe es eilig, Herr Professor«, rief sie und umarmte Glatt stürmisch. »In einer Stunde fliegt meine Maschine. Ich wollte mich nur verabschieden. Es geht für sieben Wochen nach Spanien!«

»Viel Erfolg!« Professor Glatt klopfte ihr auf die Schulter. »Darf ich spucken?« fragte er lachend.

»Bitte!« Sie hielt ihm kokett die Schulter hin. Professor Glatt spuckte symbolisch darauf und rief dabei das alte Toi-toi-toi, das Zauberwort der Bühne, das Sesam-öffne-dich für den ersehnten Erfolg.

Franz Krone hatte sich abgewandt und an das Fenster gestellt. Sein Herz trommelte in der Brust, mit verkrampften Händen stützte er sich auf die Fensterbank und biß die Lippen zusammen. Er hörte einen leichten Schritt, eine Hand legte sich auf seine Schulter.

»Sie sind bei Glatt?« sagte Sandra, als er sich brüsk umwandte und sie anstarrte. Ihre Augen waren wieder fast schwarz wie damals, als sie die Lampe in seinem verdunkelten Zimmer umstieß. »Oh«, hatte sie damals gerufen, »wie unachtsam ich bin! Jetzt habe ich die Lampe umgeworfen, und wir sind im Dunkeln. Fast wie in ›Bohème‹.« Er wollte etwas sagen, er wollte sich bücken, die Lampe aufzuheben, da umfaßte sie ihn und drückte ihre heißen Lippen auf seinen Mund. Und die Lampe blieb auf dem Boden liegen...

Franz Krone sah sie starr an, maskenhaft war sein Gesicht versteinert. Sandra stand dicht vor ihm, ihr Atem streifte seine Stirn.

»Sie haben sich doch entschlossen, Sänger zu werden?«

»Geh!« sagte er leise zwischen den Zähnen.

Sie zog die Augenbrauen hoch und neigte den Kopf ein wenig. »Viel Erfolg«, meinte sie leichthin. »Vielleicht sehen wir uns einmal in irgendeiner Oper wieder...«

Sie wandte sich ab und ging, Professor Glatt unterfassend, aus dem Zimmer. Franz Krone lehnte an der Wand, ein Zittern durchrann seinen schmächtigen Körper. Er stürzte an das Fenster zurück und sah sie unten durch den Vorgarten gehen, trippelnd, auf hochhackigen, weißen Pumps. Vor dem Palais am Oberländer Ufer parkte ihr weißer Wagen. Sie drehte sich am Tor noch einmal um, winkte Professor Glatt zu, der anscheinend in der Tür stand und zurückwinkte, sie warf eine Kußhand und blickte dann schnell empor zu dem Fenster, hinter dessen Gardine Franz Krone stand und auf sie hinunterstarrte.

»In irgendeiner Oper«, sagte er leise. »Wir sehen uns wieder, Sandra... Schneller, als du dachtest. Ich werde lernen, lernen, lernen, ich werde mich auspumpen und wieder vollsaugen wie ein Schwamm mit allem, was ich wissen muß; und dann werde ich dich finden, an irgendeiner Oper auf dieser Welt, und ich werde dich mit deinen eigenen Waffen schlagen… Mit deiner Stimme und deiner verfluchten Liebe…«

Als Professor Glatt wieder ins Zimmer zurückkam, stand Krone am Flügel und schlug die Töne an, die er eben geübt hatte, als Sandra eingetreten war. Glatt blieb jetzt bei ihm stehen und beobachtete ihn, wie er mit zitternden Fingern die Töne aussuchte.

»Haben Sie etwas gegen Frau Belora?« fragte er unvermittelt.

Franz Krone schrak empor. »Gegen…? Nein, durchaus nicht. Warum auch? Ich kenne sie ja kaum…«, stammelte er verlegen.

Glatt nickte und setzte sich auf einen Klavierstuhl. »Atmen Sie mit dem Zwerchfell ein, so weit Sie können, und dann halten Sie einmal diesen Ton hier, auf- und abschwellend, immer laut und leise und wieder laut, nur diesen Ton…«

Anschlag… Das G… Singen… Singen…

Sandra… Die Gärtnerei gehört jetzt einem Friedrich Brahm. Er kommt aus Pommern. Er war glücklich, daß er sie bekam, er hat geweint vor Freude, er und seine Frau und seine sieben Kinder. »Ich hatte in Pommern, bei Kolberg, wissen Sie, eine Landwirtschaft… drei Stallungen, ein schönes Haus und dreihundert Morgen unter dem Pflug, hundert Morgen Weide und zweihundert Morgen Wald und Kusseln.« – »Und auch ich habe geweint, als ich auszog, als ich das Haus verließ, in dem ich geboren wurde, in dem mein Vater, vielleicht ahnend, welche Krankheit ihn niederwarf, den letzten Brief an mich schrieb… ›Erhalte die Gärtnerei.‹ Und ich habe sie verkauft, für ein paar lumpige tausend Mark verkauft, nachdem du bei mir warst und die Lampe umwarfst – versehentlich, du Aas…«

Das G… An- und abschwellend… Mit einem Atemzug… Das Zwerchfell schön langsam entspannen. Wie sagte doch Caruso: »Wenn ich singe, ziehe ich das Gesäß ein…«

»Gut«, sagte Professor Glatt und schlug einen anderen Ton auf dem Flügel an. »Jetzt dieser hier… Nein – treffen Sie ihn genau… Noch einmal… Gut so…«

Das A...Warum zittert die Stimme nicht? Sie fährt nach Spanien, sieben Wochen lang. Vielleicht singt sie wieder fünfzehn Opern und kauft sich ein neues Gut in der Campagna bei Rom? Mit einem Teich, umgeben von Pinien und Zypressen, Mimosen und Klematis...

Und Franz Krone sang, verbissen, vom Ehrgeiz getrieben, gezwungen vom Schicksal, das er selbst herausforderte. Ein »hungriger« Sänger.

In diesen Wochen und Monaten sahen sich Greta und Franz oft. Er hatte ein möbliertes Zimmer in Bayenthal genommen, von dem er kaum fünf Minuten bis zum Palais Oppenheim zu gehen brauchte. Es war ein großes Zimmer mit einer Schlafcouch, einem Spiegelschrank, fließendem Wasser und einem kleinen, durch Eisengitter geschützten Austritt zu einem Garten hin, in dem die Söhne des Hauses mit Pfeil und Bogen nach großen, bunten Strohzielscheiben schossen.

Wenn er seine Übungen abgeschlossen, die Musikgeschichte oder die Notenlehre, den Klavierunterricht oder die Dramaturgie beendet hatte, saß er oft am Rheinufer und sah auf den ruhigen Zug der Schlepper. Die weißen Personendampfer zogen vorüber... Musikfetzen wehten über das Wasser... Rheinlieder, Schlager... Er winkte ein paarmal den fröhlichen Menschen zu, die auf dem Sonnendeck tanzten, und dachte dann wieder an die Partitur der »Zauberflöte« oder die Entwicklung der französischen Oper.

Abends gingen Greta und Franz in ein Kino oder bummelten auf der Deutzer Seite durch die Anlagen der Messe, vorbei am Tanzbrunnen vor dem halbrunden Staatenhaus; sie saßen auch manchmal auf der Sünner-Terrasse bei einem Eisbecher und betrachteten den Verkehr auf der Rheinbrücke oder die im Abendrot liegenden, wie Goldfiligran wirkenden Türme des Domes.

An jenem Abend, als sie vom Tanzbrunnen zurückkamen und sich auf eine Bank neben dem Kürassierdenkmal setzten, legte Greta ihre Hand auf Krones im Schoß gefaltete Hände.

»Was hast du, Franz?« fragte sie verwundert.

»Nichts, Greta. Bestimmt nichts.« Er versuchte zu lächeln, aber es mißlang.

»Dich bedrückt etwas! Hast du Sorgen? Du sprichst nicht mehr so frei mit mir wie früher. Du bist so still geworden, so ernst.«

Er nahm ihre Hand und streichelte sie, aber es war ein mechanisches Streicheln, eine fast gekünstelte Zärtlichkeit, hinter der nicht das Herz stand.

»Glaubst du, daß ich es schaffen werde?«

»Das Studium? Bestimmt, Franz.«

»Noch ein Jahr, Greta, noch zwölf Monate, dann ist die Prüfung, dann kommen die Intendanten und hören uns an. Noch ein ganzes Jahr...«

»Es vergeht so schnell, Liebster«, sagte sie zärtlich.

Er nickte. »Ich habe noch vierhundert Mark«, sagte er zögernd. »Sie reichen kein Jahr. Ich werde in den Semesterferien arbeiten. Vielleicht in einer Fabrik...«

Greta Sanden lehnte den Kopf an seine Schulter. Ihre blonden Haare kitzelten seine Wangen. Er umfaßte die schlanke Gestalt und drückte sie an sich. »Ist es das?« fragte sie leise. »Du bist ein dummer Junge...«

»Greta...«, lachte er, aber in seiner Stimme lag Hilflosigkeit.

»Ich habe etwas gespart... Für die Aussteuer, Franz...«

»Ich nehme es nie an!« rief er und sprang auf. Er kam sich in diesem Augenblick jämmerlich vor, er schämte sich vor der Liebe dieses Mädchens, das er verriet, das er wegwarf für die schönen Augen einer Frau, die kalt waren und doch durchglüht von Dämonie und Lockung.

»Wir brauchen das Geld erst, wenn du die Prüfung bestanden hast. Dann wirst du genug Geld verdienen, und wir können uns alles kaufen, auch ohne Geld. Du brauchst es jetzt, und ich gebe es dir...«

»Nein, Greta, nein. Ich nehme es nicht an!«

»Ich habe es für uns gespart.«

»Greta.« Er umarmte sie und küßte sie und umfing sie mit den Armen, sie eng an sich pressend. Über ihre blonden Locken hinweg sah er auf den Rhein, der schwarz durch die Nacht rauschte. »Sie ist jetzt in New York, seit dreiviertel Jahren, sie singt an der Metropolitan. Wie gemein ich bin, wie hundsgemein...«

»Laß uns gehen«, sagte er stockend. »Kommst du mit mir nach Hause?«

Sie nickte stumm und schmiegte sich an ihn.

Sie gingen durch die Nacht, am Ufer des Rheins entlang, und waren glücklich. Auf dem Strom glitt ein leuchtender Palast heran: Eines der weißen Schiffe kehrte aus Königswinter zurück. Die Kapelle spielte... »Da wo die sieben Berge am Rheinesstrande steh'n ..« Lachen scholl über das dunkle Wasser, eine Glocke schellte... Auf der Landebrücke flammten Scheinwerfer auf... Dahinter stand der Dom, in den Himmel stoßend, mächtig, eine Stein gewordene Hymne an Gott.

Während sie durch die Nacht gingen, schämte er sich: »Ich werde sie heiraten«, dachte er. »Noch dieses Jahr... Und ich werde Sandra schlagen – ja, zum erstenmal in meinem Leben werde ich eine Frau schlagen –, wenn sie wieder zu mir tritt.«

Aber während er dies dachte, wußte er, daß er zu dieser Handlung gar nicht fähig war.

Die Ersparnisse, die Greta Sanden auf ein Postsparbuch eingezahlt hatte, betrugen 1200 Mark. Sie gab mit glücklicher, schenkender Gebärde das ganze Geld und erstickte sein Dankesstottern mit Küssen. Aber mit der Übergabe dieses Geldes war die Hilfe Gretas noch nicht erschöpft... Sie bewarb sich um die Stelle eines Zigarettenmädchens in der Königin-Bar am Ring. Da sie nett aussah und dem Personalchef ihre und Franz Krones Lage schilderte, bekam sie die Stelle. Abend für Abend ging sie nun durch die Tischreihen, einen großen, bunt lackierten Kasten mit allen Zigarettenmarken und Zigarrenkistchen herumtragend... Sie verkaufte, schnitt die Zigarrenspitzen ab, gab Feuer, wehrte sich vor heimlichen Einladungen, bedankte sich mit einem Knicks für das Trinkgeld und sank gegen Morgen erschöpft und wie zerschlagen ins Bett. Vier Stunden Schlaf, dann stand sie um acht Uhr wieder hinter der Theke des Textilladens und verkaufte Oberhemden, Socken und Linonbettwäsche. Tag für

Tag, Nacht für Nacht... Das Geld aber gab sie Franz Krone, der verbissen lernte und Professor Glatt von Woche zu Woche neue Rätsel aufgab.

»Wenn Sie so weitermachen, Franz«, sagte der alte Professor einmal, »gehen Sie vor die Hunde! Sie werden immer magerer... Darunter leidet die Stimme. Ein Tenor muß einen Resonanzboden haben – nicht umsonst sind die meisten Tenöre dick! Ich sehe schwarz, wenn Sie leptosomer Mensch weiter Raubbau mit Ihren Kräften treiben. Hungern Sie eigentlich? Haben Sie wirtschaftliche Sorgen?«

»Nein, Herr Professor. Es ist alles geregelt. Ich habe ja die Gärtnerei verkauft.«

Trotz aller Sorgen Professor Glatts wuchs Krones Stimme von Monat zu Monat. Der Wohllaut der italienischen Schule formte sie, rein und klar kamen die Töne. In der Musikgeschichte und der Notenlehre war Krone der Beste der Sammelklassen... Während Greta in der Königin-Bar ihre Zigaretten verkaufte und gegen Morgen todmüde mit der Hauptkasse abrechnete, saß er in seinem Zimmer in Bayenthal unter der Tischlampe und studierte. Er schenkte sich nichts, er war hart gegen jeden Wunsch, früher ins Bett zu gehen und einmal richtig auszuschlafen. »Ich habe den letzten Wunsch meines Vaters mißachtet«, durchfuhr es ihn in den kritischen Minuten, in denen er sich schwach werden fühlte, »ich habe die Gärtnerei verkauft, und ich will zeigen, daß dieses Opfer, dieser schreckliche Verrat nicht umsonst gewesen ist, indem ich ein großer Sänger werde und eines Tages die drei Morgen Land mit den drei Gewächshäusern zurückkaufe, mit dem Geld zurückkaufe, das ich mir ersungen habe. Es wird ein Kreislauf des Schicksals sein, den ich nicht unterbrechen darf.« Und er arbeitete weiter, er versank in der Kompositionslehre und schlug sich mit dem Kontrapunkt herum.

Sandra Belora hatte geschrieben. Aus San Francisco. An Professor Glatt natürlich, aber im letzten Satz des Briefes schrieb sie: »Was machen Ihre Meisterschüler?« Professor Glatt las diesen Satz Franz Krone vor und blinzelte ihm dabei zu. Es gab nur einen Meisterschüler in diesen Jahren, und das war Franz Krone. Sollte Sandra Belora das vergessen haben?

»Sie haben Eindruck gemacht«, meinte Glatt und faltete den Brief zusammen. »Schade, daß Sie sich aus der Belora nichts machen... Sie hat einen langen Arm und könnte Ihnen helfen.«

»Danke.« Es klang hart. Krone wandte sich ab und verkrampfte die Hände auf dem Rücken.

»Na, na.« Professor Glatt schüttelte den Kopf. »Auch wenn die Sandra nicht Ihr Typ ist, brauchen Sie mich ja nicht gleich aufzufressen. Was hat sie Ihnen denn getan?«

»Nichts.« Seine Stimme klang rauh, belegt. »Ich kenne sie ja kaum. Zweimal habe ich sie hier gesehen... Das ist alles.«

Professor Glatt trat zu Franz Krone und drehte ihn an der Schulter zu sich herum. Das bleiche, schmale, eingefallene Gesicht zeigte hektische rote Flecken.

»Hören Sie mal zu, Krone. Sie haben eine gute Stimme, eine sehr gute sogar. Ich mache aus Ihnen einen Star! Aber eines verbitte ich mir: Ich will an Ihnen keine Starallüren sehen! Und jetzt schon gar nicht, wo Sie nichts sind als ein halbfertiger Schüler! Wenn Sie weiter den wilden Mann spielen bei Dingen, die Ihnen nicht passen, gebe ich Sie ab zu Professor Mollter.«

»Herr Professor...« Sein Stottern war echtes Entsetzen. »Ich bin mit den Nerven fertig... Entschuldigen Sie. Ich werde mich zusammenreißen.«

»Hm.« Glatt betrachtete den großen Mann vor sich und schüttelte den Kopf. »Sie sollten einmal zum Arzt gehen, mein Bester.«

»Nach der Prüfung, Herr Professor. Ich habe jetzt keine Zeit, krank zu sein.«

»Wenn Sie so weitermachen, erreichen Sie die Prüfung nicht.«

Franz Krone schüttelte wild den Kopf. »Wenn ich Ihnen nichts versprechen kann – das weiß ich: Die Prüfung mache ich, und ich werde Sie nicht enttäuschen.«

Am 24. April 1951 wurde Franz Krone dem Direktorium der Musikhochschule Köln und sieben anwesenden Intendanten vorgestellt.

Es war ein warmer Frühlingsnachmittag. Gewitterschwüle lag

über dem Rhein.

Professor Glatt stand im Nebenzimmer des Prüfungsraumes, der einmal der große Lichthof des Palais gewesen war und jetzt als Aula und Festsaal diente. Er schwitzte. Mit einem weiß und blau gestreiften Taschentuch fuhr er sich abwechselnd über die Stirn oder zwischen Hals und Kragen und sah zu Franz Krone hinüber, der ruhig, als gehe er zu einer der üblichen Proben, in der Ecke am Fenster stand und die Partituren noch einmal durchging.

»Fischer ist da«, sagte Glatt und wischte sich wieder über die Stirn. »Dr. Fischer…« Und als er sah, daß dieser Name auf Krone keinen Eindruck machte, stürzte er auf ihn zu und faßte ihn an die Rockaufschläge. »Sie kennen Fischer nicht?«

»Nein.«

»Der Intendant der Münchener Staatsoper! Wenn Fischer nickt, ist ein Sänger gemacht, schüttelt er den Kopf, kann er Fische an der Markthalle verkaufen! Vor Fischer zu singen heißt, durch das Fegefeuer zu gehen.Manchmal hat er Sonderwünsche und gibt ein Notenblatt hin, irgendeine dusselige Arie aus einer längst vergessenen Oper, die er irgendwo in den Archiven ausgegraben hat. ›Singen Sie das einmal‹, sagt er dann. Und der arme Kerl, der so in seine Fänge kommt, schwitzt drei Liter aus.« Er tupfte sich wieder die Stirn und beugte sich aus dem offenen Fenster, als könne er dadurch ein wenig frische Luft um seinen heißen Kopf wehen lassen.

»Haben Sie gar kein Lampenfieber?« fragte er.

»Nein.«

»Sie sind erst zwei Jahre in der Ausbildung, Krone. Ich bin gespannter als Sie, was Fischer sagen wird. Wenn er nickt, spendiere ich eine Pulle Sekt.«

Über der Tür ertönte eine kleine, helle Klingel. Einmal kurz, einmal lang. Professor Glatt straffte sich. »Gleich ist es so weit…«

Franz Krone legte die Noten weg und warf noch einmal einen Blick in den Spiegel an der gegenüberliegenden Wand. Er sah ein bleiches, dürres Gesicht über einem schwarzen Anzug, ein weißes Hemd mit silbergrauem Schlips. Seine Augen kamen ihm fremd vor, tiefliegend und glänzend wie im Fieber.

Zweites Klingelzeichen. Professor Glatt zerknautschte sein Taschentuch und steckte es in die Hosentasche. Mit zittrigen Händen fuhr er sich noch einmal durch die langen, grauen Haare, dann nahm er seine Goldbrille ab und putzte sie umständlich. Als es an die Tür klopfte, stürzte er zu ihr hin und riß sie auf. Der Portier stand im Flur und kratzte sich den Kopf. »Die Emmi hat ein Engagement nach Kiel«, sagte er.

»Das gönne ich ihr.« Professor Glatt setzte seine Brille wieder auf. »Was macht Fischer?«

»Er gähnt…«

»Er gähnt!« Professor Glatt raufte sich die Haare und rannte zu Krone zurück. »Er gähnt!« sagte er stockend.

Drittes Klingelzeichen. Herrisch, schrill, anhaltend.

»Es ist soweit.« Glatt schob den Kopf vor und trat hinaus auf den Flur. Franz Krone folgte ihm. »Viel Glück!« rief der Portier und spuckte Krone an. »Eigentlich müßten Sie den Fischer in Grund und Boden singen.«

»Es wird schon gut gehen.« Franz Krone klopfte dem Portier auf die Schulter und folgte Professor Glatt, der schon an der Tür des Festsaales stand.

Durch die Tür ertönte das Stimmen des Orchesters. Geigen, Bratschen, ein Fagott… Einmal dröhnte dumpf die Kesselpauke. Das Orchester der Musikhochschule wartete auf Franz Krone.

Die Tür schwang auf. Laut umspülte sie das stimmende Orchester. Kronleuchter warfen ihr Licht in den Saal. Gewirr von Stimmen, Husten, Rascheln, Lachen quoll aus dem Saal. Die Masse Mensch… Professor Glatt stieß Krone in die Seite. »Los!« sagte er leise. »Erst ›Turandot‹… Dann den ›Faust‹… Dann ›Tosca‹ und am Schluß die ›Hugenotten‹. Wenn alles klappt, als Zugabe ›Aida‹. Bringen Sie bloß nichts durcheinander.« Er stieß ihn noch einmal liebevoll in die Seite, dann eilte er in den Saal.

Franz Krone stand allein in dem langen, nüchternen Flur. Durch die Tür blendete der Saal zu ihm hin. Das Schafott des Sängers.

Professor Glatt hatte sich neben Dr. Fischer gesetzt. Die beiden Herren schüttelten sich mit aller Herzlichkeit die Hand. »Wenn es stimmt, was man über Krone sagt, dann darf ich wohl im voraus gratulieren, was?« lachte Dr. Fischer. Er sah in das gedruckte Programm und schob die Unterlippe etwas vor. »Den Kalaf als Anfang... Sie sind wirklich anspruchsvoll und mutig...«

Der Schweiß brach Professor Glatt wieder aus.

Dünner Applaus quoll auf, durch die Tür kam ein großer, schlanker Mann in einem schwarzen Anzug. Auf einem der hinteren Stühle reckte Greta Sanden den Hals. Ihr Herz zitterte, zwischen den Fingern hielt sie ein Taschentuch, vor Erregung zerknüllt. »Franz«, stammelte es in ihr, »ich habe solche Angst um dich, solche schreckliche Angst...« Mit aufgerissenen Augen sah sie, wie Krone die drei Stufen zum Orchester hinaufstieg und sich neben den jungen Dirigenten stellte. Auch dieser war bleich... Die Leitung des Orchesters war seine Prüfung in der Dirigentenklasse.

Intendant Dr. Fischer sah erstaunt zu Professor Glatt neben sich.

»Ist er das?«

»Ja.«

Dr. Fischer schüttelte den Kopf – das gefürchtete Kopfschütteln. »Dieser Mann gehört in ein Lungensanatorium, aber auf keine Bühne.«

Professor Glatt schwieg. Er war wachsbleich im Gesicht, die Lider hinter der dünnen Goldbrille waren halb über die Augen gesunken. Das begrüßende Händeklatschen war verebbt... Der junge Dirigent sah zu Krone hinüber.

Er hob den Taktstock, die Geigen wurden an das Kinn gehoben, die Flöten, Hörner, Fagotte und Klarinetten blitzten auf.

Die Arie des Kalaf aus Puccinis »Turandot«.

»Keiner schlafe... Nessun dorma...«

Professor Glatt zuckte wie nach einem elektrischen Schlag zusammen, als die ersten Töne dieses reinen Tenors erklangen. Verstört blickte er zu Dr. Fischer, der mit zusammengekniffenen Lippen geradeaus auf das Podium starrte.

»Er sing italienisch«, durchfuhr es Glatt. »Er singt den Kalaf in italienischer Sprache. Wir haben das ja gar nicht geübt, ich habe immer deutsch singen lassen! Mein Gott, nur ein Fehler, und Dr. Fischer spricht das Todesurteil...«

Franz Krone sang. Was er in den langen Nächten geübt hatte, draußen in Bayenthal in seinem möblierten Zimmer mit dem vergitterten Austritt zum Garten hinaus, in dem die Söhne des Hausbesitzers mit Pfeilen auf eine große Zielscheibe aus Stroh schossen, was er in den langen Nächten verbissen, ohne jemand anderen in sein Vertrauen zu ziehen, gebüffelt und immer wiederholt hatte, bis er es singen konnte, wenn er aus tiefstem Schlaf erwachte, das quoll jetzt aus ihm hervor, rein, sieghaft, jubelnd, die Fesseln sprengend, die ihn noch umklammert hielten, als er bleich und ängstlich im Flur stand und nicht wagte, die wenigen Schritte in den Saal hineinzugehen. Vier Wochen lang hatte er den Wecker morgens um vier Uhr gestellt... Wenn er schellte, fuhr er aus dem Schlaf empor, einen Augenblick nicht wissend, wo er sich befand, und dann sang er leise immer wieder die Partien, auf italienisch, auf deutsch, bis er von diesen Arien und Opern träumte und sie noch im Schlaf, im Traum sang.

Dr. Fischer hatte sich vorgebeugt, er hatte die Hände zwischen die Knie gepreßt und starrte auf den Mund des jungen Sängers. »Es ist nicht zu glauben«, dachte er. »Es ist wie in einem Märchen... Da versteckt dieser Glatt ein Genie und vergeht vor Angst, daß es mir nicht gefällt. Welches Timbre, welche Kraft, welche Fülle auch in den hohen Tönen, und doch welche Leichtigkeit der Stimmführung, elegant, souverän, fast schon starhaft maniert.«

Das Portamento war vollkommen, der Zauber des Messa di voce durchglühte den Gesang... Und jetzt das C... Es stand im Saal, es hielt stand, es ging nicht unter, es brach nicht, es wurde nicht dünner, kein Tremolo, kein Zittern, keine Atemstöße. Dick war es, stark, metallen, ein C voller Sprengkraft... Und jetzt der Gongschlag, das Einsetzen der Posaunen... Dr. Fischer sprang auf, noch ehe das Orchester verklang, und klatschte in die Hände.

Professor Glatt erwachte aus seiner Erstarrung. Er fuhr sich durch die Haare, immer und immer wieder, er zerwühlte sie zu einer Mähne, die seinen Kopf umflatterte.

In das Orchester hinein dröhnte der Applaus.

Der Sänger Franz Krone war geboren..

Am 1. September 1951 trat Franz Krone sein erstes Engagement an. Intendant Dr. Fischer hatte ihn nach München an die Staatsoper berufen.

In den Monaten, die dazwischen lagen, war er durch das Leben wie ein Schlafwandler gegangen. Er hatte Greta Sanden das Geld zurückgegeben, von dem Vorschuß, der ihm von Dr. Fischer sofort gewährt worden war. »Sie fangen gleich wie ein berühmter Sänger an!« hatte er gelacht, als Krone ihn um das Geld bat. »Wenn Sie bei allen Bühnen im Vorschuß stehen, sind Sie theoretisch unkündbar.«

Die versprochene Flasche Sekt hatte Professor Glatt mit ihm und Greta getrunken, ganz allein, fern allem Trubel, nachdem Franz Krone sein Programm abgesungen und von Arie zu Arie die Begeisterung zu steigern vermocht hatte. Seine Zugabe aus »Aida« war ein Triumph geworden. Dr. Fischer war nach dem Ende des Auftritts auf das Podium geeilt, hatte ihm vor allen Zuschauern die Hände geschüttelt und auf die Schulter geklopft. »Ich nehme Sie mit nach München!« hatte er schon auf dem Podium gerufen. »Wer auch immer jetzt zu Ihnen kommt – Sie sind besetzt!« Und sie kamen... Sieben Angebote von Hannover, Köln, Flensburg, Göttingen, Düsseldorf, Stuttgart und Braunschweig. Man bestürmte ihn, man wollte Gastspielabschlüsse festlegen, als man erfuhr, daß Dr. Fischer schon zugegriffen hatte... Franz Krone ging in diesem Wirbel unter und war Professor Glatt dankbar, der ihn aus dem Saal schob und in sein Zimmer dirigierte. »Ruhen Sie sich aus«, sagte er vorsorglich und schloß hinter ihm das Zimmer ab. Dann eilte er wieder zurück in den Festsaal und hatte alle Mühe, die Kritiker und Theaterfachleute abzuhalten, die mit Franz Krone ein Interview haben wollten.

»Laßt ihn leben!« rief Professor Glatt und hob beide Arme. »Und vor allem – was der Junge jetzt braucht, ist Ruhe!«

Als sich der Trubel etwas gelegt hatte und nach der Pause die anderen Kandidaten vorgestellt worden waren – drei junge Sängerinnen und zwei Dirigenten –, als sich schließlich der Festsaal leerte, fuhren Professor Glatt und Franz Krone in die Wohnung des Professors nach Klettenberg. Vorher aber stellte Krone noch Greta Sanden vor.

»Diesem schönen Mädchen allein habe ich zu verdanken, daß ich zu Ihnen gekommen bin«, sagte Krone und nahm die Hand Gretas. Es kam ihm in dieser Stunde nicht in den Sinn, daß er dabei log und daß es Sandra Belora war, die ihn dazu getrieben hatte, die Gärtnerei zu verkaufen, um ihn zu einem »hungrigen« Sänger zu machen. Professor Glatt drückte die Hand Gretas und sah sie durch seine Goldbrille liebenswürdig an.

»Sie haben damit der Welt etwas geschenkt, mein Fräulein«, sagte er langsam und mit Betonung. »Ich bin ein alter Mann und habe vieles in diesem komischen Leben gesehen. Einen kleinen Rat muß ich Ihnen geben: Wenn Sie Franz Krone lieben, dann halten Sie ihn bloß fest, ganz fest... Künstler haben die merkwürdige Eigenschaft, bei zunehmender Berühmtheit zu entgleiten. Warum, weiß ich nicht... Vielleicht glauben sie, es ihrer Karriere schuldig zu sein. Halten Sie ihn fest... Und nun kommen Sie alle zu mir, die Flasche Schampus trinken.«

Das war vor drei Monaten gewesen, und nun stand der 1. September fest als erster Tag, an dem der neue, hoffnungsvolle Tenor an der Bayerischen Staatsoper in München auftreten sollte.

Greta Sanden war mit Franz durch Köln gegangen und hatte mit ihm eingekauft. Zwei neue Anzüge brauchte er, drei Hemden, zwei Paar neue Schuhe, Halbschuhe... »Da Sie auch Konzerte geben werden, wäre es gut, wenn Sie Ihren Frack nach München mitbringen...«, hatte Dr. Fischer geschrieben. Also kauften sie auch einen Frack und alles, was zu ihm gehört, Hemd, Strümpfe, Fliege, Schuhe... Er kaufte sich auch einen leichten, schwarzen Mantel und war froh, daß Greta bei ihm war und ihn beriet.

Vierzehn Tage vor Beginn der Probenarbeit, zu der Franz Krone in München eintreffen mußte, kam ein neuer Brief von Intendant Dr. Fischer. Er war kurz, aber er warf Franz Krone aus dem seelischen Gleichgewicht.

»Die Staatsoper wird Sie als Cavaradossi in ›Tosca‹ vorstellen. Studieren Sie bitte schon die Partie. Im übrigen freuen wir uns, als

Ihre Partnerin eine große Kollegin gewonnen zu haben. Die Tosca wird Frau Belora singen.« Sandra!

Franz Krone steckte den Brief zerknüllt in seine Tasche und fuhr an diesem Tag hinaus in das Kölner Stadion. Er mußte Weite um sich haben, Luft, Bäume, Blüten, den Geruch von Erde und das Rauschen hoher Baumkronen. Den ganzen Tag saß er draußen auf den Bänken und starrte in die blühenden Büsche am Weg oder ging ruhelos auf der weiten Jahnwiese hin und her. Mittags aß er in einem Ausflugslokal und verkroch sich dann wieder in die Einsamkeit, saß am Decksteiner Weiher und wanderte durch die stillen Parkanlagen in der Nähe des Reitturnierplatzes.

»Ich werde nicht singen, wenn sie die Tosca spielt«, dachte er immer wieder. »Ich werde es Dr. Fischer schreiben – und wenn das Engagement rückgängig gemacht wird: Ich singe nicht mit Sandra zusammen! Ich kann es einfach nicht!«

An diesem Tag in der Einsamkeit des Kölner Stadtwaldes, unter Birken und Ulmen, auf stillen Wegen und versteckten Bänken, beschloß Franz Krone, an Dr. Fischer zu schreiben, daß er nicht singen würde, wenn Sandra Belora seine Partnerin würde.

Er schrieb nicht. Er fuhr nach München zu den Proben und hatte sich vorgenommen, Sandra kein Schauspiel zu geben.

Als er sich von Greta in der großen Halle des Kölner Hauptbahnhofs am D-Zug nach München verabschiedete, war es ihm, als flüchte er wie ein Schuldner vor einer Schuld, die er nie begleichen konnte.

Er hatte noch zehn Minuten Zeit bis zur Abfahrt, und sie gingen auf dem schmutzigen, zugigen Bahnsteig hin und her. Er hatte den Arm um Gretas Schulter gelegt. Sie schmiegte sich an ihn und sah, während er sprach, zu ihm hinauf.

»Vergiß mich nicht«, sagte sie leise und drückte seine Hand. Es würgte ihn in der Kehle.

»Ich lasse dich nach München nachkommen.« Er drückte sie an sich und senkte den Kopf. »Schon zur Premiere kommst du... Wir werden eine Wohnung mieten und schnell heiraten.«

»Erst mußt du ein bekannter Sänger sein, Franz.« Greta schüttelte den Kopf. »Ich würde dir im Wege stehen...«

Er verhielt ruckartig den Schritt und starrte sie an. »Wie kannst du so etwas sagen, Greta?! Alles, was ich bin, bin ich nur durch dich. Du hast zu mir gehalten in den schlechtesten Zeiten, du hast mir dein ganzes Geld gegeben, du hast mir durch deine Liebe manche Wochen und Monate, in denen ich verzweifelt war und alles von mir werfen wollte, die Kraft gegeben, durchzustehen und den harten Weg bis zur Prüfung zu gehen. Nun wird alles gut werden – und du sollst an meiner Seite glücklich sein.«

»Es war alles so selbstverständlich«, sagte sie leise.

Er ging weiter und zog sie mit sich fort. »Du hast doch deine Papiere zusammen?«

»Ja.«

»Nach der Premiere werde ich in München das Aufgebot bestellen.«

»Ja.«

»Du wirst sehen, es wird ein Triumph werden! Ich werde singen wie nie... Ich werde singen für dich. Du mußt vorne in der ersten Reihe sitzen, ich muß dich sehen, Greta... Ich werde es Dr. Fischer sagen. Und jeden Abend, wenn ich singe, mußt du vorne sitzen und mir zuhören, und wenn du nickst, wenn du zu mir hinauflächelst auf die Bühne, dann weiß ich, daß ich gut singe.« Er blieb stehen und umfaßte sie. Es war fast, als umklammere er sie wie eine Ertrinkender, sie schloß die Augen und biß die Lippen zusammen, um nicht aufzuschreien. »Du mußt immer bei mir sein, hörst du?... Du darfst nie fern von mir sein...«

»Nein...«

»Ich brauche dich, Greta... Ich weiß, daß es furchtbar wird, wenn du nicht mehr bei mir bist... – Sandra«, dachte er. »Sie wird wieder auf mich zukommen, ihr aufreizendes Lächeln auf den vollen Lippen, den goldenen Punkt in den schwarzen Augen, und ich werde ihr Sklave sein und untergehen in dieser Lockung, der ich nicht widerstehen kann. Ich werde Greta vergessen, ich werde mich selbst vergessen... Ich weiß es, ich habe es schon einmal getan, und es wird wiederkommen, dieses Gefühl, in einem Meer des Glücks zu schwimmen und nicht zu merken, daß man ertrinkt... – Du wirst kommen, Greta?« sagte er mit zitternder Stimme.

»Ja, Franz...«

Der Zugbeamte mit der roten Mütze ging die lange Reihe der Wagen ab. Türen klappten, Gepäckträger zwängten sich an den Wartenden und Abschiednehmenden vorbei, ein Karren mit Zeitungen wurde vorbeigeschoben. Die Stimme des Verkäufers gellte über den Bahnsteig.

»Noch zwei Minuten«, sagte Franz Krone leise. Er hatte Greta noch immer umfaßt und streichelte ihr Haar.

Der Zugführer mit dem roten Lackgürtel eilte vorüber. »Bitte einsteigen!« rief der Mann mit der roten Mütze. »Einsteigen und zurücktreten von der Bahnsteigkante!«

Franz Krone ging zu seinem Waggon, schob die Koffer auf den Gang, kam wieder zurück und stand auf der untersten Stufe. Durch das Gestänge des eisernen Hallendaches brach die Morgensonne. Der Rhein lag im Dunst, träge glitten die Schlepper stromaufwärts... Kohlenschiffe aus Duisburg, Tanker, ein Schiff mit Wagen, bedeckt mit hellen Zeltplanen.

Abschied...

Noch einmal küßte Greta die schmalen Lippen Franz Krones, dann schlug der Schaffner vor ihr die schwere Tür zu und verriegelte sie.

Der Zug fuhr langsam an... Franz Krone stand am Fenster und winkte. Schneller und schneller drehten sich die Räder, der Zug stampfte, Qualm quoll über die winkenden Menschen hin... Da erfaßte Greta der ganze Schmerz des Abschieds. Alle Tapferkeit, die sie sich vorgenommen hatte, fiel von ihr ab... Sie rannte neben dem Zug entlang, rannte mit fliegenden Haaren und keuchendem Atem neben seinem Fenster her... »Franz!« schrie sie. »Franz! Nimm mich mit! Nimm mich doch mit!« Er winkte ihr zu, er lächelte, er spitzte die Lippen, als wolle er sie küssen. Da warf sie die Arme empor und rannte wie irr neben dem Zug. Rauch umhüllte sie, das Stampfen der Räder zerriß ihr Gehirn... »Franz!« schrie sie. »Franz – bleib!«

Dann war der Bahnsteig zu Ende, Schotter begann… Sie schlug die Hände vor die Augen und lehnte sich an einen eisernen Träger. Haltlos weinend hörte sie, wie der Zug davondonnerte, wie er auf die Brücke kam. Ferner und ferner verklang das Rollen…

Vier Jahre fuhren von ihr weg, vier Jahre Glück und Liebe, Sorge und Leid, Freude und Erfüllung. Und Greta lehnte den Kopf an den schmutzigen Eisenträger und weinte noch immer, als einer der Streckenwärter erstaunt an ihr vorbeiging und der große Lautsprecher den neuen Zug ankündigte, der brausend auf dem Bahnsteig einlief.

Drittes Kapitel

In Grünwald, südlich von München, lag, inmitten eines alten Parks, die Villa des Staatsopernintendanten Dr. Fischer. Ein weißer, langgestreckter, flacher Bau mit riesigen Fenstertüren zum Park hinaus, im Winkel gebaut, der eine windgeschützte Sonnenterrasse umschloß. Eine mit weißen Platten ausgelegte Zufahrt führte zu dem großen, überdachten Eingang, durch den man eine weite Halle betrat.

Franz Krone hatte sich, nachdem er in München angekommen war, sofort bei der Staatsoper gemeldet und vom Chefdramaturgen Dr. Baltes erfahren, daß er – bis für ihn eine gute Wohnung gefunden sei – zunächst im Haus Dr. Fischers wohnen sollte. Dann fuhr ihn ein Wagen hinaus nach Grünwald in eine Welt, die er bis zu dieser Stunde nur von der Leinwand der Kölner Kinos kannte.

Dr. Fischer war nicht zu Hause – er hatte eine Konferenz mit dem Kulturreferenten der Stadt München. Ein Diener nahm ihm Koffer und Mantel ab, führte ihn eine breite Treppe hinauf in das niedrige Dachgeschoß und zeigte ihm sein Zimmer, einen großen Raum mit drei Fenstern zum Park hinaus und einem Balkon, der in das Dach eingeschnitten war. Ein Azellavorhang trennte eine Ecke des Raumes ab mit zwei großen Waschbecken und einer Brauseanlage voll blitzender Hähne und Knöpfe.

»Wenn der Herr sich frisch machen wollen...«, sagte der Diener, legte zwei Frottiertücher über die Nickelstangen neben der Brauseanlage und zog sich zurück.

Franz Krone öffnete eines der Fenster und trat auf den Balkon. Vom Park herauf strömte der süße Duft der Klematis, die an der einen Hauswand emporrankte. Rosenbeete umsäumten eine Wiese, in deren Mitte ein nierenförmiges Schwimmbecken lag, grün gekachelt, mit einem Einstieg und einem Einmeterbrett. Das Gras stand hoch und wuchs auf die Rosen zu.

Franz Krone lächelte vor sich hin. »Das Gras müßte sofort geschnitten werden«, dachte er. »Und die Stockrosen sind verwildert… Man sollte sie im Herbst ganz stutzen und dann neu aufziehen. Auch die Beete sind nicht sauber… Die Quecken muß man herausharken und die Erde lockern.« Er schüttelte den Kopf und trat in das Zimmer zurück. Der Gärtner stak noch in ihm, er hatte nicht vergessen, was einmal sein Lebensinhalt war. »Ich werde ihm den Garten in der Freizeit in Ordnung bringen«, durchfuhr es Krone. »Ich werde es Dr. Fischer sagen. Es ist eine Schande, diesen Park so verwildern zu lassen.«

Die Freiheit, in die er von einem Tag zum anderen hineingesetzt wurde, erfüllte ihn plötzlich mit all der Sorglosigkeit, die ihm hier geboten wurde. Leise vor sich hinpfeifend zog er sich aus, stellte sich unter die Brause und drehte an einem Knopf. Heißes Wasser ergoß sich auf ihn und wusch die Müdigkeit der Reise von ihm fort.

Eine halbe Stunde später stieg er die breite Treppe wieder hinab in die große Halle. Er trug seinen neuen Sommeranzug, den er mit Greta in Köln gekauft hatte, einen beigebraunen Anzug mit hellgrauer Weste. Er kleidete ihn vortrefflich, machte seinen Körper breiter und unterstrich seine Größe.

In der Halle sah er sich um. Eine breite Glastür hinaus auf die Terrasse. Seitlich war eine andere Glastür mit vorgezogener Portiere dahinter, die in einen anderen Raum führte. Er öffnete sie, schob den Vorhang zur Seite und betrat einen Salon.

Die Dunkelheit des Abends lag in dem großen Raum. Nur von dem offenen Kamin her flackerte ein greller Schein über die dicken Teppiche und die modernen, hellen Möbel, ein zuckender, flammender Lichtkegel, der die Gegenstände plötzlich aus der Dunkelheit heraushob.

Mit zusammengebissenen Zähnen, die Fäuste geballt, blieb Franz Krone an der gläsernen Tür stehen. Am flammenden Kamin, umzuckt vom Schein des Feuers, stand Sandra Belora.

Eine Weile starrten sie sich stumm entgegen. Dann wandte sich Krone wortlos um und wollte den Salon verlassen. Ihre Stimme riß ihn herum.

»Komm herein«, sagte sie leise.

»Was machst du hier?« fragte er, aber er schloß hinter sich die Glastür und schob die Portiere davor.

»Ich bin Gast bei Dr. Fischer wie du. Berühmte Sänger, die an der Staatsoper gastieren, wohnen alle bei Dr. Fischer für die Dauer ihres Münchener Gastspiels.«

Sie löste sich vom Kamin und trat auf ihn zu. Ihr enges, schwarzes Kleid schob sich bei jedem Schritt etwas an den schlanken Beinen empor. Ein Feuerstrahl traf ihr Ohr. Es blitzte auf und funkelte... »Brillanten«, dachte Franz Krone, »sie trägt einen Billanten im Ohr...«

»Ich freue mich, daß ich mit dir singen darf«, sagte sie. Sie stand jetzt dicht vor ihm. Er spürte ihren Atem und glaubte trotz der Dunkelheit den goldenen Punkt in ihren Augen zu sehen.

Er trat einen Schritt zurück und legte die Hände auf den Rücken, um nicht in die Verlegenheit zu kommen, ihr die Hand zu geben. »Ich werde Dr. Fischer bitten, für deine Tosca einen anderen Cavaradossi zu suchen«, preßte er hervor.

»Ach!« Sandra zog die nachgemalten, dünnen Augenbrauen hoch. Sie sah ein wenig hochmütig aus in ihrer Verblüffung, ein wenig überrascht und sogar ratlos. »Du freust dich nicht, mich wiederzusehen?«

»Das kann man nicht behaupten! Ich hasse dich!«

»Sehr dramatisch! Und warum, wenn ich fragen darf?«

»Ich habe deinetwegen die Gärtnerei verkauft, ich habe bei Glatt Stunde genommen, ich bin ein Sänger geworden...«, stieß er erregt hervor. Er verkrampfte die Hände auf dem Rücken ineinander und streckte den Kopf vor, als wolle er ihr die Worte ins Gesicht schreien, in dieses bewußt blasse, gepflegte, seelenlose Gesicht eines gut frisierten und kunstvoll herausgeputzten Stars.

»Und deshalb haßt du mich?« Sandra schüttelte langsam den Kopf. »Du solltest mir lieber dankbar sein, Lieber...«

»Ich wollte nie Sänger werden, nie, nie! Aber als du weggingst an jenem Abend, mußte ich es werden.«

»Und du wirst die Welt erobern mit deiner Stimme. Millionen werden dir zu Füßen liegen. Du wirst besitzen, was du dir wünschest... Wie mich...« Sie trat nahe an ihn heran und legte die Hände auf seine Schulter. Ihr schmaler Kopf schnellte vor, raubtierhaft. Die vollen Lippen waren halb geöffnet...

Er faßte ihre Arme und riß sie von seiner Schulter.

»Laß das!« stieß er hervor. »Ich bin ein anderer Mensch als damals... Ich habe zwei Jahre in Not gelebt, um hier zu stehen!«

»Ab heute wirst du reich sein.« Ihre Stimme war leise, bebend, fast wie ein Pianogesang. Es war, als durchfliege ihren Körper ein inneres Zittern. Sie trat an den Kamin zurück und wurde wieder umspielt von dem Schein der zuckenden Flammen. »Komm – setz dich hierher, Franz.« Sie wies auf einen der tiefen, flachen Sessel, die um den Kamin und einen schweren Mosaiktisch standen. »Warum willst du dir selbst entfliehen...?«

»Ich heirate in vierzehn Tagen«, sagte er steif und blieb an der Glastür stehen.

Sandra lachte. Ihr Lachen perlte durch den dunklen Raum... »Wie die Kaskaden der Wasserspiele im Park der Villa d'Este«, mußte Krone wieder denken.

»In vierzehn Tagen! Das ist eine Ewigkeit, mein Liebling! Das sind vierzehn Tage und vierzehn Nächte... Wer wird daran denken, was in vierzehn Tagen geschieht? Der heutige Abend ist unser... Das allein ist Wahrheit, ist greifbar, ist da... Das allein kannst du fassen: den Raum, die Dunkelheit, das Feuer im Kamin, die Sessel... Mich...« Ihre Stimme sank zu einem Flüstern herab. »Komm zu mir, Franz... An den Kamin.«

»Was willst du?« Aber während er es fragte, kritisch und zurückhaltend, sichernd wie ein verfolgtes Wild, kam er näher, hinein in den Lichtschein des flackernden Feuers, und wurde übergossen von dem Spiel der Flammen.

»Setz dich«, sagte Sandra sanft.

Gehorsam ließ er sich in den weichen Sessel fallen – sie hockte sich neben ihn auf die erhöhte Seitenlehne. »Ich muß mich um dich kümmern, mein Lieber«, sagte sie leise und legte ihre schmale Hand auf sein Haar. »Professor Glatt hat nicht immer recht. Ein großer Sänger wird nicht nur geboren, er ist nicht nur einfach da... Ein großer

Sänger muß wachsen, reifen, er muß den Himmel kennen, von dem er singen soll! Und die Hölle! Alle die kleinen Teufel, die süßen, kleinen Teufelchen...« Sie umfaßte seinen Kopf, und so sehr er sich sträubte und aufspringen wollte, küßte sie ihn und drückte ihn mit ihrem Körper in den tiefen Sessel zurück. Er wollte ihre Arme greifen, er wollte sie von sich stoßen, entschlossen, hart. Aber als er die Arme ausstreckte, spürte er wieder ihren Kuß, und er schloß die Arme um ihren Körper und drückte sie an sich.

So saßen sie, umschlungen, von den Flammen des Kamins umspielt, sie küßten sich, und ihr heißer Atem wehte über ihre Augen und machte sie trunken.

»Du Hexe«, sagte er leise. »Du verfluchte, schöne Hexe...«

Und das Bild der weinenden, dem Zug nachrennenden Greta Sanden zerrann in der Dunkelheit des Raumes, verbrannte in dem Feuer des offenen Kamins, wurde aufgesaugt von den Lippen einer fiebernden, süßen Gegenwart...

Als Dr. Fischer zurückkehrte, saßen sie noch immer umschlungen am langsam verlöschenden Kamin.

Einen Augenblick blieb der Intendant verblüfft an der Tür stehen, dann räusperte er sich. Sandra und Franz fuhren auseinander; verlegen, wie bei einem Streich ertappte Schulkinder sahen sie zu Boden.

»Das ist richtig!« sagte Dr. Fischer jovial und lachte dann laut, befreiend, die Peinlichkeit der Szene überbrückend. »Mein neuer Tenor hat bereits die Lebenshaltung eines Stars... Vorschuß, eine Geliebte... Hoffentlich ist auch die Stimme danach...«

Und Sandra Belora fiel Franz um den Hals und küßte ihn in Gegenwart Dr. Fischers, als wolle sie damit sagen, daß er ihr gehöre, ihr allein.

Vom Park herein rauschten die Bäume. Regenwolken schoben sich über den nachtdunklen Himmel.

»Wir wollen das Licht anmachen«, sagte Dr. Fischer lächelnd. »Treten wir in die Wirklichkeit.«

Und der Salon lag im hellen, blendenden Lichterglanz...

Die Proben zu »Tosca« von Giacomo Puccini fanden zunächst auf der Probenbühne der Staatsoper statt, einem kleinen Saal mit einem Podium und einigen Versatzstücken. Der Korrepetitor hockte an einem Flügel, der Regisseur saß vor dem Podium auf einem wackligen Stuhl. Es war alles so illusionslos, so handwerklich, so primitiv fast. Man sang auch nicht mit voller Stimme; man markierte nur und übte die Einsätze, die Bewegungen, das Spiel und den Zusammenklang mit dem Orchester, vertreten durch den Korrepetitor am Klavier.

Die Stellproben – wie man diesen Anfang nannte – waren schnell vorüber. Der Text saß, die Spielhandlung war durchgenommen, die Arien und Duette klappten auf Anhieb. Sandra Belora war in einer glücklichen Stimmung. Wenn sie mit Franz Krone sang, blühte sie auf und vergaß, daß sie nur zu markieren brauchte. Sie sang voll und kümmerte sich wenig um das Geflüster, das bald den weiten Bau der Staatsoper durchzog und von der Bindung der Belora mit dem »Neuen« sprach.

Die erste Hauptbühnenprobe war für Krone ein Erlebnis. Zum erstenmal stand er auf einer riesigen Opernbühne und kam sich einsam, klein, verloren vor. Der weite Raum, der mehrstöckige Schnürboden, von dem die Kulissen an Seilen herabgelassen wurden, die Beleuchterbrücken, drei Etagen übereinander, die versenkbaren Böden, die Rampe mit den Lichtern und davor das drohende, dunkle, gefährliche Riesenrund des Zuschauerraumes. Logen, Ränge, Parkett, die Orchesterversenkung wie eine Höhle, in die man hineinstürzen konnte. Und in diesem Raum würden zweitausend Menschen sitzen, viertausend kritische Augen – die Bestie Publikum, die Gericht saß über seine Stimme.

Franz Krone blickte empor zu den Beleuchtern. Er sah die großen Scheinwerfer auf sich gerichtet, er sah in dem himmelhohen Kulissenraum des Schnürbodens Schiffsmasten hängen – »›Fliegender Holländer‹ von Wagner«, dachte er –, die Vorderseite eines Kerkers hing an vielen Seilen – »Troubadour« von Verdi –, eine wundervolle, verschnörkelte Rokokofassade – »Così fan tutte« von Mozart –, und Franz Krone kam sich vor wie in eine Welt versetzt, die aus den bunten Seiten eines Märchenbuches gestaltet war.

An der rechten Seite, an einem großen Pult voll mit Schaltern und Klingelknöpfen, stand der Chefinspizient in seinem weißen Mantel. In der Mitte der sechsten Parkettreihe flammte eine Lampe auf. Dort hatte man ein Pult über die Vorderlehne gestülpt mit Telefonverbindung zu allen Beleuchterbrücken und Inspizienten. Intendant Dr. Fischer saß hinter dem Pult; um ihn der Regisseur Erich Vandenbelt, ein Holländer, der Generalmusikdirektor Professor Hans Bucher und der Erste Dramaturg der Staatsoper. Vor dem Orchester stand der Zweite Kapellmeister. Professor Bucher würde erst die zweite Hauptprobe, die Generalprobe und die Premiere dirigieren.

Einige Sofitten standen auf der Bühne herum, die Rückwand einer Kirche – das erste Bild aus »Tosca« – schwebte vom Schnürboden herab und wurde von einigen Bühnenarbeitern auf dem Bühnenboden verankert. Aus einer Versenkung, die plötzlich wegsank und wieder emporstieg, kam ein Malergerüst hervor, das an die linke Seite gestellt wurde. Das Gitter einer Gruft wurde herangeschoben... »Bitte blaurot!« rief eine Stimme, und einige Scheinwerfer hüllten die Bühne in ein ungewisses, gedämpftes Licht, während die anderen, grellen Lampen erloschen.

Die erste Probe mit improvisiertem Bühnenbild und Beleuchtung begann. Das Orchester stimmte die Instrumente – Dr. Fischer unterhielt sich laut mit Professor Bucher, Regisseur Vandenbelt gab noch einige Hinweise für den Darsteller des Scarpia und des Angelotti.

»Bühne frei!« Ein lauter Ruf vom Regiepult her. »Beleuchtung fertig?«

»Alles klar!«

»Bitte beginnen!«

Der Zweite Kapellmeister hob den Taktstock, die Einleitung zur ersten Szene tönte zu Franz Krone herauf.

Die Arie »Wie sich die Bilder gleichen..«

In diesem Augenblick sah er Sandra Belora durch die Seitenkulisse kommen. Sie lehnte sich an ein Versatzstück neben einem hellgrauen Vorhang, der die seitlichen Räume der Bühne von der Hauptbühne abtrennte. Sie hatte das schwarze Haar offen und war geschminkt.

Auch ihr »Tosca«-Kostüm trug sie schon, zu dem die modernen, hellen Sommerschuhe lächerlich wirkten.

Sie winkte ihm zu, in einer Vertraulichkeit, die ihm vor all den neuen Kollegen peinlich war. Er wandte sich ab und ging an die Staffelei, die man ihm hingestellt hatte, nahm – wie es seine Rolle vorschrieb – ein halbfertiges Bild mit dem Kopf Toscas von der Wand und begann, nach einem kurzen Seitenblick auf den Dirigenten, der ihm den Einsatz gab, die Arie.

Er sang sie voll, mit seiner reinen, klaren, weichen und doch weittragenden Stimme. Er übertönte das Orchester, seine Stimme flog in den riesigen, dunklen Raum und schwoll über die Musik hinweg zu einem Jubel des Gesanges.

Dr. Fischer sah zu Generalmusikdirektor Professor Bucher hinüber. Bucher hatte den Kopf auf die Hände gestützt und sah zu Franz Krone hinauf. Als er kurz zur Seite blickte, sah er das Gesicht des Intendanten.

»Ein ungeheures Naturtalent«, sagte er leise. »Noch etwas verkrampft, aber das gibt sich mit der Erfahrung. Ich gratuliere zu dieser Entdeckung, Fischer...«

»Danke.« Regisseur Vandenbelt beugte sich herüber. Er hatte eine dunkle Sonnenbrille auf, seine Augen waren gegen Scheinwerfer überempfindlich.

»Wenn Krone bei der Premiere auch so singt, gibt es eine Sensation in München«, flüsterte er Dr. Fischer zu.

Angelotti kam auf die Bühne. Er flüchtete in die rechts auf der Bühne liegende Gruft. Vandenbelt drückte auf einen Knopf am Regiepult. Die Musik erstarb.

Vier Takte zu früh, Hans!« rief er dem Sänger zu. »Und nicht zu schnell. Die Leute wollen ja sehen, wer da über die Bühne rast!«

Er hob den Hörer des Telefons ab und sprach mit der Beleuchterbrücke, dann hob er die Hand.

»Noch einmal: Abgang des Mesners... Einsatz...«

Die Probe ging weiter, bis zum Auftritt der Floria Tosca.

Sandra Belora kam auf die Bühne und küßte Franz Krone ungeniert auf die Lippen. Vandenbelt klopfte ab.

»Das gehört nicht zur Rolle!« rief er laut. »Ich bitte, sich an das Textbuch zu halten. Noch einmal...«

Sandra Belora blieb auf der Bühne neben Krone stehen. Sie sah über das Orchester hinweg zu dem Regiepult hin.

»Ich habe eine andere Auffassung von der Rolle als das Textbuch und Sie, Vandenbelt!« rief sie zurück.

Dr. Fischer sah zu Professor Bucher hinüber. Dieser nickte und winkte resignierend ab. Das alte Lied, hieß das, Staralliüren, Probenkrach, Kraftprobe zwischen Regisseur und Diva. Er zog sein Taschentuch heraus und schneuzte sich laut. Sandra Belora fuhr zur Seite herum.

»Gesundheit, Herr Generalmusikdirektor!« rief sie kampflustig.

»Danke! Danke!« Professor Bucher lächelte breit. »Wenn Sie mal verschnupft sind, Sandra, ich leihe Ihnen gerne mein Taschentuch...«

Dr. Fischer grinste, Vandenbelt biß sich auf die Lippen, auf der Bühne, hinter den Kulissen und Vorhängen gluckste es vor Vergnügen. Sandra Belora spürte es, sie wurde blaß und trat an den Souffleurkasten heran. »Bitte weiter!« rief sie dem Zweiten Kapellmeister zu.

Vandenbelt erhob sich. »Frau Belora«, sagte er sanft, aber bestimmt, »wir haben heute die erste Bühnenprobe. Ich möchte Sie herzlichst bitten, den Krach bis zur Generalprobe zurückzustellen. Dann wissen wir wenigstens, daß die Premiere ein Erfolg wird!«

Wütend rannte Sandra von der Bühne.

Franz Krone stand an seiner Staffelei, Palette und Pinsel noch immer in den Händen, und sah dem Schauspiel verständnislos zu. Erst, als die Probe des ersten Akts, diesmal ohne Zwischenfälle, zu Ende war und er neben Sandra in deren weißem De-Soto-Wagen hinaus nach Schwabing in ein hübsches Lokal zum Mittagessen fuhr, machte er seiner Verwunderung Luft.

»Warum hast du dieses Theater gemacht?« fragte er. »Es war peinlich, daß du mich einfach geküßt hast.«

Sandra sah ihn kurz an, ehe sie mit großer Geschwindigkeit weiterfuhr. »Mein Liebling«, sagte sie, »auch das ist etwas, was du noch lernen mußt: Der Star hat immer recht! Er *muß* recht haben, sonst sinken seine Gagen. Nur wer zeigt, daß er der Stärkere ist, kann erwarten, daß man ihn achtet! Ein bißchen Theater, ein kleiner Streit, ein Nervenzusammenbruch, ein gemäßigter Tobsuchtsanfall, und schon steigst du im Wert.«

»Das finde ich gemein und ekelhaft.«

»Mich?«

»Dieses System, sich Ruhm mit Hysterie zu erobern.«

Sandra lachte laut und bog sich beim Fahren zurück. »Der Naturbursche auf der Bühne!« rief sie fröhlich, als habe sie gar nicht gehört, was Krone gesagt hatte. »Wir würden ein wundervolles Paar, mein Liebling… Wir könnten Intendantenkassen sprengen!«

Als sie in die stille Vorstadtstraße einbogen, in der, von außen unscheinbar, das meistens von Künstlern besuchte Lokal lag, war Franz Krone um eine Erfahrung reicher geworden.

Er wußte, wie er sich nie benehmen würde, selbst wenn er einmal so berühmt sein sollte wie Sandra Belora. Und im Inneren beschloß er, durch Liebe und immerwährende Mühe Sandra so zu formen, daß sie eine Frau wurde, die er nicht nur liebte ihres erregenden Körpers und ihrer Augen wegen, deren Blick ihn willenlos machte…

In Köln ging unterdessen das Leben Gretas weiter, so wie es seit Jahren in der gleichbleibenden Bahn gelaufen war, nur ab und zu unterbrochen durch die glücklichen, verliebten Stunden, die ihr Herz randvoll ausfüllten und von denen sie jetzt nach dem Fortgang Franz Krones zehrte.

Sie schrieb ihm jeden zweiten Tag. Sie erzählte ihm, wie der Tag gewesen war, was sie getan hatte; sie berichtete von all den kleinen Erlebnissen und den wichtigen und unwichtigen Dingen, und sie war glücklich, wenn er kurz zurückschrieb und sich über ihre Zeilen gefreut hatte.

»Die Arbeit ist anstrengend«, schrieb er einmal. »Jeden Tag mehrere Stunden lang Proben, abends das Studium der neuen Rolle, die ich singen soll – den Lyonel in ›Martha‹. Ich komme kaum zur Ruhe und wäre so froh, wenn du hier wärest. Aber leider geht es ja nicht...«

Von Sandra Belora schrieb er nichts... Greta kannte sie ja auch nicht, und sie ahnte nicht, daß er seit einer Woche nicht mehr bei Dr. Fischer wohnte, sondern mit Sandra in einer mondän möblierten kleinen Wohnung draußen in Pasing. Sie schrieb ihre Briefe alle an die Adresse der Oper, und er setzte als Absender auch die Opernanschrift auf seine Kuverts.

In diesen Wochen gönnte sich Greta nicht die kleinen Extrafreuden wie einen Kinobesuch, eine Tasse Kaffee mit Sahnetorte in einem Café am Ring oder ein Paar neue Perlonstrümpfe (sie ließ die Laufmaschen von drei Paar aufnehmen, das erfüllte den gleichen Zweck). Sie legte statt dessen jeden Pfenning weg, trug ihn auf ihr Postsparbuch und träumte des Abends, wenn sie allein in ihrem kleinen Zimmer in Sülz am Fenster saß und auf die stille Straße blickte, von ihrer Zukunft in München. Wie schön würde es werden, wenn Franz und sie nach der Premiere heiraten und sich eine Wohnung suchen würden, Möbel kauften, Gardinen, Teppiche, Geschirr, Wäsche, all die kleinen und großen Dinge, von denen sie später sagen konnte: »Meine Wohnung! Unsere Wohnung...«

In diesen Wochen besuchte Greta Sanden aber auch die Abendkurse der Volkshochschule in Köln. Mit dem Ehrgeiz aller Verliebten versenkte sie sich in die fremde Materie der Musikgeschichte und der Notenkunde. Sie nahm zweimal in der Woche Klavierunterricht bei einer Klavierlehrerin und mühte sich mit den Fingerübungen ab, spielte die Stücke von Clementi... Sonate in C-Dur... Sonatine in G-Dur... Spirituoso... Un poco adagio... Allegro... Manchmal weinte sie vor sich hin, weil sie glaubte, es nie zu schaffen, aber dann riß sie sich empor und zwang sich, nicht aufzugeben. »Ich will Franz überraschen«, sagte sie sich immer wieder. »Ich will ihn später begleiten können, wenn er zu Hause übt... Ich will immer um ihn sein...«

Und so saß sie weiter mit vierzig anderen Schülern in der Volkshochschule oder hämmerte auf dem Klavier der alten Lehrerin den Takt, den ein Metronom auf dem Klavier ihr angab.

Drei Tage vor der Premiere in München kaufte sie sich in Köln ein »kleines« Abendkleid, dreiviertellang, mit einem Tüllüberwurf und einer Stola aus Gabelarbeit. Sie studierte auf dem Hauptbahnhof die günstigsten Zugverbindungen, bat um eine Woche Urlaub in ihrem Textilgeschäft und kaufte dann für Franz Krone ein Paar hellgraue Sommerschuhe und einen passenden Schlips dazu. Sie erkundigte sich noch einmal beim Standesamt, welche Papiere für eine Trauung nötig seien, und freute sich, daß sie alle Dokumente besaß und keine Bescheinigung fehlte.

»Vielleicht komme ich gar nicht mehr nach Köln zurück«, sagte sie zu der Wirtin ihres Zimmers. »Vielleicht hat Franz schon eine Wohnung in München bekommen. Dann schreibe ich Ihnen sofort, und Sie schicken mir bitte meine paar Sachen nach, ja?«

»Ich wünsche Ihnen viel, viel Glück.« Gerührt drückte ihr die alte Frau die Hände. »Ich würde mich sehr freuen, wenn Sie mich später einmal besuchen kämen. Vielleicht singt Ihr Mann später in Köln…«

»Bestimmt komme ich Sie besuchen… Bestimmt…«

Sie rannte aus der Küche hinaus auf ihr Zimmer und warf sich dort weinend auf ihr Bett, weinend vor Glück, wenn sie an solche Zukunft dachte.

Einen Tag vor der Premiere – Greta hatte den Koffer schon gepackt neben dem Bett stehen – kam ein Brief aus München. Er war kurz, aber Greta las ihn mit starren Augen, ungläubig, immer und immer mit der Hand über die Augen fahrend, als wolle sie einen bösen Traum verscheuchen, der immer wiederkehrte und sich nicht verjagen ließ.

»Durch unvorhergesehene Dinge, die ich Dir später mündlich erklären muß, möchte ich Dich bitten, nicht zur Premiere nach München zu kommen. Ich werde Dir in den nächsten Tagen schreiben, wann ich Dich hier erwarte. Du kannst aber trotzdem die Premiere miterleben – die Aufführung wird über den Rundfunk übertragen.« Und dann, ein wenig lahm, hingeschrieben, weil es so sein mußte: »Ich denke oft an Dich, Greta. Ich küsse Dich in Gedanken. Dein Franz.«

Sie saß auf dem Bett und hielt den Brief in den Händen und wußte zunächst nicht, was sie las. Der gepackte Koffer stand neben der Tür, die gelöste Fahrkarte – einmal Zweiter München Hbf. mit FD-Zuschlag – lag auf dem Tischchen neben dem Fenster. Für das Abendkleid hatte sie eine besondere Falttasche aus Perlon gekauft, in der das Kleid nicht zerknautschen konnte – sie stand neben dem Koffer.

»Ich soll nicht kommen«, durchzuckte es sie nur immer. »Ich soll nicht kommen... Er schreibt mir ab, einen Tag vor der Premiere, wenige Stunden vor der Abfahrt. Er kann singen ohne mich... Warum schreibt er nicht, was vorgefallen ist, was ihn hindert, mich nach München zu holen?! Ein kurzer Brief – das ist alles! Ein harter Brief. Ein Brief ohne Seele.«

Sie legte das Schreiben auf das Bett, faltete die Hände im Schoß und sah hinaus auf die Straße, über die der starke Nachmittagsverkehr flutete.

»Ich werde doch fahren«, dachte Greta. »Ich werde ihn überraschen... Ich werde sagen, daß ich den Brief gar nicht bekommen hätte, weil ich schon unterwegs war und in Frankfurt den Anschluß verpaßte. Ich werde einfach da sein, und wenn wir dann allein sind, ganz allein nach der Premiere, irgendwo in einem Hotel, dann werde ich mich an das Klavier setzen und ihm vorspielen... Clementi, Sonatine in G-Dur...Spirituoso... Un poco adagio... Allegro... Und ich werde laut lachen über sein erstauntes Gesicht, seine ungläubigen Augen. Wir werden glücklich sein. Trotz allem...«

Greta Sanden steckte den Brief in den seit Monaten stillgelegten Ofen und schloß laut die Ofentür wie zur Bekräftigung, daß sie fahren würde und daß sie diesen Brief nie gelesen habe, nie hatte lesen wollen, daß er einfach nicht für sie existierte.

Zu ihrer Wirtin sprach sie nicht über das Schreiben – sie verabschiedete sich von ihr, als ziehe sie wirklich hinaus in ein neues, glücklicheres Leben und lasse die Dinge des vergangenen nur zurück, um unbeschwert die neue Straße ihres Lebens entlangzugehen.

Erst in der weiten Bahnhofshalle überfiel sie etwas wie Angst vor dem Kommenden, dem Unbekannten, das sie nicht sehen sollte und dem sie nun gerade entgegenfuhr. Ihr fiel auch ein, daß sie ja gar keine Eintrittskarte zu der Premiere besaß und daß es fast aussichtslos war, in München noch eine Karte zu erwerben. Trotzdem fuhr sie, von einer dunklen Angst getrieben, die ihr sagte, daß sie fahren müsse, um etwas Drohendes, das sie nicht dem Namen nach bestimmen konnte, von Franz abzuwenden.

Es war ein Nachtzug, und Greta saß die ganze Nacht ruhelos an ihrem Fensterplatz und starrte in die an ihr vorbeifliegende Dunkelheit. Einzelne Häuser hoben sich im schwachen Lichtschein für einen Augenblick aus der Dunkelheit ab, ein Wald, schwarz, wie eine Wand... Sie durchrasten ihn... In der Ferne eine Stadt, lichtüberflutet... Dann Felder, wieder ein Wald... Nacht...

Sie mußte schließlich doch eingeschlafen sein, denn als sie erwachte, war heller Morgen, und der Zug fuhr über die bayrische Hochebene, München entgegen. Der Steward der Schlafwagengesellschaft lief durch die Gänge und rief zum Morgenkaffee.

München.

Die Premiere am heutigen Abend.

Franz Krones erstes Auftreten.

Greta Sanden bestellte keinen Kaffee – sie verspürte keinen Appetit, denn die innere Erregung zwängte ihr die Kehle zusammen und ließ sie jetzt, zehn Minuten von München entfernt, zu einem Bündel bebender Nerven werden. Ihr Herz schlug zum Zerspringen.

Der Morgen glitt sanft durch die vorgezogenen schweren Gardinen. Sie lag in der Beuge seines Armes und schlief noch. Ihr Mund war im Schlaf trotzig, und die langen Wimpern warfen Schatten auf die Jochbeine des schmalen, gelbbraunen, fast kreolischen Gesichtes. Langsam hob und senkte sich die hochangesetzte, kleine, spitze Brust, kaum verhüllt von der weiten Pyjamajacke aus dünnstem, teerosenfarbigem Perlongespinst. Sie lag da wie in einer schönen, zwielichten Filmrolle, hingekuschelt in die Armbeuge des Mannes, den Körper ein wenig angewinkelt, anschmiegsam, hingegeben dem Glück, in seinen Armen eingeschlafen zu sein.

Franz Krone war wach. Er lag still, um sie nicht aufzuwecken, und starrte an die Decke. Ihre schwarzen Haare kitzelten ihn an der Haut. Aber er vermied es, ihren Kopf ein wenig zur Seite zu schieben oder selbst tiefer zu gleiten. Sie konnte davon erwachen, und das wollte er nicht. Sie sollte schlafen. Ihr Schlaf war Ruhe, ihr Erwachen würde wieder Sturm, Leidenschaft und vergessende Liebe sein.

Dies war der Morgen des Premierentages, irgendwo in einem Hotel außerhalb Münchens im Isartal.

Sie waren vor zwei Tagen mit Sandras Wagen hinausgefahren. Ziellos hatte sie den weißen De Soto – »er kostete mich einen Konzertabend in San Francisco«, erzählte sie – durch die Isarniederungen gesteuert, bis sie in der Nähe von Wolfratshausen, 25 km von München entfernt, ein Ausflugshotel fanden mit einem silberhellen Forellenteich und einem Park mit Liegestühlen und Sonnenschirmen. Hier hielt Sandra, ihre Augen sahen Krone groß an, in einer stummen Frage, und da er nichts entgegnete, war sie in den Garagenhof eingefahren. Alles war von da an so selbstverständlich, so einfach, so gewohnt und ehelich – möchte man sagen –, daß Franz Krone erst jetzt, wenige Stunden vor der Premiere und in der Stille des erwachenden Morgens, die Zeit fand, darüber nachzudenken.

Sie waren in den beiden Tagen immer nach München zur Probe zurückgefahren. Die Hauptprobe war gut, die Generalprobe verlief – wider Erwarten von Professor Bucher und Regisseur Vandenbelt – ohne Krach. Sandra Belora war der Friede in Person, sie widersprach keinen Anordnungen, sie mäkelte nicht an dem Kostüm herum, sie warf den Theaterfriseur während des Schminkens nicht aus ihrer Garderobe, sie sang die Rolle der Tosca – wie Franz Krone – zum erstenmal mit voller Stimme und markierte nicht mehr... Dr. Fischer schüttelte den Kopf und beugte sich zu Professor Bucher vor, der in der Umbaupause zum zweiten Bild hinter seinem Dirigentenpult im Orchesterraum saß und seine Brille putzte.

»Diese Stille ist unheimlich«, sagte Dr. Fischer leise. »Die Belora ist mir zu sanft...«

»Wohltuend ist das!« Bucher setzte seine Brille wieder auf. »Die erste Generalprobe ohne Krach!«

»Ein schlechtes Zeichen… Es *muß* Krach geben, sonst wird die Premiere faul! Alte Theaterweisheit!

»Sie Unke!« Professor Bucher sah auf sein Pult… Dort flammte ein rotes Licht auf, das Zeichen, daß der Umbau beendet sei. Er hob den Taktstock und überblickte sein Orchester. Die Rampenscheinwerfer flammten auf, die Introduktion des zweiten Aktes erklang, der Vorhang teilte sich.

Das Zimmer Scarpias.

In der Seitenkulisse standen Sandra und Franz Krone. Sie sprachen nicht. Sie lehnten eng aneinander und hatten das Gefühl, so miteinander verbunden zu sein, daß es undenkbar schien, einer könne ohne den anderen auf die Bühne treten oder überhaupt etwas unternehmen, ohne den anderen mitzuziehen.

Und heute war die Premiere.

An alles das dachte Franz Krone in diesen stillen Minuten nach dem Erwachen an der Seite Sandras. Er blickte zur Seite. Sie schlief noch, den Mund wie ein trotziges Kind zusammengezogen. Ihr Körper war warm, trotz der Schlankheit weich und mit einer Haut, die sich wie Samt anfühlte, wenn man mit der Hand darüberstrich.

Leise erhob er sich, deckte sie behutsam wieder zu und tappte hinüber in das kleine Bad neben dem Zimmer.

Als er gewaschen und rasiert wieder in den Schlafraum trat, war sie erwacht, aber sie lag noch immer, hatte das Oberbett zurückgeschoben und schien ihren schlanken, schmalen Körper wie eine sich wärmende Katze der Sonne darzubieten.

»Franz…«, sagte sie leise, als Krone durch die Tür kam.

Er lachte sie an, das Handtuch keck um den Hals geschlungen, wie es Boxer manchmal tun, ehe sie in den Ring klettern. »Schon wach?«

»Du bist ein Lümmel, mich so lange schlafen zu lassen!« Sie richtete sich auf und drohte ihm. »Sofort kommst du jetzt hierher und holst dir zur Strafe einen Kuß…«

»Ich werde mich hüten!« lachte Franz zurück. »Ich kenne mittlerweile deine Küsse…«

»Feigling!« schnaubte sie. Sie spreizte beide Hände und kniete sich im Bett hin. »Sieh dir die Krallen an«, sagte sie leise. Ihre dunklen Augen blitzten vor Freude und Kampfeslust. »Wenn du kommst, sind es Samtpfötchen, die dich streicheln... So, siehst du... So zart...« Sie streichelte mit den Händen durch die Luft. »Aber wenn du nicht kommst und ich muß dich holen, dann werden sie kratzen und in deinen Rücken hacken und dich zerfleischen wie Tigerkrallen...« Sie beugte sich vor, ihr dünnes Perlonjäckchen öffnete sich. Franz Krone wich lachend an die Wand zurück; er betrachtete ihre wilde Schönheit, die Schmiegsamkeit ihres raubtierhaften Körpers. »Kommst du...«, hörte er sie flüstern.

Er schüttelte den Kopf. Da fuhr sie aus dem Bett empor, setzte mit einem Sprung über das Fußende und stürzte auf ihn zu. Er wich ihr aus, rannte um einen Sessel herum, sie setzte ihm nach, sprang auf einen Sessel, ließ sich vornüber fallen und warf sich, wirklich wie eine Katze, auf ihn, schnellte auf ihn zu und umfaßte ihn.

»Du!« rief sie leise mit einer hellen, keuchenden Stimme. »Du... Du Satan! Du Zauberer... Du Lieber... Liebster...« Sie küßte ihn, sie hackte die Finger in seinen bloßen Rücken, sie hing an ihm wie eine Wildkatze, die sich in ihr flüchtendes Opfer verbissen hat.

Und durch die Sonnenstrahlen tanzten lautlos die Staubkörnchen wie goldene Elfen.

Sie aßen in der Bavaria-Film-Kantine zu Mittag, ehe sie langsam in ihrem Wagen über Grünwald, Geiselgasteig und Harlaching nach München hineinfuhren und vor der Staatsoper hielten. Von den Plakatsäulen und Reklametafeln leuchteten die Anschläge der Oper: Heute abend – Neuinszenierung »Tosca« von Giacomo Puccini mit Sandra Belora als Tosca und Franz Krone als Cavaradossi.

Sandra und Franz, zwei Namen, die von jetzt an unzertrennlich sein würden...

Als sie aus dem Wagen stiegen und schnell durch den Bühneneingang das große Haus betraten, sah Franz Krone nicht, daß auf der gegenüberliegenden Straßenseite in einer Haustürnische ein übernächtigtes Mädchen stand und zu ihm hinüberstarrte. Als er aus dem De Soto stieg und um den Wagen herumeilte, um Sandra die Hand beim Aussteigen zu reichen, drückte es sich tiefer in die Schatten der Nische und beobachtete, wie die beiden lachend und sich unterhakend im Inneren des Bühnenhauses verschwanden.

Greta Sanden stand noch eine Weile verborgen in ihrem Türbogen, ehe sie langsam über die Straße ging und an den großen weißen Wagen herantrat. Sie blickte hinein. Ein Paar weiße Damenhandschuhe lagen auf den roten Polstern, auf dem Hintersitz lag Franz' Ledertasche, die sie gemeinsam in Köln zwei Tage vor der Abreise gekauft hatten. Neben der Tasche lag sein Hut, ein hellgrauer Filzhut – sie kauften ihn auf der Schildergasse, und Franz hatte mindestens zwanzig Hüte aufgesetzt, ehe er sich für diesen weichen Filz entschloß. »Du hast einen sicheren Geschmack, Greta«, hatte er dann draußen auf der Schildergasse gesagt. »Ich wüßte jetzt vor lauter Reisefieber wirklich nicht, was ich kaufen sollte. Wie gut, daß du bei mir bist.« Und jetzt lagen die Tasche und der Hut achtlos weggeworfen auf dem roten Ledersitz eines weißen Wagens, den eine erschreckend schöne Frau fuhr, die mit Franz untergefaßt in der Oper verschwunden war.

Das kurze, herzlose Schreiben, das sie gestern bekommen hatte, gewann nun einen anderen, viel schmerzlicheren und realeren Sinn. An alles hatte Greta Sanden gedacht – an die Angst, sich vielleicht bei der Premiere zu blamieren, an ein fehlendes Zimmer für sie, an eine Unpäßlichkeit, eine Verschiebung der Vorstellung, eine Umbesetzung der Rolle mit einem anderen Sänger, nur daran hatte sie nicht gedacht, daß eine andere, schönere Frau als sie Franz Krone von ihr wegriß und ihre Nähe sie, das kleine Mädchen hinter der Theke eines Textilladens, vergessen ließ.

Der Portier des Bühneneingangs kam aus der Tür heraus. Er musterte das Mädchen und trat näher.

»Wos machen S' an dem Woagen?« fragte er. Und als er sah, wie das Mädchen erschrocken herumfuhr, meinte er begütigend: »Dös is an Kreuzer, wos? G'hört der Sandra Belora…«

»Ich weiß… Entschuldigen Sie.« Greta Sanden eilte davon und rannte durch Nebenstraßen und enge Altstadtgassen, und sie schämte sich, daß ihr die Tränen aus den Augen rannen und sie schluchzend und kopflos in der brausenden, unbekannten Stadt umherlief.

Vor dem Eingang der Frauenkirche blieb sie stehen. Die Zwiebeltürme schienen in dem blauen, sommerlichen Himmel zu schwanken. Sie wischte die Tränen mit dem Handrücken aus den Augen und trat in das halbdunkle, weite Kirchenschiff. An der hintersten Säule blieb sie stehen und schaute zu dem Altar hinüber. »Was soll ich tun?« dachte sie. »Mein Gott – mit solch einer nichtigen, banalen, dummen Sache komme ich nun zu dir, mit einem solch kleinen Schmerz menschlicher Irrung. Aber es tut so weh in der Brust, und das Herz ist so schwer, so voller Kummer und Ratlosigkeit. Hilf mir, mein Gott.«

Und sie lehnte den Kopf an den kalten Stein der Säule und weinte wieder; aber es war keine Scham mehr in ihr, sondern nur die Befreiung, weinen zu können wie an der Brust eines gütigen Vaters.

Um halb acht Uhr abends begann die Premiere der Oper »Tosca« von Puccini.

Der große Zuschauerraum des Opernhauses füllte sich langsam. Man sah große Garderoben und Frack oder Smoking, wertvolle Geschmeide blitzten im Schein der Kronleuchter auf, Pelze glitten von schönen Schultern. Auf den Rängen und in den Logen begann die Begrüßungscour der Münchener Prominenz. Dr. Fischer schüttelte die Hände einiger Minister und begrüßte Damen der Gesellschaft, umgaukelt von Parfüm, Puderduft und rauschenden Roben.

Im Orchesterraum fuhr sich Professor Bucher mit dem Zeigefinger zwischen Hals und Frackkragen hin und her. Der Kragen war zu eng, seine Frau hatte den falschen herausgelegt, der eigentlich schon längst weggeworfen werden sollte. Er hatte es beim Umbinden nicht gleich bemerkt; jetzt war es zu spät. Aber in der Pause würde er einen anderen umlegen, er hatte schon mit zu Hause telefoniert und am Apparat getobt, daß sein jüngster Sohn mit dem Motorroller kommen solle, damit er sich in der Pause einen neuen Kragen umbinden könne.

Regisseur Vandenbelt rannte hinter dem Vorhang auf der Bühne hin und her und besprach mit dem Chefbeleuchter noch einmal das letzte Bild. Der aufdämmernde Morgen in dieser Szene machte immer ein wenig Schwierigkeiten. Auf jeden Fall mußte die Morgendämmerung beim Beginn der großen Arie »Und es blitzten die Sterne« so intensiv sein, daß man Franz Krone gut sehen konnte, ohne einen besonderen Kegelscheinwerfer einzusetzen.

Sandra Belora lag in ihrer Garderobe auf dem Sofa und blätterte in einer Illustrierten, während die Friseuse ihre Perücke durchkämmte und noch einmal mit der Brennschere bearbeitete. Sandra hatte durchgesetzt, daß sie mit einem Telefon direkt mit der Garderobe Franz Krones verbunden war, und rief nun jede fünf Minuten an. »Liebling... Lampenfieber?« fragte sie. »Aber nein«, rief er zurück. »Ich habe es«, sagte sie dann. »Das erstemal werden wir jetzt zusammen singen, vor aller Welt! Ich glaube, ich vergesse meine Rolle, wenn ich dich auf der Bühne küsse...« Er lachte und legte den Hörer auf. Als er in den Spiegel blickte, sah ihm ein fremdes Gesicht entgegen, ein schwarzer Lockenkopf, ein Italiener, in einem weiten, bauschärmeligen Hemd, engen, rot-golden verzierten Hosen mit schwarzen Lackschnallenschuhen.

»Möchten Sie das Gesicht noch etwas brauner?« fragte der Theaterfriseur. »Im Scheinwerfer sieht man leicht käsig aus.«

»Wenn Sie meinen – ich überlasse das ganz Ihnen.« Und der Friseur nahm den Kopf Krones und strich noch etwas Mittelbraun über das Gesicht... Leichnerschminke in dünnen Rollen wie der Knetgummi, den er als Junge in der Schule zum Modellieren brauchte.

In der ersten Reihe, gleich hinter der Rampe des Orchesterraumes, saß Greta Sanden.

Sie hatte durch die Vermittlung des Hotelportiers die seltene Karte von einem Schwarzhändler bekommen. Statt sieben Mark fünfzig mußte sie zwanzig Mark dafür bezahlen, aber sie zahlte sie gern, um in der ersten Reihe zu sitzen, wo Franz sie sah, sehen mußte, denn ihr Gesicht lag noch im Widerschein der Rampenlichter und der Orchesterbeleuchtung. Sie trug das »kleine« dreiviertellange Abendkleid, aber nicht mit der Fröhlichkeit, mit der sie es für diesen festlichen Abend in Köln gekauft hatte: Die kurze Szene vor dem Opernhaus lastete auf ihr. Sie sah noch immer das Lachen Sandras vor sich und die Selbstverständlichkeit, mit der sie sich bei Franz einhakte. Dies geschah nicht zum erstenmal, das hatte sie sofort gesehen... Es war eine Intimität in der Bewegung, die sie kränkte und völlig wehmütig werden ließ. Nun saß sie in der ersten Reihe der Oper, das glatte Kunstdruckpapier des Programmheftes zwischen den Fingern zerknüllend. Sie war früh gekommen, zu früh für ihre innere Zerrissenheit; nun saß sie herum, mit dem Gefühl im Nacken, daß jeder ihren Schmerz sehen konnte und daß sie sich so auffällig benahm, daß eigentlich ein Theaterdiener kommen und sie diskret bitten mußte, das Opernhaus zu verlassen. Sie schaute sich erschrocken um, aber es kam niemand. Sie blätterte in dem Programmheft herum... Das Bild Franz Krones sprang ihr entgegen, eine ganze Seite, schon im Kostüm des Cavaradossi fotografiert. Sie sah es nicht an, sie blätterte schnell um und stockte. Sandra Belora als Tosca... Auch eine ganze Seite. Ein schönes Bild einer schönen Frau: große dunkle Augen, ein voller Mund, schwarze Haare, ein schmales Gesicht mit mandelförmig geschnittenen Lidern, ein schlanker, aber gut proportionierter Körper in dem Phantasiekostüm der Sängerin Tosca.

Eine Frau, die Leben atmet, Sicherheit, Liebe, Leidenschaft und Vergessen.

Sie starrte das Bild an mit zusammengekniffenen Lippen, lange, das Bild dieser Frau in sich aufnehmend – dann riß sie die Seite aus dem Heft und zerknüllte sie wütend in der kleinen Faust. Sie warf das kleine Papierknäuel unter ihren Sitz weit zurück in den Raum zwischen die Füße der anderen Gäste und empfand bei dieser Tat eine innere Befriedigung, als habe sie Sandra Belora selbst hinter sich in den Saal geworfen zum Gespött aller Menschen.

Ihre kleine Rache glättete etwas die innere Unruhe. Als die Mitglieder des Orchesters in den Raum kamen und Professor Bucher das Lämpchen am Dirigentenpult anzündete, war sie ganz ruhig und gefaßt. In den Gängen und dem Foyer schellte schrill eine Klingel. Das erste Klingelzeichen. In den Garderoben der Sänger und des Chores flammten die roten Lämpchen auf, am Inspizientenpult stand der Chefinspizient und schimpfte mit dem Requisiteur, weil zu der Palette des ersten Bildes überraschenderweise noch die Pinsel fehlten. Eine allgemeine Nervosität schwirrte durch den riesigen Bühnenbau. Die letzten Griffe an den Kulissen wurden getan, die Beleuchtung war eingestellt, Vandenbelt stand auf der Bühne und kommandierte.

Dr. Fischer saß in der Staatsloge neben zwei Ministern und erzählte von seiner Entdeckung Franz Krones. Professor Bucher war hochrot im Gesicht, der enge Frackkragen drückte ihm die Luft ab.

Zweites Klingelzeichen.

Durch die Gänge schwirrten die Gespräche, das Orchester begann zu stimmen, im Souffleurkasten leuchtete die Lampe auf, Vandenbelt schrie auf der Bühne herum – das Eisengitter der Angelotti-Gruft wackelte, wenn man es anfaßte.

Rennende Füße... Nervosität... Zündstoff bei jedem Wort, jeder Gebärde... Premierenstimmung...

In dieses Gewimmel hinein kam Franz Krone, als er fertig zum Auftritt die Hauptbühne durch einen Seiteneingang betrat. Plötzlich stand er in der Kulisse der Kirche und sah Vandenbelt am Vorhang stehen und durch den Spion hinein in den Zuschauerraum blicken.

»Die Bestie Publikum«, sagte Krone fröhlich, als er an ihn herantrat. »Ich glaube, Vandenbelt, Sie sind nervöser als ich.«

»Sie haben gut lachen!« Vandenbelt trat von dem Spion zurück. »Sie machen den Mund auf und singen. Aber geht etwas schief – wer ist schuld? Der Regisseur!« Er zeigte mit dem Daumen auf den geschlossenen Vorhang. »Da drin sitzen der Ministerpräsident und drei Minister, und hundert Banausen warten darauf, daß irgend etwas geschieht. Wie mir Fischer sagte, sind heute einige Dutzend Kritiker da... alles Ihretwegen, Krone. Singen Sie wie ein junger Gott, dann haben Sie heute ab 21 Uhr 30 die ganze Welt in der Tasche und können es sich leisten, Onassis bei einer Begegnung zwanzig Minuten warten zu lassen.«

Franz Krone ging an den Vorhang und hob die Stoffklappe des Spions empor. Er überblickte den noch hell erleuchteten Zuschauerraum, sah die weißen Frackbrüste, die Dekolletés der teuren

Abendroben, das blitzende Geschmeide; in der Staatsloge verabschiedete sich gerade Dr. Fischer... Auf dem ersten Rang war Betrieb – dort stellten sich sechs Ehepaare mit der gesellschaftlichen Etikette vor. Er sah die Reihen des Parketts entlang und blickte hinunter zu Professor Bucher, der wieder mit dem Zeigefinger in seinen Kragen fuhr und vor sich hinfluchte.

Plötzlich stutzte er. Er preßte das Auge näher an den Spion und starrte in die erste Reihe. Ein Mädchen saß dort, in einem Tüllkleid, ein Programm zerknüllt auf dem Schoß. Es hatte den Kopf gesenkt, aber auch ohne ihr Gesicht zu sehen, wußte er, wer es war.

Ein Schlag ging durch seinen Körper, als er Greta so vor sich sitzen sah, in der ersten Reihe, wie er es ihr versprochen hatte. Sie hatte seinen Brief nicht rechtzeitig bekommen, das war offensichtlich; und nun war sie hier, würde in der Pause vor seiner Garderobe erscheinen, würde nach der Premiere sich an seine Seite schmiegen und den Triumph mit ihm feiern wollen... Sie hatte ja ein Recht dazu, sie gehörte ja zu ihm, sie war Greta Sanden, seine Verlobte, die er in den nächsten Wochen heiraten wollte und die in ihrem Koffer die Papiere mitgebracht hatte für das Standesamt. Sie würde ihr Recht behaupten, sie würde ihn in überschäumender Freude küssen, wenn die Oper zu Ende war; und Sandra würde daneben stehen, eine Katze, ein Raubtier ohne Gnade, eine Furie voll grausamer Schönheit, die kämpfen und nicht zurücktreten würde, weil sie wußte, daß sie die Stärkere war, die Siegerin, ihm im voraus vom Schicksal bestimmt.

Ein Schwindel ergriff ihn bei dem Gedanken, Greta und Sandra sich gegenüberstehen zu sehen. Er griff sich an den Hals und taumelte vom Vorhang zurück. Schweiß brach auf seiner Stirn aus, kalter, klebriger Schweiß. Es war ihm, als müsse er sich übergeben. Lähmende Angst schnürte ihm das Herz ab.

Vandenbelt sah ihn verblüfft an. »Was haben Sie?« fragte er leise.

»Ich singe heute nicht«, ächzte Krone.

»Was?! Wohl verrückt geworden?!« Vandenbelt wurde weiß im Gesicht, er verfärbte sich wie ein Sterbender. »Was soll der Quatsch, Krone?! Lampenfieber hat jeder... Wenn der Vorhang aufgeht, ist alles vorbei!«

»Ich singe nicht!« sagte Krone laut. »Unter keiner Bedingung singe ich! Rufen Sie sofort Kammersänger Bossmer an – er ist auf die Rolle studiert. Ich singe nicht!«

Er wollte sich abwenden und von der Bühne gehen, aber Vandenbelt hielt ihn am Ärmel fest. Sein Gesicht war verzerrt, auch ihm stand Schweiß auf der Stirn.

»Das dritte Klingelzeichen!« schrie er. »Wie soll ich Bossmer jetzt herholen? Was denken Sie sich?! Sie singen! Schluß!«

»Ich kann nicht, Vandenbelt... Ich möchte es, aber ich bekomme keinen Ton mehr heraus. Warum, das erzähle ich Ihnen später! Lassen Sie mich los!«

»Ich denke nicht daran! Ich halte Sie fest, bis sich der Vorhang öffnet! Sie singen! Und wenn ich hinterher irrsinnig werde! Dutzende von Kritikern im Saal, Minister, Exzellenzen, die Hochfinanz, zweitausend Menschen, die den neuen Stern sehen und hören wollen: das Wunderkind Franz Krone! Den neuen Gigli! Soll ich vor die Rampe treten und sagen: ›Der Wundersänger singt heute nicht... Er hat sich in die Hosen geschissen vor Premierenangst‹?«

»Was Sie den Leuten erzählen, ist mir gleichgültig!« Franz Krone riß sich los und fuhr sich mit den Händen zitternd durch die Haare der schwarzen Lockenperücke. »Ich kann nicht singen! Meine Stimme ist weg...«

»Ich hänge mich auf!« schrie Vandenbelt. »Wo ist die Belora?« tobte er über die Bühne. »Die Belora muß sofort kommen. Sofort! Sie soll einen Verrückten heilen!«

»Lassen Sie Sandra da.« Franz Krone lehnte an dem Gitter der Angelotti-Gruft des Bühnenbildes. »Ich will sie jetzt nicht sehen!« Er hob bittend die Arme. »Rufen Sie doch Bossmer, bitte...«

Intendant Dr. Fischer kam auf die Bühne gestürzt. Schon auf der Hinterbühne hatte er vom Requisiteur den Skandal gehört. Sein Frack war in Unordnung, die Schleife saß schief am Kragen, so war er auf die Bühne gestürzt.

»Was ist los, Krone?« sagte er, mühsam beherrscht. »Sie wollen nicht singen?!«

»Nein! Heute nicht! Morgen und übermorgen und in jeder Vorstellung... Nur nicht heute! Ich kann nicht.«

Vandenbelt hob beide Arme und wollte etwas sagen, aber Dr. Fischer winkte ab. Er trat nahe an Krone heran, ganz nahe, und sagte leise: »Wenn Sie jetzt nicht singen, verklage ich Sie zu einer Konventionalstrafe von 20 000 DM!«

»Das können Sie... Das können Sie alles... Ich singe nicht!«

»Wovon werden Sie das Geld bezahlen? Wenn Sie jetzt nicht singen, werden Sie auf keiner Bühne mehr eine Rolle bekommen – nicht einmal als Statist, der hinter der Bühne das Pferdegetrappel macht!«

»Das ist mir alles, alles gleichgültig! Ich singe nicht!« Und plötzlich schrie auch er und schüttelte wieder die Hand Vandenbelts ab, der seinen Arm erfaßt hatte. »Ich kann nicht! Verstehen Sie denn alle nicht? Ich *kann* nicht! Morgen ja – aber nicht jetzt!«

Die Lampen im Zuschauerraum erloschen, die Türen auf den Rängen und an den Logen wurden geschlossen, der gesetzlich vorgeschriebene Feuerwehrmann bezog seinen Posten neben dem Inspizientenpult, wo auch die Feuerspritze in einem Glaskasten lag. Professor Bucher drückte auf einen Knopf an seinem Pult, auf der Bühne schellte es leise. »Die Ouvertüre beginnt«, sollte das heißen.

Dr. Fischer stellte sich Krone in den Weg, der die Kulisse verlassen wollte. Sein Gesicht war bleich, aber beherrscht. »Die Ouvertüre!« sagte er langsam. »In sechs Minuten geht der Vorhang auf. Dann stehen Sie dort am Malergerüst und singen!« Er sah auf die Bühne. Vandenbelt hatte sich neben den Inspizienten gestellt und tupfte den Schweiß von seiner Stirn. Die Ouvertüre klang auf, die süße Musik Puccinis erfüllte den Raum, auch hinter dem Vorhang. Die Scheinwerfer flammten auf... In diesem Augenblick erschien Sandra Belora.

Sie trat an Franz Krone heran, legte ihm den Arm um die Schulter und küßte ihn. »Liebster«, sagte sie zärtlich. »Viel, viel Glück! Erobere die Welt.«

Franz Krone hielt sich an einem Seitenvorhang fest, er taumelte. Sein Gesicht war wie entstellt.

»Was hast du, Liebster?« stammelte Sandra erschrocken. Sie

wollte ihn umfassen, aber Krone stieß sie härter, als er wollte, zurück. »Laß mich«, sagte er schwach.

»Er will nicht singen«, knirschte Dr. Fischer. »Aber er wird singen!«

Sandra begriff einen Augenblick nicht, was Dr. Fischer sagte. Sie hatte Krone voll Entsetzen angestarrt – es war, als verfiele plötzlich sein Gesicht. »Was will er nicht?« stotterte sie. »Das... Das ist doch... unmöglich...« Sie wollte noch etwas sagen; der Inspizient winkte. Dr. Fischer gab Krone einen gewaltigen Stoß, er stolperte auf die Bühne, in das Licht der Scheinwerfer hinein. Die Ouvertüre ging zu Ende, die letzten Takte, der schwere Vorhang teilte sich... Viertausend Augen starrten erwartungsvoll auf den Mann, der wie benommen vor der Staffelei stand, ohne Palette, ohne Pinsel, ohne einen Blick auf den zunächst erstaunten, dann aber völlig entgeisterten Professor Bucher.

Introduktion der Arie... Der Mesner kam auf die Bühne, er kehrte die Kirche... Jetzt... Einsatz...

Franz Krone schwieg.

Einen Augenblick legte sich ein eisiger Ring um die Brust Professor Buchers. Der Darsteller des Mesners schaute kurz auf, dann kehrte er geistesgegenwärtig weiter. Das Orchester stockte einen Augenblick, nur einen kleinen Takt lang, dann spielte es noch einmal die Eingangsmelodie, der Mesner sang noch einmal seine Begrüßung... Introduktion... Einsatz der Arie »Wie sich die Bilder gleichen...«

Dr. Fischer stand in der Seitenkulisse und kaute auf den Lippen, Vandenbelt hatte den Kopf in die Hände vergraben und stöhnte, Sandra lehnte bleich an einem Versatzstück und zitterte wie in einem Schüttelfrost.

Franz Krone blickte zur Seite, nach unten in die erste Reihe des Sperrsitzes. Er sah den blonden Kopf Gretas, ihre zu ihm emporgehobenen Augen, groß, blau, erwartungsvoll, und jetzt, da er schwieg, voller Entsetzen. Er sah ihre Hände das Programm zerfetzen, er sah das Beben ihres Körpers. Jetzt hob sie die rechte Hand, bittend, verzeihend, ihm verschämt zuwinkend... Da sang er. Professor Bucher atmete einen Augenblick auf, ehe er in neues Entsetzen fiel.

Ein Sänger sang, aber nicht ein Franz Krone. Ein mittelmäßiger Tenor quälte sich durch die Arie, die Höhen waren rauh, gepreßt. Nichts war zu hören von dem wundervollen weichen Schmelz der Stimme, dem Geheimnis der Voix mixte, der Kunst der Messa di voce, jenem Glanz der Stimme, der ihn das Erbe eines Caruso oder Gigli antreten ließ. Er sang unter dem Durchschnitt, es war eine Stimme, aber eine gebrochene. Bei dem sonst sieghaften C, das sogar Dr. Fischer vom Sitz gerissen hatte, wurde sie dünner und brach schließlich ab, weil Krone seinen Atem falsch berechnet hatte und nicht mehr genügend Luft hatte, dieses C durchzustehen.

Sandra lehnte in der Kulisse und weinte. Dr. Fischer rannte davon und eilte durch die Gänge zu der Staatsloge hinauf, um diplomatisch zu retten, was noch zu retten war. Vandenbelt hockte bereits am Telefon und bettelte und flehte Kammersänger Bossmer herbei. Ein Wagen war bereits unterwegs, ihn abzuholen.

Im Zuschauerraum erhob sich ein Raunen, als die große Arie beendet war. Kein Beifall, kein Dakapo, kein Füßegetrappel, wie es sonst bei großen Sängern nach dieser Bravourarie üblich war. Eisiges Schweigen erfüllte das riesige dunkle Rund; nur eine einzige Hand klatschte, dünn, scheu, fast ängstlich. Der Ton dieses Klatschens stand in dem dunkeln Raum, bis er von dem einsetzenden Orchester wie ein kleiner Tropfen von einem riesigen Schwamm aufgesogen wurde.

Franz Krone schaute hinab auf Greta und sah sie allein applaudieren. Er lächelte ihr zu, ein schwaches, unendlich trauriges Lächeln, das Lächeln eines Sterbenden, der herrliche Fluren und köstliche Dinge in einer letzten Vision seines Gehirnes sieht. Dann wandte er sich ab. Sandra Belora kam auf die Bühne geeilt, als Tosca ihren Cavaradossi zu begrüßen.

Als sie auf ihn zuging, kam ihr Krone entgegen. Sie blieb stehen, lächelte ihn an, obwohl ihr die Tränen in den Augen standen. Jetzt stand er vor ihr; sein Blick war leer, fern von ihr, wesenlos; dann ging er an ihr vorbei und verließ die Bühne.

Unter erstauntem Gemurmel, das anschwoll und zur erregten Debatte wurde, fiel schnell der Vorhang. Professor Bucher klopfte ab. Die Lichter gingen an. Dr. Fischer erschien an der Rampe, bleich, mit zerknitterter Frackbrust.

»Ein plötzliches Unwohlsein Herrn Krones zwingt uns, sofort umzudisponieren. Nach einer Pause von etwa fünfzehn Minuten wird die Oper weitergehen. Die Rolle des Cavaradossi übernimmt Herr Kammersänger Bossmer.« Er hob beide Arme, bedauernd, daß er dies sagen mußte. »Wir werden ihnen in der Pause die Diagnose des Theaterarztes sagen. Vielleicht wird Herr Krone die Oper zu Ende singen. Hoffen wir, daß es nichts Schlimmes ist«, setzte er diplomatisch hinzu, denn er wußte in diesem Augenblick, daß Franz Krone nie mehr an der Münchener Oper singen würde, auch wenn er singen konnte wie Caruso und Gigli in einer Person. »Ich bitte die verehrten Herrschaften um die kleine Geduld von fünfzehn Minuten und um Verständnis für die plötzlich aufgetretene Lage.«

Er zog sich hinter den Vorhang zurück und prallte dort auf Vandenbelt, der um Jahre gealtert schien.

»Wo ist Krone?« fragte Dr. Fischer.

»In seiner Garderobe!«

»Ich gehe zu ihm. Aus diesem Kerl mache ich Hackfleisch!« Dr. Fischer rückte nervös an seiner Frackschleife. »Der größte Skandal der Münchener Oper! Es wird mir ein Vergnügen sein, diesen Irren eigenhändig vor die Tür zu werfen wie ein Bündel Lumpen!«

Erwartungsvoll, diskutierend blieben die zweitausend Menschen sitzen. Die erhoffte Sensation war gekommen, zwar ganz anders, als man dachte, aber deshalb um so eindringlicher. Die Kritiker der Zeitungen, im Parkett auf drei Reihen wie ein geschlossener Block sitzend, besprachen das ungewöhnliche Opernereignis.

Nur ein Mann verließ das Theater und stand eine Weile kopfschüttelnd im Foyer, ehe er sich den Mantel geben ließ: Professor Glatt aus Köln.

Unten an der Tür traf er auf Greta Sanden. Er sah sie an, legte stumm den Arm um ihre zuckende Schulter und führte sie aus der Oper hinaus in die kühle Luft des Septemberabends.

Franz Krone blieb von diesem Abend an verschwunden.

Er war schon nicht mehr in seiner Garderobe, als Dr. Fischer dort erschien, ihm seine fristlose Entlassung mitzuteilen und ihn wie einen Bettler aus dem Theater zu weisen. Auch Professor Glatt und Greta Sanden fanden ihn nicht, als sie ihn in seinem Zimmer besuchen und trösten wollten. Die Wirtin hatte ihn seit vier Tagen nicht mehr gesehen, sagte sie. Professor Glatt sah Greta an, und diese senkte den Kopf und nickte schwach.

»Das alte Lied«, murmelte Glatt. »Eine Frau! Es ist ein Jammer um diese Stimme...«

Auch Sandra fand Franz Krone nicht. Sie hatte den Premieren-abend an der Seite Bossmers durchgehalten, verbissen, sich selbst bezwingend, über sich hinauswachsend, aber dann, nach dem letzten Vorhang und der letzten Verbeugung mit gequältem Lächeln, warf sie die Rosensträuße, die man ihr überreicht hatte, in die Ecke der Kulissen und stürmte hinaus. In ihrer Garderobe schrie sie, verlor die Nerven, wälzte sich auf dem Sofa. Dann saß sie in ihrem weißen De Soto und raste durch die Nacht nach Wolfratshausen.

Franz Krone war nicht in dem heimlichen Hotel. Sie raste zurück nach München zu seinem möblierten Zimmer. Die Wirtin empfing sie mit der gleichen Feststellung, daß Herr Krone seit vier Tagen nicht mehr auf seinem Zimmer gewesen sei. Im übrigen hätten bereits eine junge Dame und ein älterer Herr nach ihm gefragt, setzte sie hämisch lächelnd hinzu.

»Eine andere Dame?« Sandra zog die Augenbrauen hoch. »Wie sah sie aus?«

»Jung. Hübsch. Blond.«

»Blond?«

»Sie sprach rheinischen Dialekt.« Die Wirtin freute sich über die Wirkung ihrer Worte. Sandra drehte sich schroff herum und verließ das Haus. »Eine andere Frau«, durchglühte es sie. »Eine blonde Frau! Aus Köln! Und heute morgen noch...« Sie biß sich auf die Unterlippe. Ihr Inneres schien ein einziger Brand zu sein. Erst im Wagen, hinter dem großen, weißen Steuerrad, wurde sie ruhiger.

»Er hat mich belogen und betrogen«, dachte sie. »Seine Liebe war nur geheuchelt, und ich bin darauf hereingefallen, ich habe geglaubt, ihn ganz allein für mich zu haben... Ich Närrin, ich Verblendete!«

Ein Sturm von Haß und Rachegedanken überschwemmte sie. »Man müßte ihn suchen«, durchfuhr es sie, als sie langsam die Straßen entlangfuhr und dann hinausraste nach Wolfratshausen zu dem kleinen Hotel. »In der ganzen Welt sollte man ihn suchen, und wenn man dann vor ihm steht, müßte man ihm das Gesicht zerkratzen, ihn unmöglich machen vor allen Menschen, so unmöglich, daß ihm die Hunde ausweichen, wenn er ihnen ein Stück Brot geben will!« Sie steigerte sich in einen Haß hinein, der so völlig von ihr Besitz ergriff, daß er alle klaren Gedanken überdeckte und eine neue Leidenschaft gebar, in der sie litt mit der ganzen Haltlosigkeit ihres Wesens.

Während Greta Sanden und Professor Glatt nach zwei Tagen vergeblicher Suche zurück nach Köln fuhren, kündigte Sandra Belora ihren Gastspielvertrag bei Dr. Fischer.

»Sind Sie denn auch verrückt geworden?!« schrie Dr. Fischer außer sich. »Sie haben für sieben Abende unterschrieben! Die Plakate sind gedruckt, die Karten längst ausverkauft... Mir genügt die Blamage mit diesem Idioten – und nun kommen Sie auch noch?!«

»Ich will München nicht mehr sehen!« sagte Sandra steif. Und um Dr. Fischer jedes Wort abzuschneiden, öffnete sie ihre Handtasche und warf dem Intendanten einen ausgefüllten Scheck auf den Schreibtisch. »Hier haben Sie 20000 DM als Konventionalstrafe. Soviel ist mir die Lösung des Vertrages wert! Ich werde sie mir bei... bei...«– sie würgte, als sie den Namen nannte – »Franz Krone wiederholen!«

»Na, dann viel Erfolg!« Dr. Fischer sah den Scheck an, ohne ihn zu berühren. »Und Sie glauben, damit wäre alles erledigt? Mit diesem Fetzen Papier, mit Geld? Wie wollen Sie die Skandale bezahlen, die sich aus Ihrem Verhalten entwickeln?!«

»Ich werde nie mehr in München singen!«

»Wunderbar! Der Verzicht einer Diva! Soll ich vor Rührung und romantischer Ergriffenheit weinen und eine Ode an Sandra dich-

ten?! Das Gebet eines Stars, sieben Verse im fünffüßigen Jambus?«
Dr. Fischer sprang auf und rannte in seinem großen Büro hin und
her. »Dieser Krone war eine Enttäuschung, für mich als Intendant,
für Sie als Frau. Verzeihen Sie, wenn ich das heikle Thema antaste.
Aber es heißt für uns beide jetzt alles überwinden, der Kunst zu-
liebe! Ich opferte meinen Namen als Talententdecker... Lesen Sie
bloß die Kritiken, die in sechzig Blättern stehen, es wird Ihnen übel,
und Sie übergeben sich... Sie, gnädige Frau, opferten – wie soll ich
sagen –, opferten ein Stück Ihres Herzens, vielleicht aber auch nur
das Ende eines glücklichen Erlebnisses...«

»Dr. Fischer!« rief Sandra empört.

»Nennen wir das totgeborene Kind beim Namen! Ihrem Gesang
macht es nichts aus... Man wird Ihnen weiter zujubeln – in Barcelona, Rom, New York, Rio de Janeiro oder Caracas. Ich habe einen
Namen verloren – retten Sie wenigstens den letzten Nimbus meiner
Oper, indem Sie die sechs Abende noch singen.«

Die Beredsamkeit Dr. Fischers war vergebens – Sandra Belora
hinterließ den Scheck von 20 000 DM und reiste am nächsten Abend
ab nach Rom, wo sie in einer Freilichtaufführung der Oper »Aida«
die Titelrolle ohne Probe in den Caracalla-Thermen sang.

Von Rom nahm sie ein Engagement in Südafrika an, eine Kon-
zertreise für ein halbes Jahr, die sie fern von Europa hielt und ihr
Vergessen schenken sollte oder wenigstens eine kleine Linderung
ihrer Enttäuschung.

In Köln hatte sich Greta Sanden Urlaub genommen und war an
die Ostsee und später in ein kleines Dorf am Rande der Lüneburger
Heide gezogen. Hier, inmitten der Wacholderbüsche, Birken und
weiten, violetten Heideflächen, suchte sie Ruhe und saß tagelang in
der Einsamkeit, starrte in die am Himmel vorbeiziehenden Wolken
und suchte Antwort auf eine Frage, die ihr niemand abnehmen
konnte.

Franz Krone blieb verschollen, für die Menschen wenigstens, die
ihm nahestanden und ihn suchten. Das Gefühl seiner Schuld ließ in
ihm die Scheu eines Aussätzigen wachsen, wie ein Leprakranker
verkroch er sich in die Anonymität eines Daseins, dessen Schwere

er als Buße empfand und deshalb auch ertrug. Heute, nach einem zeitlichen Abstand von jenem Schicksalsabend, kam er sich jämmerlicher vor als in den erregenden Minuten, in denen er nach einer gequälten Arie einfach an Sandra vorbei die Bühne verlassen und sich wie ein Verbrecher im weiten Kulissenhaus versteckt hatte. Er hatte sich wenig heldenhaft benommen, er war sogar feige gewesen, hundsgemein feige, war einer Auseinandersetzung zwischen Sandra und Greta ausgewichen und hatte Dr. Fischer, Professor Glatt und zweitausend erwartungsvolle Menschen bitter enttäuscht. Wie konnte er einem real denkenden, nüchternen Menschen verständlich machen, daß er in diesen Minuten völlig den Kopf verloren und eine Art Kurzschluß in seinem Inneren ihn unfähig gemacht hatte, seine Handlungen noch weiterhin klar zu übersehen? Er wußte selbst nicht mehr, was alles geschehen war, als er Greta vor sich durch den Spion sah, als der Zwiespalt zwischen den beiden Frauen über ihm zusammenschlug. Er war feig geworden, unmännlich, erbärmlich und der entscheidenden Auseinandersetzung seines Lebens ausgewichen, indem er sich wie ein Irrer von der Brücke in ein dunkles Nichts hinabstürzte und mit diesem Sturz gerettet wähnte.

Er wußte auch jetzt noch nicht, wie er sich hätte entscheiden sollen, wenn er sich mutig der Situation gestellt hätte und Greta wie auch Sandra eine Entscheidung von ihm gefordert hätten. Das war es, was ihn auch jetzt noch ein wenig seine Tat rechtfertigen ließ – er wußte nicht, ob er zu Sandra gegangen wäre, der Lebensnahen, der immer Rätselhaften, Überraschenden, Betäubenden und Erregenden, oder zu Greta, der Stillen, der Wertvollen, dem Ruhepol seines Lebens, die ihm ihr Postsparbuch ohne Zögern gab und ihn im Studium unterstützte, indem sie jede Nacht in der Königin-Bar Zigaretten verkaufte und ihm das Geld mit einem glücklichen Lächeln schenkte. Sandra hatte ihn durch ihre Nähe überredet, ein Sänger zu werden, dann verschwand sie aus seinem Leben, und Greta war es, die in der Not zu ihm hielt und in zwei Jahren so eng mit ihm zusammenwuchs, daß er niemals hätte glauben können, es würde jemals anders sein. Bis Sandra wieder zu ihm trat, in dem dunklen Salon Dr. Fischers, und ihm die Tür aufstieß zu einem anderen Leben, in das er an diesem Tag hineingesetzt wurde, das sich ihm darbot mit allem Glanz, den er mit seiner Stimme überreich bezahlte. Zwei Welten waren es, die sein Inneres zerrissen – die Welt dämonischer Leidenschaft und grenzenloser Freiheit und die Welt der stillen, aufopfernden Liebe, die Sicherheit, geborgen und zu Hause zu sein.

Sie waren wie Feuer und Wasser, sie zerstörten in ihm die Vernunft in jenem Augenblick, als sie in seinem Inneren unmittelbar aufeinandertrafen. Was dann geschah, war die Tat eines Entwurzelten, und als er sich aufraffte, doch zu singen, für Greta zu singen, die unten in der ersten Reihe saß und flehend die Hände hob, da war seine Stimme zerbrochen, da war er ausgebrannt, hohl, nicht mehr entflammbar, da sang zwar sein Kehlkopf mechanisch, aber die Seele war zerstört, und auf ihre Trümmer stürzte die ganze Welt des Franz Krone in einem Inferno der Selbstvernichtung.

Die Oper hatte an diesem Abend mehr als eine Stimme verloren – es gab auch den Franz Krone nicht mehr, der ein wenig scheu in seine Karriere hineinwuchs. Aus der Asche des inneren Zusammenbruchs erstand ein anderer Mensch, nicht besser als der Franz Krone, der er vordem war, nicht schlechter, als man ihn jetzt im Gedächtnis behielt – aber wacher, reifer, härter und geläuterter, ein Mensch, den das Schicksal niedergeschlagen hatte und der sich wieder stellte zu neuem Kampf.

Viertes Kapitel

Portocheli liegt im Südosten Griechenlands, auf dem Peloponnes. Von einer Felsenküste aus mit einem schmalen Strand davor blickt man über den blauen Golf von Nauplia hinüber auf die Insel Spetsä, deren Leuchtturm des Nachts mit grellen Fingern über den Himmel streicht. Das Land ist hier rauh, die Felsen sind mit Staub überzogen, Hitze brütet im Sommer in den Schluchten und auf den Felsplateaus, während im Winter die Stürme vom Kretischen Meer herüberwehen und heulend die Spitze der Halbinsel Argolis umkreisen.

An einem Herbsttag saßen zwei Menschen unten am wilden Strand Portochelis und sahen hinaus auf den stillen Golf. Sie waren von der Straße aus, die über Kranidion, am 1076 m hohen Berg Didymon vorbei, nach Avgó und Nauplion führt, südlich abgebogen und hatten den kleinen, blauen Sportwagen am Rande der Felsen geparkt. Den steilen, schmalen Weg zur Küste hatten sie zu Fuß zurückgelegt, und nun lagen sie auf den Steinen und hielten die Füße in die anrollenden, salzigen Wogen des Meeres.

»Hier bleiben und nichts mehr hören und sehen!« sagte das Mädchen und dehnte sich etwas. Sie war hübsch in ihrem knappen Badeanzug, das lange, schwarze Haar wallte ihr über die Schulter und bedeckte halb die wohlgeformte Brust. »Wenn ich an morgen denke...«

»Das eben soll man nicht, Gloria.« Der Mann, der neben ihr am Strand lag, schloß die Augen und legte die Hände unter den Kopf. »Wenn wir an morgen oder sogar an das Gestern denken, kommen wir innerlich nie zu Ruhe. Das Leben ist wie ein bedenkenloses, flatterhaftes Mädchen: Es will von Stunde zu Stunde geliebt werden, ohne Frage, was kommen mag oder gewesen ist.« Er sah zur Seite auf das schöne Mädchen und lächelte. »Küß mich, Gloria«, sagte er leiser.

Das Mädchen, das er Gloria nannte, lächelte zurück und beugte sich über ihn. Ihre Lippen berührten sich, und er umfing die schlanke Gestalt und zog sie zu sich hinunter. So lagen sie eine ganze Zeit, aneinandergeschmiegt, mit geschlossenen Augen, umrauscht von der Brandung an den Klippen und dem Wind, der sich auf den Felsen brach.

Gloria richtete sich auf und stützte sich auf die Ellenbogen, den Mann mit glänzenden Augen ansehend.

»Morgen singen wir wieder in Argos«, sagte sie. »Jackie hat die Verträge für eine Woche unterzeichnet. Dann will er weiter nach Korinth und von dort nach Athen. Dort bleiben wir einen ganzen Monat.«

»Athen!« Der Mann sah in die ziehenden Wolken über sich. Sie kamen aus dem Süden, von Afrika herüber, gefüllt mit der Hitze der Sahara. »Als Junge habe ich den Aischylos und Euripides im Urtext gelesen. Homers Ilias war unsere Klassenarbeit über zwei Jahre hin. Wie oft habe ich da geträumt, diesen Boden zu sehen, der das Gesicht des geistigen Europas formte. Olympia, Sparta, Korinth, die Thermopylen, Athen mit seiner Akropolis, Marathon, die Mauern des Perikles, Salamis, wo Themistokles die Perser in einer Seeschlacht besiegte. Wann war das? Laß mich mal nachdenken. 480 v. Chr.« Er lachte leise. »Ich war in Geschichte einer der Besten unserer Klasse. Immer habe ich davon geträumt, diese Orte zu sehen.«

»Und jetzt siehst du sie … Mit mir.« Gloria küßte ihn wieder. Der Mann nickte. Es war Franz Krone.

»Das ist das Schönste, Gloria … Ich bin glücklich, dich zu haben.« Er setzte sich auf und strich mit der Hand den Sand von den Beinen. »Was wäre ich jetzt ohne dich?«

Sie legte ihm den Finger auf den Mund und umarmte ihn. »Du hast eben noch gesagt: Das Leben ist ein leichtes Mädchen, das nicht nach gestern und morgen fragt!«

Er nickte. »Komm«, sagte er. Er erhob sich und dehnte die Arme weit auseinander. »Dieser Wind! Dieses herrliche Meer!«

Sie kletterten den steilen Felsenpfad wieder hinauf und liefen zu dem kleinen blauen Wagen, wo sie sich ihre Kleidung überwarfen und dann noch einmal über den Golf von Nauplia blickten. Am Horizont, im Dunst des Meeres und des Himmels, ahnte man den Küstenstreifen von Arkadien mit dem berühmten Mönchskloster von Tyros.

Gloria setzte sich hinter das weiße Steuerrad und zupfte den Mann am Saum der Jacke, ihn aus seiner Betrachtung des Meeres losreißend.

»Wohin fahren wir jetzt, Liebling?« fragte sie.

»Die Straße zurück bis kurz vor Nauplion, dann östlich weiter in Richtung Ligurio. Aber kurz vorher halten wir… Da ist ein großes Ruinenfeld, das will ich sehen.«

»Ruinen?!« maulte Gloria. »Welcher Kaiser hat denn da gelebt oder ist ermordet worden?«

»Keiner, meine Süße.« Der Mann kletterte in den Wagen und streichelte ihr über das lange, schwarze Haar. »Wenn du einmal krank sein solltest, dann mußt du zu diesen Ruinen gehen – vorausgesetzt, daß du als Griechin noch klassisch denkst. Denn dort, zwischen Nauplion und Ligurio, bei den Felsen des Arachnaion, liegt der Tempel des Asklepios, des Gottes der Heilkunst.«

Gloria trat auf den Anlasser und drückte die Kupplung. »Hätte ich mich doch nie in einen humanistisch gebildeten Mann verliebt!« Sie schlug theatralisch die Hände über dem Kopf zusammen. »Tempel des Asklepios, Liebling – ein Tempel der Aphrodite wäre mir viel, viel lieber…«

»Den zeige ich dir heute abend.« Er beugte sich zu ihr und küßte sie in den Nacken. Sie lachte auf und bog sich zurück. »Du!« seufzte sie. »Du bist ein Satan! Selbstverständlich fahre ich dich zu deinem Tempelheiligen…«

Schnurrend fuhr der kleine blaue Wagen die Straße hinab nach Avgó.

In Nauplion probte unterdessen der Jazzkapellmeister Jackie John mit seinem Orchester eine neue Nummer, die er selbst arrangiert hatte. Sie spielten im Saal des einzigen Cafés, dem eine Bar angegliedert war mit einer großen Tanzfläche, die überging in einen Garten aus Zypressen, Korkeichen und Mimosenbüschen.

Jackie John war der Typ des amerikanischen Jazzmusikers. Er

trug enge, zu kurze Hosen, grell gemusterte Hemden ohne Schlips, einen Bürstenhaarschnitt und breite, immer wie ausgelatscht aussehende, kreppbesohlte Schuhe aus hellstem Leder. Sein Gesicht war fahl, zerknittert wie Frank Sinatra und erinnerte fast an eines der vielen Gangsterbilder, die man so oft in den Illustrierten aus Amerika sah. Nur wenn er spielte, ob es Trompete war oder Klarinette, überzog sein Gesicht das Leuchten höchster Glückseligkeit, es wurde fast kindlich zufrieden, und er freute sich auch wie ein Kind, wenn der Applaus ihn umbrandete und seine Band – wie er sein Orchester nannte – sich erhob und an die Instrumente schlug. Das war ein Gag, der immer wieder zog und den er den Philharmonikern abgeguckt hatte, die nach einem Konzert zur Ehrung des Dirigenten mit den Bögen an die Saiten schlugen.

Er war immer vergnügt; nur wenn die Rede auf seine Griechenlandreise kam, war er mißgestimmt und nannte sich einen Vollblutidioten. Schuld daran hatte eigentlich Gloria Marina, die Sängerin seiner Band, die in Österreich, genauer gesagt in Linz an der Donau, einen jungen, dürren, fast verhungerten Mann aufgegabelt und zu Jackie gebracht hatte.

»Sieh mal, mein Liebster«, hatte sie gesagt und den jungen Mann vor Jackie hingestellt. »Das ist Herr Krone.«

Jackie hatte sich den Langen betrachtet und genickt. »Nett! Und was soll er? Wir sind kein Zirkus, der mit Bobby, dem Hungerkünstler, reist.«

»Er kann singen, mein Süßer.« Gloria Marina hatte dann ein Notenblatt von dem Klavier genommen und es Franz Krone in die Hand gedrückt. »Kommen Sie, Herr Krone. Singen Sie das mal. Jackie wird Sie begleiten.«

Sie nickte John zu. »Einen Teufel werd' ich«, dachte er, aber dann saß er doch hinter den Tasten und hämmerte die Rhythmen eines Jazz in den leeren Saal. Franz Krone hielt die Noten in den verkrampften Händen und starrte auf die vor seinen Augen tanzenden schwarzen Punkte und Striche. Von Tosca und Turandot zu Lullaby... Er schluckte krampfhaft und sah zu Gloria hinüber, die ihm zublinkerte. Jackie hieb auf die Tasten und unterbrach dann sein Spiel, um sich am Bein zu kratzen. »Singen wir, oder singen wir nicht?« fragte er. »Dreimal war schon der Einsatz da.«

Und Franz Krone sang. Er gab seiner Stimme eine andere Klangfarbe, er drückte seine wundervolle Stimme herab zum leichten Schwung eines Jazzsängers, zum Hauchen der Töne, zur sentimentalen Weichheit einer Schnulze. Jackie schürzte die Lippen, als Krone begann. Er ging in ein Bluesthema über, Krone folgte ihm, variierend, ohne Noten, und plötzlich ergriff ihn der leichte Rhythmus, die Staccati, dieses motorische Singen, er sang mit Freude, und Jackie vergaß einen Augenblick zu spielen, Gloria saß mit großen, ungläubigen Augen auf einem der Saalstühle, die anderen Musiker des Orchesters ergriffen ihre Instrumente, und aus dem Nichts heraus entstand eine Gesangsnummer, wie sie hinreißender und erfolgreicher nie von Jackie John hätte erdacht werden können.

»Mann!« sagte Jackie nach dem Gesang. »Mann – Sie sind eine Wucht! Engagiert! Monatlich – was woll'n Sie haben?!«

»Fünfhundert Mark«, sagte Krone schnell. Er wußte noch gar nicht, wie ihm geschah. Gloria Marina hatte ihn umarmt, die anderen Musiker hatten geklatscht. Jackie verdrehte die Augen.

»Fünfhundert?« schrie er. »Ich bin doch kein Armstrong, der solche Gagen zahlen kann! Dreihundertfünfzig!«

»Fünfhundert!« sagte Gloria laut. »Jackie, denk an die Stimme! Uns stehen mit Krone die größten Häuser offen! Er ist seine tausend wert!«

Jackie John schlug die Hände über dem Kopf zusammen. »Idiotisch! Fünfhundert?! Ihr ruiniert die Band!«

Als sie einen Monat später in Wien spielten, hatte Franz Krone seinen Vertrag mit fünfhundert Mark in der Tasche. In einem weißen Jackett, das ihm Jackie mit der Kunst eines Hexenmeisters irgendwoher besorgte, stand er vor dem Orchester im Wiener Central-Café und sang die Schlager des Monats.

An dem ersten Abend in Wien, nach der Vorstellung, gingen Franz Krone und Gloria Marina noch ein wenig spazieren. Sie ließen sich mit einer Taxe hinaus nach Grinzing fahren und wanderten durch die stillen Straßen und über die dunklen Wege am Rande des

Wiener Waldes. In Sievering, in der Nähe des Hermannskogels, setzten sie sich auf eine Bank und lauschten auf die zärtliche Musik, die aus den Weinlokalen in die Nacht klang. Gloria lehnte sich an seine Schulter und hatte seine Hand ergriffen. Unbewußt streichelte sie seine Hand, und er empfand es in dieser Stunde beruhigend und fast mütterlich.

»Woher kommst du?« fragte Gloria.

»Warum willst du das wissen?« wich er ihrer Frage aus.

»Du bist kein Mensch, der auf der Straße geboren wurde und am Rande der Straße verreckt.«

»Doch, Gloria. Doch – solch einer bin ich«, nickte er.

Sie schüttelte wild den Kopf. Ihre langen, schwarzen Haare flogen ihm dabei durch das Gesicht.

»Nein! Wer bist du?«

»Franz Krone. Du weißt es doch.«

»Das ist ein Name. Was ist ein Name? Nichts! Du hättest auch Kaiser oder Komma oder sonstwie heißen können. Ich glaube es dir. Aber wer *bist* du?«

Aus den Weinlokalen klang Zithermusik. Liebespaare bummelten durch den Wiener Wald – vom Kobenzl herüber erklang Blasmusik.

»Ich bin nichts«, sagte Franz Krone leise.

»Wo wurdest du ausgebildet? Du hast doch eine wunderbare Stimme. Du hast schon anderes gesungen als diese dummen Schnulzen. Du kannst mir nichts vormachen! Warum bist du zu uns gekommen? Wie bist du nach Linz gekommen, in dieses schreckliche Lokal?«

Franz Krone senkte den Kopf. »Linz«, durchfuhr es ihn. »Ja, Linz. Dort hat mich Gloria gefunden, regelrecht gefunden. ›Schreckliches Lokal‹, sagte sie… Ich lag auf einer Bank am Rande der Stadt; im Angesicht der Donau, auf einem herrlichen Fleck Erde lag ich und hungerte. Von München nach Linz – es war kein weiter Weg. Mit einem Lastwagen fuhr ich über die Grenze, versteckt zwischen Kisten mit amerikanischer Armeeverpflegung… Sie kontrollierte keiner, die deutschen Zöllner grüßten sogar, weil ein Offizier vorne im Wagen saß. Ich wußte eigentlich nicht, was ich in Österreich sollte – ich hatte nur den einen Gedanken: Fort aus Deutschland, brich alle Brücken ab, die dich mit der Vergangenheit verbinden und auch deine Zukunft noch bestimmen könnten. Flüchte wie ein Verbrecher, denn du bist ja ein Verbrecher: Du hast zwei Herzen betrogen, du hast deinen Intendanten bestohlen, deinen alten Professor enttäuscht, du hast an einem Abend zweitausend Menschen hintergangen, die gekommen waren, dich zu feiern. Und nur aus Feigheit! Nur, weil du Greta liebtest und Sandra auch, weil Greta die Ruhe und Sandra das lockende Leben war, zwei Dinge, die du beide besitzen wolltest. Du Narr, du Stümper, du heilloser Phantast! Jetzt hast du gar nichts, weder Ruhe noch das lockende Leben, sondern Hunger und die beste Aussicht, auf dieser Bank in Linz, im Anblick der Donau, liegen zu bleiben und wie ein altes Tier einfach einzugehen, ganz still, ganz unauffällig, ein Unbekannter, den man verscharren würde auf Gemeindekosten irgendwo auf dem Linzer Friedhof, wo es nicht auffiel, wenn man dein Grab schnell wieder für andere, angesehenere Menschen freigab.«

Da war Gloria vorbeigekommen, hatte einen Augenblick gestutzt, sich zu ihm gesetzt auf die Bank und ihn prüfend angesehen.

»Haben Sie Hunger?« hatte sie ihn gefragt. So, wie man einen Hund fragt: »Willst du Knöchi?« Und er hatte genickt und sich in einem Anflug von Galgenhumor erhoben, sich verbeugt und vorgestellt. »Gestatten Sie, unbekannte Dame: Mein Name ist Krone. Franz Krone. Ich bin gewissermaßen die Krone der Landstreicher.«

So hatten sie sich kennengelernt. Sie hatte ihm aus ihrer Handtasche eine halbe Tafel Schokolade gegeben, mit einem bedauernden Achselzucken. »Mehr habe ich im Augenblick nicht bei mir.«

»Schokolade! Welch ein Göttergeschenk!« Er hatte die Tafel wie ein Rauschgiftsüchtiger sein Pervitin gegessen, gierig, unbeherrscht, fast ängstlich, sie könne ihm die Tafel wieder wegnehmen. Dann hatte er sich zurückgelehnt und auf ihre Tasche geblickt. Ein Bündel zusammengefalteter Noten sah aus ihr heraus.

»Noten?« fragte er. »Sie sind musikalisch, unbekannte Retterin?«

»Ich bin Sängerin.«

»O Gott!« hatte er gerufen, und er mußte sehr entsetzt ausgesehen haben, denn das Mädchen lachte laut auf.

»Ist das so schlimm? Vagabund ist schlimmer!«

»Fast dasselbe, mein Fräulein! Sängerin…« Und plötzlich lachte er, grell, haltlos, sich biegend und fast hysterisch. »Sängerin!« japste er und schüttelte wild den Kopf. Aber so plötzlich, wie der Lachanfall kam, verschwand er wieder. Ernst sah er sie daraufhin an. »An der Oper?«

»Nein, in einem Jazzorchester. Bei Jackie John.«

»Bei Jackie John! Sieh an! Ich kenne zwar diesen Boy Jackie nicht, aber daß er eine ganze Jazzband hat und kein Opernintendant ist, macht ihn mir gleich sympathisch.« Er hatte dann wieder auf die Donau geschaut, hinüber zur Kuppe des Sternsteins, hinter dem die tschechische Grenze begann. »Sicherlich heißen Sie Mary John?«

»Nein, Gloria Marina«, ließ sie sich überrumpeln. Als er sich dankend im Sitzen verneigte und sie merkte, daß er sie übertölpelt hatte, hob sie drohend den Finger. »Sie sind mir für einen Vagabunden zu sehr gewandt«, meinte sie. »Wer sind Sie? Wie kommen Sie nach Linz?«

Die gleichen Fragen, die sie ihm jetzt hier im Wiener Wald stellte, nachdem sie ihn mitgenommen hatte zu Jackie John.

»Ich kann auch ein wenig singen«, hatte er damals zu Gloria gesagt. »Hätte Ihr Jackie keinen Job für mich?«

»Wir müßten ihn fragen.«

»Tun wir das.«

Franz Krone schreckte auf. Eine Hand hatte ihn berührt. Die Wirklichkeit drängte sich wieder an ihn und zerstörte seine Erinnerung an die bitteren Stunden in Linz. Wie lange war das her? Zwei Wochen, drei, vier? Was waren Tage und Wochen für einen Menschen, der ohne Hoffnung lebte für den Augenblick, der seinen Namen verlor, sein Gesicht, seine Achtung, seine Liebe.

Er wischte sich über die Augen, als habe er geträumt. Er saß noch immer auf der Bank bei Sievering, unterhalb des Hermannskogels. Die Weinlokale löschten die Lichter, die letzten Liebespaare gingen durch den milden Herbstabend eng umschlungen durch die Nacht. Gloria hatte die Hand leicht auf seinen Arm gelegt, so wie damals in Linz, als sie ihn auf der Bank auflas wie einen Strolch, wie einen Clochard unter den Brücken der Seine.

»Woran hast du eben gedacht?« fragte Gloria leise und lehnte sich wieder an ihn. Er umfaßte ein wenig zögernd ihre Schulter.

»Ich habe darüber nachgedacht, wer ich bin! Eine Frage, die du mir schon vor Wochen stelltest.«

»Und jetzt hast du es herausgebracht?«

»Ja.« Er lächelte wehmütig. »Ich bin ein Jazzsänger.«

»Du weichst mir aus, Franz.« Sie beugte den Kopf weit vor und sah in seine traurigen Augen. »Seit Wochen weichst du mir aus! Warum denn, Lieber? Warum willst du nicht glücklich sein?«

»Vielleicht muß ich es?! Wer weiß?« Er beugte den Oberkörper zurück und nahm die Augen aus ihrem forschenden Blick. »Warum willst du wissen, wer ich bin?!«

Gloria schloß die Augen. Es war, als horche sie erst nach innen, ehe sie Antwort gab. »Weil ich dich komischen, unbekannten Menschen gern mag«, sagte sie dann leise. »Muß ich es dir erst sagen?«

Er stockte einen Augenblick mit den Worten, die er noch sagen wollte. Seit jenem Abend in Linz, an dem sie ihn mit zu Jackie John genommen hatte und er in der Band als Jazzsänger auftrat, mit ihnen durch Österreich zog und nun hier in Sievering in der Nacht allein mit Gloria auf einer Bank saß, immer, immer – auch jetzt – hatte er Augenblicke gehabt, in denen er sagen wollte: »Ich bin ein Entgleister, ein Feigling, ein Opernstar, der an der Schwelle des höchsten Ruhmes an seiner Zwiespältigkeit zerbrach. Zwei Frauen habe ich Unglück gebracht, die Kunst habe ich beleidigt, das Vertrauen guter Menschen getreten und mißbraucht... Alles in allem: Ich bin eine elende Kreatur!« Und nun sagte sie ihm, daß sie ihn liebe. Sie sprach aus, was er seit Wochen spürte, was auch sein Inneres durchzog, wenn er sie ansah oder neben sich fühlte, einen Teil ihres warmen Armes, ihre tastenden Hände, ihre Schultern, die sich an ihn lehnten. Dann hatte er den Drang, sie zu küssen, und er stieß sich selbst zurück unter der Last der Gedanken, daß auch dieses Mädchen unglücklich werden würde.

Franz Krone biß sich die Lippen aufeinander. Er rückte ein wenig von Gloria weg und gab ihren Kopf, der auf seiner Schulter lag, damit frei. »Vergiß, was wir eben gesprochen haben«, sagte er leise. »Die Frauen haben kein Glück mit mir... Ich bringe ihnen Sorgen und Kummer. Und gerade das möchte ich dir nicht bringen...«

Er erhob sich ein wenig schroff, aber als er ihre verwunderten, fast ängstlichen Augen sah, lächelte er und zwang sich zu einer jungenhaften Stimmung. Er verbeugte sich galant und hielt ihr seinen angewinkelten Arm entgegen, so, wie ein Tanzstundenjüngling zum erstenmal seine Partnerin zu einem Walzer auffordert. »Gloria Marina, darf ich Ihnen meinen Arm anbieten? Die Nacht ist so mild und voll romantischer Stimmen... Es wäre schade, sie zu versäumen durch kleinliche, eigene Gedanken...«

Gloria erhob sich. Mit gesenktem Kopf hakte sie sich bei Franz Krone ein. »Ich werde wissen, wer du bist«, sagte sie leise. »Und wenn es Jahre dauert!«

Bedrückt und wortlos fuhren sie später nach Wien zurück. Jackie John erwartete sie in der kleinen Hotelhalle und zeigte ihnen freudestrahlend ein Bündel Papiere.

»Kinder«, rief er begeistert, »Franz hat eingeschlagen! Hier – neue Verträge mit drei Agenten! Ungarn, Bulgarien, Jugoslawien und Griechenland! Für dreiviertel Jahre besetzt!« Er klopfte Franz Krone auf die Schulter und winkte dem Barkeeper zu, der in der hinteren Hallenecke hinter seinen blitzenden Hähnen und Gläsern stand. »Jim – zwei doppelte Gin und einen süßen Ohio!« Und zu Krone gewandt: »Wir machen aus der John-Band ein Spitzenorchester – in einem Jahr spielen wir im Casino von Monte Carlo! Darauf müssen wir einen zwitschern!«

Der Gin und der Cocktail kamen. Unlustig, um Jackie die Stimmung nicht zu verderben, tranken Gloria und Franz die scharfen Getränke und gingen dann stumm auf ihre Zimmer. Jackie John blieb an der Bar zurück und betrank allein die neuen Verträge mit einer Virtuosität, die er sonst an der Trompete entwickelte.

In Budapest, in einem Hotel hoch über der Donau, ergriffen von der Schönheit der Stadt mit ihren den Fluß überspannenden eleganten Brücken, küßte Franz Krone zum erstenmal Gloria Marina mit dem Bewußtsein, eine schöne, zitternde, erwartungsvolle Frau in den Armen zu halten. Und bei Gloria vergaß er Sandra und Greta und zog mit einem neuen Glücksgefühl hinaus in die Welt – ein Sänger, der in den Bars von Belgrad und Skopje, Korinth und Nauplion mit halber Stimme und wippenden Beinen in einem weißen Frack Jazzmelodien sang.

Er war zufrieden mit seinem Los, er dachte nicht mehr an seine Berufung, der Welt einen neuen Opernstar zu geben. Er hatte zu essen, er sah die Welt in all ihrer Buntheit und Schönheit, mit ihrem Schmutz und ihren Sonnenseiten, er liebte ein schwarzhaariges, schönes, in seinen Armen fast zerschmelzendes Mädchen und wünschte sich nichts mehr, als daß dieses Glück, wie er glaubte, bei ihm bliebe und die Wunden heile, die er sich selbst in seiner Verblendung und Angst geschlagen hatte.

So kamen sie nach Griechenland. Gloria, Franz, Jackie und zehn Mann des John-Orchesters. Heute in Nauplion, übermorgen schon wieder in Korinth, und in einem Monat in Athen, wo Franz Krone auf der Akropolis stehen würde, die er einmal als Junge in griechischer Sprache beschreiben mußte. Und er würde den Atem der Klassik spüren und einen Augenblick vergessen, daß er hier war, um amerikanischen Jazz zu singen. Ragtime an der themistokleischen Mauer...

Der kleine blaue Wagen hüpfte über die Straße, dem Tempel des Asklepios entgegen. Gloria Marina fuhr ihn, ihre langen, schwarzen Haare flatterten im Fahrtwind. Da nahm Franz Krone ihren schmalen Kopf zwischen seine Hände, zog ihn zu sich herüber und küßte ihn auf die Lippen.

»Du!« sagte Gloria und stieß ihn weg. »Du... Wir fahren gegen einen Baum! Solch ein unvernünftiger Lümmel!« Aber sie lachte dabei, und der kleine blaue Wagen schoß über die Felsenstraße nach Arachnaion...

Nördlich der Ruinen von Ligurio liegt das klassische Epidauros.

Von einer riesigen, kreisrunden Bühne aus steigt das klassische Amphitheater in den Himmel, gewaltig, wie ein Weltwunder der Baukunst, Stufe nach Stufe in den Felsen gehauen, Rang über Rang, durchschnitten von den das gewaltige Rund teilenden Gängen, die von der höchsten Sitzreihe hinunter bis zur Bühne führen. Es ist, als habe hier die Kunst der dramatischen Muse, als hätten Thalia und Melpomene einen Hymnus Stein werden lassen. Denn dem kleinen Menschen, der unten auf der Bühne steht und hinaufsieht über die Steinränge, schwindelt, und er meint, die Stufen führten hinein in den Himmel, der weißblau über dem Theater hängt.

Oben, auf den Stufen des höchsten Ranges, saßen an diesem Nachmittag Gloria und Franz und blickten hinunter auf die Bühne. Die Kühnheit dieses Baues ergriff auch Gloria. Stumm starrte sie hinab auf die kleinen Menschen, die eben über den Kreis der Bühne gingen, wie Ameisen wimmelnd, aber ihre Worte schwebten durch diesen Raum, als seien sie riesenhaft und kämen nicht aus diesen Körpern, die sich wie Punkte ineinanderschoben.

»Man kann jedes Wort verstehen«, flüsterte Gloria verblüfft, »auf diese Entfernung...«

»Das ist die unerreichte Kunst der Griechen... Sie bauten Theater, auf denen die Worte Musik wurden und mit dem Himmel verwuchsen.« Franz Krone stützte die Hände auf die Knie. »Wenn Jakkie bei uns wäre«, sagte er lächelnd, »und diese Akustik hörte, würde er sagen: ›Hier machen wir ein Jazz-Festival! Mit *der* Kulisse, mit tausend Zuschauern, auf *dieser* Bühne, bei *der* Akustik, und dann den Tigerrag oder den Basin Street Blues... Die Leute werden rasen und sich in Begeisterungskrämpfen winden.« Er lachte und legte den Arm um Glorias Schulter. »So wie wir jetzt, saßen früher vor über zweitausend Jahren die Liebespaare von Epidauros und hörten auf die Verse des frechen Aristophanes.«

Er wollte Gloria noch etwas sagen, als er plötzlich unter sich den Sitz schwanken fühlte. Erstaunt sah er Gloria an, die ihn fassungslos anstarrte.

»Was war das?« fragte sie.

»Der Sitz hat gewackelt.« Franz Krone erhob sich und untersuchte die Steinstufe, auf der sie saßen. »Alles in Ordnung. Der Sitz ist nicht locker.«

Er schwankte plötzlich und wäre hingefallen, wenn nicht Gloria ihn aufgefangen hätte. Der Boden unter ihm zitterte. Entsetzt sahen sie sich um. Unten, auf der Bühne, liefen die anderen Menschen durcheinander. Ein griechischer Fremdenführer, der die Besucher durch die Ruinen von Epidauros führte, rannte an ihnen vorbei, die Schirmmütze mit dem Metallschild »English spoken – on parle français« schief auf dem Kopf. Ein neuer Erdstoß warf Franz fast gegen die nächste Terrasse... Gloria klammerte sich an ihm fest, Angst schrie aus ihrem Blick, ihr Mund war vor Schreck weit geöffnet.

Franz Krone faßte ihre Hand und jagte mit ihr die Gänge hinab zur Bühne. Es war, als schwanke der riesige Bau, als sei er auf einem Schiff erbaut, das schwer durch die Dünung schlingert. Der Himmel, glutend, plötzlich farblos vor Hitze, war in unheimlicher Bewegung.

Aus dem Inneren der Erde quoll ein Donnern, ein Zittern, das in den Felsen widerbebte und die Bäume am Rande des Theaters schwanken ließ.

»Ein Erdbeben!« keuchte Franz Krone und riß die hilflose Gloria mit sich fort. Auf der Bühne blieb er kurz stehen und sah sich um. Das Theater war leergefegt. Am Ausgang sah er noch einige rennende Menschen. Er hastete ihnen nach. Gloria hinter sich herziehend.

Der Boden unter ihm bewegte sich. Entsetzen packte ihn, schnürte ihm die Kehle zu, legte sich wie ein Eisenband um sein Herz. Er sah, wie große Felsblöcke sich von den bizarren Felsen lösten und ins Tal hinunterdonnerten, eine Lawine von Staub und Steinen hinter sich herziehend. Das Meer war aufgewühlt... Es brüllte an der Küste empor und umspülte die Uferstraße.

Franz Krone stürzte den Weg hinunter zur Küste. Sein Atem flog, keuchend hielt er einmal ein und stand schwer atmend zwischen schwankenden Felswänden. Gloria lag an seiner Brust, das Gesicht an sein schweißiges Hemd gedrückt, zitternd vor Angst und Grauen. Einer der Fremdenführer bog um die Ecke. »Hierher!« schrie er. »Kommen Sie hierher!« Er winkte mit beiden Armen, ehe er wieder um den Felsen verschwand.

Franz Krone rannte weiter und sah den Eingang einer großen

Höhle, aus dem ihm Stimmengewirr entgegenschwoll.

Er stolperte in den von einigen Taschenlampen erhellten Gang und lehnte sich gegen die kühle, nasse Felswand, Gloria an sich pressend und beide Arme schützend um sie legend.

Der Berg schwankte, rollte; aus dem Boden grollte ein Donnern, es war, als stünde man auf einem Vulkan, der jeden Augenblick die Erde aufreißen würde und Himmel, Meer und Welt in einen Feuerball verwandelte, in ein Inferno von glühender Asche, zuckenden Blitzen und flüssiger Lava, die breiig den Berg hinabfließt und alles Leben auslöscht zu erstarrendem Urgestein.

Im Hintergrund der großen Höhle drückte sich eine Gruppe Nonnen an den Felsen. Laut beteten sie in ihrer schönen, singenden griechischen Sprache. Ein Mönch mit einem langen, über die Brust wallenden Bart, gehüllt in eine schwarze Kutte mit großer Kapuze, sprach die Gebete vor. Nahe dem Eingang stand ein amerikanisches Ehepaar. Sie – bleich, groß, geschminkt, in einem dünnen Nylonkleid – lehnte an ihrem Mann, der den Panamahut in den Nacken geschoben hatte und noch an seinem Stieleis leckte. »Wie in San Francisco«, sagte er laut, damit es jeder höre. »Da riß die Erde auf und stürzte eine ganze Stadt ein! Und hinterher brannte sie noch! Dagegen ist das hier ein Kinderspiel!«

Franz Krone drückte die weinende Gloria noch enger an sich, als müsse er sie auch schützen vor diesen Menschen, die zusammengepfercht einem unbekannten Schicksal gegenüberstanden.

Die Nonnen begannen leise zu singen. Ein französisches Paar, auf der Hochzeitsreise sicherlich, stand auf der anderen Seite der Höhle und küßte sich, als nähme es Abschied.

Der Berg aber schwankte und schrie von innen heraus.

Durch den Eingang der Höhle quollen neue Menschen, verstört mit angstvoll verzerrten Gesichtern. Einige bluteten. Sie stolperten in die Höhle und sanken an den Wänden einfach auf den nassen Boden.

»Draußen ist die Hölle los!« sagte ein schweratmender Mann in staubigem, zerrissenen Arbeitszeug. »Ich arbeitete gerade im Steinbruch, da grollt der Berg... Ich starre empor und sehe, wie der ganze

Bruch aufgerissen wird, wie der Berg auf mich fällt. Ich renne... Ich weiß nicht, wie ich gerannt bin... Der Berg kam mir nach... Ich fiel hin, bin auf allen vieren weitergekrochen, und dann habe ich Staub geschluckt – pfui Teufel –, und ein dicker Stein fiel mir in den Rükken. Aber der Bruch hat mich nicht bekommen... Als er herunterkam, war ich schon fort. Der ganze Berg – einfach umgefallen! Mein Gott, und es war nur der Anfang.«

Neue Stöße durchzogen die Erde, schreiend hielten sich die Menschen an den Felswänden fest, der Amerikaner hatte sein Eis weggeworfen und umfaßte seine Frau, die Franzosen schlossen die Augen und schmiegten sich aneinander, gemeinsam zu sterben. Die Nonnen lagen auf den Knien und beteten, der bärtige Mönch schlug unentwegt das Kreuz und segnete die Frauen und Männer, die auf den Knien zu ihm rutschten und um die Gnade Gottes flehten.

Ein Schrei durchgellte die Höhle. Der Berg schien ineinanderzusinken, die Wände der Höhle bogen sich nach innen. »Das Ende«, dachte Franz Krone. »Das ist das Ende.« Er faßte unter das Kinn Glorias und hob ihr tränennasses Gesicht empor.

»Ich habe dich wirklich geliebt«, sagte er mit leiser, schwankender Stimme. »Du sollst es wissen, Gloria – ich war wirklich glücklich.«

Er küßte sie, mit geschlossenen Augen, während die Erde unter ihm schwankte und seinen Körper durchbebte. Dann standen sie eng umschlungen an der nassen Wand und erwarteten das Ende.

Der Berg brach zusammen. Staub quoll vom Ausgang her, der Amerikaner kam in die Höhle gestürzt, graugelb, mit irrem Blick. »Wir sind verschüttet!« brüllte er. »Der Ausgang ist zu! Wir werden alle ersticken!« Er riß das Hemd auf, als spüre er schon die Atemnot, und trommelte gegen die Felswand. »Ich will nicht sterben!« schrie er grell. »Ich gebe eine Million Dollar, wenn ihr mich hier herausholt! Eine Million! Luft! Luft!«

Sein Schreien brach sich in der weiten Höhle. Die Nonnen schwiegen. Die griechischen Führer und Landleute knieten vor dem Mönch und hatten die Köpfe gesenkt.

»Gib uns deinen letzten Segen, Bruder«, sagte einer der Bauern. Seine Stimme war fest. Er bekreuzigte sich und beugte das Haupt tief auf die Hände. Der bärtige Mönch hob beide Arme.

»Keinen Segen!« heulte der Amerikaner und stürzte auf den Mönch zu. Er riß ihn an der Kutte herum, in seinen irren Augen stand das Grauen. »Ich baue euch eine neue Kirche, eine ganze neue Kirche, ein neues Kloster, wenn ihr mich rettet! Wenn euer Gott mich hier herausläßt! Ruft doch Gott! Ruft doch! Schreit nach ihm! Er muß doch helfen! Ich bin doch unschuldig, ich habe nichts getan, ich war immer ein guter Mensch... Warum soll ich ersticken? Eine neue Kirche und ein neues Kloster! Aber helft mir doch, helft mir...« Er sank wimmernd zur Erde und wälzte sich in Krämpfen auf dem feuchten Boden.

Das Licht der wenigen Taschenlampen geisterte über die Wände. Es huschte über verzerrte Gesichter, über gesenkte Köpfe, über betende Nonnen und einen hochaufgerichteten, segnenden Mönch.

Die Luft wurde dünner, die Menschen glaubten es wenigstens zu fühlen. Es war, als hielten sie plötzlich den Atem an, als könne man hören, wie die Luft weniger würde. Auch der Berg schwieg, die Erde grollte nicht mehr, die Felsen standen.

Da brach das Menschliche zusammen in einem Schrei nach Leben. Die Männer stürzten zum Ausgang, sie rissen die Frauen nieder, sie stießen die Kinder zur Seite, die schreiend im Dunkeln saßen, sie stießen sich gegenseitig vom Ausgang fort und versuchten, die Felsen, die den Weg versperrten, fortzuziehen. Ein großer Italiener stand am Ausgang, man hatte ihn vorher nicht bemerkt, weil er im Hintergrund der Höhle gekauert hatte. Jetzt stand er, die Beine gespreizt auf den Boden gestemmt, vor dem Ausgang, in der Hand eine Pistole. Seine Augen waren hart, flimmernd im Licht der Lampen, die ihn plötzlich anstrahlten.

»Zurück!« schrie er. »Wer sich dem Ausgang nähert, wird erschossen!« Jetzt sah man, daß drei andere Italiener, die zu ihm gehörten, an den versperrenden Felsen arbeiteten und die Steine einfach hinein in die Höhle warfen.

»Wir wollen hinaus!« schrie der Amerikaner. Er wollte vorstürzen, aber der Franzose, der bis jetzt seine Frau umarmt hatte, hielt ihn fest.

»Erst wir!« sagte der große Italiener laut. Dabei richtete er seine Waffe auf den Amerikaner. Aus dem Hintergrund der Höhle drängten neue Menschen nach vorn. Jetzt erst sah man, wie viele in den Felsen Zuflucht gesucht hatten. Sie rannten zum Ausgang und standen dann, mit geballten Fäusten, vor dem Italiener, der ruhig seine Waffe hielt. »Der erste, der auf mich zutritt, wird niedergeknallt!« schrie er laut. Und zu den arbeitenden Männern gewandt, rief er: »Macht schnell, Jungens – nur ein kleines Loch, daß wir durchkommen. Mögen die anderen vor die Hunde gehen!«

Schreie der Entrüstung brachen aus der Menge, und die Masse der Eingeschlossenen sprang nach vorn. Ein Schuß bellte auf. Der Mönch, der sich nach vorn gedrängt hatte, um dem Italiener zuzureden, faßte sich an die Schulter und fiel in die Arme des Amerikaners. »Zurück!« schrie der Italiener, dann schoß er wieder, zweimal, dreimal, in die anstürmende Menge hinein. Schreien und Stöhnen erfüllte die Höhle, die Taschenlampen erloschen, und in der Dunkelheit brach die Hölle aus und wurde der Mensch zur Bestie, die sich selbst zerfleischt.

In diesem Augenblick der Panik ertönte wie aus einer fremden, fernen, fast schon jenseitigen Welt eine Stimme.

Eine klare, triumphierende, die Weite der Höhle erfüllende und von den Wänden zurückspringende Stimme. Und diese Stimme sang eine Arie, eine Opernarie inmitten grenzenlosen Grauens, umgeben von tierhaft gewordenen Menschen, die nach Luft kämpften und wahnwitzig in die Pistole des Mörders am Eingang rannten. Die Stimme übertönte selbst das Stöhnen der Verwundeten, das hysterische Kreischen des Amerikaners und das jetzt verstummende Murmeln und Singen der Nonnen im Hintergrund der weiten Höhle.

Einen Augenblick war es, als wolle die Hysterie der Menge von neuem ausbrechen, als die Stimme zu singen begann, dann ebbte der Lärm ab, und die Dunkelheit wurde still, nur unterbrochen vom Wimmern der Verwundeten. Die Menschen lauschten, der Schrekken, die irrsinnig machende Angst, der Schrei nach Luft fiel von ihnen, indem sie sich in der Dunkelheit besannen und sich einhüllen ließen in die Töne, die von allen Ecken der Höhle auf sie niederstürzten.

»Land so wunderbar...« aus der »Afrikanerin« von Meyerbeer. Und dann, ohne Pause, die Erschütterung ausnutzend, »Sei mir gegrüßt, du heil'ge Stätte« aus dem »Faust« von Gounod.

Franz Krone stand an der Wand der Höhle, Gloria noch immer umfassend, und sang mit geschlossenen Augen. »Nicht aufhören«, durchfuhr es ihn. »Singen, singen, weitersingen... Du mußt ihnen die Angst nehmen, du mußt sie wieder Menschen werden lassen, du mußt ihnen die Vernunft zurückbringen in diese Gehirne, die verwirrt sind vom Schrecken.« Und während er sang und die Eingeschlossenen schon beruhigter und dann ergriffen seiner Stimme lauschten, arbeiteten am Ausgang ein Dutzend Männer mit nacktem Oberkörper, schleppten die Steine weg, gruben mit den Händen und wühlten sich hinaus ins Freie, an die Luft, in die Sonne, in das Leben.

Ein Schrei vom Ausgang her unterbrach die Arie. »Licht!« schrie einer der Grabenden. »Wir sehen Licht! Noch eine Stunde, und wir haben es geschafft! Weitersingen!«

Und Franz Krone sang. Er sang italienische Volkslieder, deutsche Lieder, dann wieder eine Arie, ein neapolitanisches Ständchen, den »Postillon von Lonjumeau«. Die eingeschlossenen Menschen, schwitzend, mit der knapper werdenden Luft ringend, klatschten, als er diese Arie beendet hatte, der Amerikaner hatte sich beruhigt und verband mit dem Franzosen den schwer verletzten Mönch. Noch immer stand der große Italiener an dem von Steinen übersäten Ausgang, aber er hielt die Pistole auf den Boden gerichtet und sah zu, wie die Männer schweißgebadet das Tor zum Leben freigruben.

Ein Lichtstrahl fiel in die Höhle, jubelnd begrüßt. Die Männer arbeiteten mit keuchenden Lungen – wo Licht ist, ist auch Luft! Ein schwerer Felsblock fiel in die Höhle. »Vorsicht!« brüllte jemand. Er rollte bis in die Mitte der Höhle und streifte eine Frau, die aufkreischte.

»Wir haben es!« rief jemand vom Ausgang her. »Die Frauen und Kinder zuerst...« Der Italiener hob wieder die Pistole. »Wenn sich ein Mann dazwischendrängt, schieße ich!« sagte er laut. Wieder polterten Steine in die Höhle, der Lichtschein wurde stärker, es war auch, als erneuere sich die Luft, als weiche der Druck von den Lungen und den wild schlagenden Herzen.

Langsam gingen die Frauen an Franz Krone vorbei. Sie nickten ihm zu, sie gaben ihm die Hand, dann krochen sie über die Steine und zwängten sich durch das Loch in die Sonne hinaus, in die herrliche, reine Luft, in der noch der salzige Gischt des Meeres lag.

Als die Frauen und Kinder die Höhle verlassen hatten, wurden die Verwundeten hinausgeschoben, dann folgten sie hintereinander, der Amerikaner, der Franzose, die griechischen Bauern, die Fremdenführer, die Italiener, die Steinbrucharbeiter und als einer der letzten Franz Krone und Gloria, die nicht von seiner Seite gewichen und es abgelehnt hatte, zuerst mit den Frauen hinauszugehen.

Als Franz Krone hinaus in die Sonne kroch, blinzelnd, verschmutzt, am Ende seiner Kräfte, und sich an den Felsen lehnte, tief, tief Atem holend, trat ein Mann an ihn heran, der ihm vorher in der Höhle gegenübergestanden hatte. Auch er war mit Staub überzogen, sein weißes Seidenhemd war aufgerissen, seine Haare hingen verklebt in dem schweißigen Gesicht.

Der Unbekannte nahm die Hand Krones und sagte in einem etwas singenden Englisch, das den Italiener verriet: »Ich danke Ihnen – ich danke Ihnen herzlichst. Ohne Sie wären wir ein Haufen Wahnsinniger geworden, die sich gegenseitig umgebracht hätten. Ihre Stimme hat uns das Leben gerettet.« Er stockte, ehe er weitersprach. »Wer sind Sie, mein Herr?!«

»Franz Krone.«

»Ein Deutscher?«

»Ja.«

»Ich bin Pietro Caricacci. Sie haben eine wunderbare Stimme, aber ich werde den größten Sänger unserer Zeit aus Ihnen machen! Ich lade Sie ein nach Rom in mein Institut.«

Franz Krone hatte ein heißer Schreck durchzuckt, als der Fremde sich als Caricacci vorstellte. Blitzartig kam ihm eine Szene in den Sinn, die er in Köln bei Professor Glatt erlebte. Er hatte einmal »Bohème« gesungen, immer und immer wieder die Arie des Rudolf aus dem ersten Akt. Und Glatt hatte beifällig genickt und gesagt: »Sehr schön, Krone, Hier hört meine Kunst auf. Nur einer könnte noch mehr aus Ihnen machen – Caricacci. Aber den werden Sie nie bezahlen können.«

Caricacci. Der Mann mit dem zerrissenen Hemd, mit dem Staubbrei im Gesicht, mit den zerfetzten Hosen, soeben aus einer Höhle gekrochen, die ein großes Grab werden sollte.

»Ich werde das nicht können«, sagte Krone langsam. »Ich…«

Aber Caricacci winkte ab. »Machen Sie sich keine Sorgen. Ich komme morgen zu Ihnen und bespreche alles weitere. Wo wohnen Sie?«

»In Nauplion. Hotel Royal.«

»Ich werde morgen kommen. Sie haben ein Engagement?«

»Ja.« Krone sah zu Boden. Er schämte sich, es jetzt in diesem Augenblick zu sagen. Es würgte ihn in der Kehle, aber er stieß es doch hervor wie einen gequälten Schrei: »In einer Jazzkapelle.«

»In einer…« Caricacci biß sich auf die Lippen und sah hinüber zu Gloria, die bei dem verwundeten Mönch kniete und ihm Wasser zwischen die bärtigen Lippen goß. »Wir sprechen morgen darüber! Ich bin um halb vier bei Ihnen im Hotel.« Er gab Krone die Hand und drückte sie fest. »In einer Jazzkapelle«, sagte er leise und schüttelte den Kopf. »Die Menschheit ist nicht nur blind, sie ist auch taub geworden.«

Mit großen Schritten eilte er die Uferstraße entlang. Irgendwo mußte sein Wagen stehen, wenn ihn die Felsen nicht zertrümmert hatten.

Auf einem Felsblock saß der Amerikaner und schrieb einen Scheck aus. Seine Frau stand neben ihm, weinend und immer wieder sein Haar streichelnd. Er schrieb in den Scheck eine hohe Zahl, dann ging er damit zu dem verletzten Mönch und drückte ihm das Papier in die Hand. »Ich halte mein Versprechen«, sagte er leise. »Bruder, bauen Sie zur Ehre Gottes ein neues Kloster.«

Am Ausgang der Höhle, als letzter, stand noch immer der große Italiener, die Pistole in der Hand. Er musterte die Menschen, die zwischen den Felstrümmern standen, er wartete darauf, daß sie sich auf ihn stürzten und ihn der Polizei übergaben. Und er war entschlossen, sich nicht zu wehren; das sah man, wie er die Pistole in der Hand hielt, so, als wisse er gar nicht, daß er sie in der Hand trug.

Aber niemand beachtete ihn. Die griechischen Steinbrucharbeiter und Bauern nahmen die Verletzten auf ihre Schultern und schleppten sie der Straße zu, wo vor dem Erdbeben zwei Touristenomnibusse geparkt hatten. Ein Fahrzeug hatte sich von den Bremsen gelöst und war während des Erdbebens die steile Uferstraße hinabgerollt, über die Klippen gestürzt und unten im Gischt des Meeres zerschellt. In den anderen Bus war ein Felsbrocken geschleudert worden, hatte das Dach zerschlagen und lag nun auf den Ledersitzen. Er war sonst nicht beschädigt, und man lud die Verletzten in den Wagen und fuhr sie schnell zurück in die Stadt, in eine halb vernichtete Stadt, unter deren Haustrümmern die Verschütteten wimmerten und die Toten am Rande der Straße lagen, nebeneinander aufgereiht, mit weißen Laken den Blicken verdeckt. Militär sperrte die ganze Gegend ab, aus Nauplion und Korinth rasten über die Staatsstraße die Wagen der Ärzte heran, die fahrbaren Ambulanzen, die Rettungswagen der Armee und die Zelte der Feldlazarette mit ihren Sanitätern und Militärärzten.

Franz Krone stand neben Gloria an dem kleinen blauen Wagen, der die Naturkatastrophe überstanden hatte. Der Himmel über ihnen war blau, das Meer schäumte an die Klippen, die Felsen staubten, und das weite, erregende, wundervolle Rund des Theaters von Epidauros schob sich in den Himmel den Berg hinauf.

»Als wenn nichts gewesen wäre«, sagte Franz Krone leise. »Und doch wird ab heute alles anders sein…«

Gloria verstand ihn nicht, und er vermied es, ihr die Worte zu erklären.

»Caricacci wird morgen kommen«, dachte er. »Was keiner vermag – er wird es können: Er wird mich der Oper zurückgeben, und ich werde meine Ehre wiederhaben vor Dr. Fischer, vor Professor Glatt und vor Greta.«

Greta…

Er atmete tief auf und umfaßte Gloria. »Laß uns schnell fahren«, sagte er hastig. »Ich möchte weg von hier.«

»Caricacci«, dachte er. »Keiner wird es wagen, mich zurückzuweisen, wenn ich von Caricacci komme. Ich werde wieder singen dürfen, wirklich singen…«

Er schrak zusammen, als neben ihm der Motor aufbrummte, und stieg neben Gloria in den kleinen blauen Wagen.

In Nauplion hatte man die Erdstöße deutlich vernommen – auch hier waren einige Häuser eingestürzt, und Rettungstrupps bargen die Toten und Verletzten. Jackie John saß zerknirscht in seiner Bar auf einem Hocker und sah Gloria und Franz wie hilflos entgegen.

»Dieses Griechenland!« stöhnte er, als er Gloria und Krone so verschmutzt und zerrissen hereinkommen sah. »Hätte ich dieses Land doch nie gesehen! Schluß ist es mit der Tournee! Staatstrauer! Eine Woche! Keine Konzerte, kein Tanz! Ist es nicht genug, daß die Erde wackelt? Jetzt müssen sie auch noch die Musiker arbeitslos machen!« Er kippte einen doppelten Kognak hinunter und schnalzte mit der Zunge. »Wir bauen ab, Kinder. Wir fahren zurück nach Jugoslawien. In Dubrownik kann ich jederzeit spielen! Dort ist noch Badesaison! Da rollen die Zechinen! Aber hier… Trümmer von zweitausend Jahren, und dann noch neue dazu?! Mir reicht's… Da konnte ich auch in Deutschland bleiben. Da haben die Trümmer wenigstens noch einen politischen Sinn!«

Er lachte über seine eigenen Worte und reichte das Glas dem Mixer zurück. »Noch einen, Jim!« rief er. »Ich muß mich heute besaufen! Einen klassischen Suff à la Bacchus! Und dann kann mich das ganze Land…« Er winkte ab, als Gloria etwas sagen wollte, und nickte. »Ich bin ein höflicher Mensch, Schwesterchen, ich sage es nicht! Ich denke es bloß, ganz leise denke ich es… Prost! Und noch einen, Jim…«

»Er ist schon betrunken. Gehen wir, Franz.« Gloria wandte sich ab und ging die breite Treppe hinauf auf ihr Zimmer. Franz Krone folgte ihr, nachdem er schnell noch einen Kognak im Vorbeigehen getrunken hatte. »Ich brauche Mut«, dachte er. »Ich muß Gloria sagen, wer Caricacci ist und was er morgen von mir will. Es wird schwer für sie sein – aber ich werde sie nachholen, wenn ich erst wieder auf einer Opernbühne stehe und mich emporsinge in die Welt, die ich einmal als Feigling verraten habe.«

Er schloß hinter sich die Zimmertür und betrachtete Gloria, wie sie sich das Kleid über den Kopf zog und tief Luft holend die Arme weit von sich streckte.

»Es ist, als habe ich das alles geträumt«, sagte sie leise, als sie Franz an der Tür stehen sah. »Jetzt weiß ich auch endlich, wer du bist.«

»Ja?«

»Ja. Du bist ein ganz großer Sänger. Einer der berühmten. Nur warum du bei uns bist und Blues singst, das weiß ich nicht. Aber du wirst es mir sagen…«

»Gloria…« Franz Krone schluckte. Es fiel ihm schwer, ihr jetzt zu sagen, was er sagen mußte. »Gloria –« Er stockte wieder und sah zu Boden.

»Was hast du, Franz?« Sie kam auf ihn zu und legte ihm die Hand um den Hals. Zärtlich küßte sie seine Stirn. Er nahm ihren Arm und schob ihn zurück – sie fühlte, wie seine Hand dabei zitterte.

»Mach es mir nicht zu schwer, Gloria…«, sagte er leise.

»Was hast du?« fragte sie ängstlich.

»Es wird ab morgen alles anders werden, Gloria. Du wirst mit Jackie und der Band nach Dubrownik fahren, und ich… Ich…«

Er schwieg wieder. Gloria sah ihn mit großen, ungläubigen Augen an, in denen bereits die Angst vor dem Verstehen seiner Worte lag.

»Und du…?« flüsterte sie.

»Ich werde nach Rom gehen…«, würgte er hervor.

»Nach… Rom…?«

»Ja. Professor Caricacci wird mir die Chance geben, wieder in einer Oper zu singen. Ich werde dorthin zurückkehren, woher ich gekommen bin…«

»Auf die Bank bei Linz?« sagte Gloria bitter. »Verhungert und verkommen?«

»Das war nur der Tiefststand meines Lebens. Du weißt nicht, was gewesen ist, wie schrecklich mich damals das Schicksal schlug. Ein Schicksal, das ich selbst heraufbeschworen hatte und dessen Konsequenzen ich aus Feigheit nicht tragen wollte. Ich wurde dafür geschlagen, ich habe gebüßt für diese Feigheit... Und dann traf ich dich, und mein Leben begann wieder einen Sinn zu bekommen – auch wenn ich statt Verdi einen Niggersong kreierte und mich Jakkies Trompete manchmal verrückt werden ließ. Aber ich konnte wieder singen, ich konnte wieder lieben... Und ich liebe dich, Gloria, ich habe dich schon in Wien geliebt. Du bist ein guter Kerl...«

»Das soll ein Abschied sein?« Gloria Marina lächelte schwach. »Ein Händedruck... Bist ein guter Kerl... Wie man zu einem Pferd sagt, das gut über siebzehn Hindernisse gesprungen ist und den Reiter zur Meisterschaft brachte. Zuckerstückchen, eine Mohrrübe, und dann ab in den Stall. Vielleicht noch einen Schlag auf die Kruppe...« Sie drehte sich herum und bückte sich. »Bitte... Das fehlt noch zum guten Kerl...«

»Gloria...«, stammelte Franz hilflos. »Mach es mir doch nicht zu schwer...«

»Dir zu schwer... Dir... Immer nur du! Und wer denkt an mich? Habe ich dich nicht geliebt?« Sie sprang vor und prallte gegen ihn, sich an seinem offenen, zerrissenen, schmutzigen Hemd festkrallend. »Warum hast du uns aus der Höhle gerettet?« schrie sie. »Es wäre besser gewesen, wir wären erstickt... Wir beide... Dann hätte ich dich behalten, dann wärst du mein geblieben für alle Zeiten...«

»Gloria! Wie kannst du das sagen?!« rief Franz entsetzt. »Ich werde dich nachholen, sobald ich die Oper erobert habe.«

»Sprich nicht solch eine Dummheit!« schrie sie. »Du glaubst es ja selbst nicht! Du belügst dich ja selbst! Wenn du fort bist, in Rom oder Neapel oder Mailand, und ich singe in Barcelona oder Rotterdam oder Lissabon – da soll es noch einen Weg zueinander geben, eine Straße, eine Brücke, auf der wir uns begegnen?! Aus ist es, endgültig aus! Das weißt du so gut wie ich! Wir gehen auseinander und wissen, daß wir uns nie wiedersehen... Vielleicht hören wir voneinander... ›Der große Tenor‹, steht dann in den Zeitungen. Oder: ›Jackies Band spielt ‚Rhythmen der Nacht‘.‹ Oder: ›Triumph einer Stimme! Der neue Caruso!‹ Mehr werden wir nicht hören, und wir werden uns vergessen, weil das Leben eben weitergeht! Das ist es, das allein! Darum rede mir nicht von Nachholen und Liebe und

Nichtvergessen!« Und plötzlich schrie sie und hielt sich dabei die Ohren zu. »Hör auf damit! Ich kann es nicht mehr hören, diese Lügen, diese Lügen…«

Ihr Gesicht war verzerrt, die langen, schwarzen Haare hingen ihr wirr über die Augen. Ihre blasse Haut schien von innen heraus zu leuchten, zu phosphoreszieren vor unheimlicher, flammender Erregung. Ihre Augen waren weit, starr und fast gläsern wie bei einer Tetanuskranken oder bei einer Rauschgiftsüchtigen im Kulminationspunkt der Trance.

»Du glaubst mir nicht?« sagte Franz Krone schwach.

»Nein! Nein! Nein!« schrie sie wild. »Warum stehst du noch hier herum? Geh doch! Geh! ›Bist ein guter Kerl‹, hast du gesagt. Hast liebevoll gelogen… Dem Pferd auf die Kruppe hauen wolltest du nicht… Vielleicht hast du ein Zuckerstückchen zu verteilen…?«

»Ich habe gedacht, du würdest mich verstehen!« sagte Krone erschüttert. »Ich habe einen Augenblick geglaubt, du könntest ermessen, was die Bekanntschaft mit Caricacci für mich bedeutet, für mich und dich! Ich habe bis jetzt geglaubt, daß du mich so liebst, um auch Opfer bringen zu können, gerade jetzt, wo es um meine ganze Zukunft geht, um ein Wiederfinden des wirklichen Lebens. Aber ich habe mich getäuscht – du bist nur egoistisch, sonst nichts.«

»Das mußt du mir sagen, du mir?!« Sie stürzte auf ihn zu. Plötzlich stand sie vor ihm, klein, katzenhaft, umflattert von den wilden, schwarzen Haaren. Ihre Augen waren übergroß geweitet, sie flakkerten… »Du! Du!« schrie sie, immer und immer wieder, und bei jedem Du schlug sie zu, schlug Franz Krone ins Gesicht mit ihrer kleinen, zarten Hand, die so zärtlich streicheln konnte.

Krone nahm die Schläge hin. Er schloß die Augen und ertrug es, ohne den Kopf zur Seite zu nehmen, ohne ihr die Hand einfach festzuhalten.

»Warum wehrst du dich nicht?!« schrie sie außer sich vor Zorn. »Warum hältst du mich nicht fest? Warum erwürgst du mich denn nicht?! Sieh, ich schlage dich… Ich schlage… Ich schlage dich… Töte mich doch, du Feigling, erwürge mich doch… Ich halte still… Ich will ja sterben… Ich will, daß du mich tötest!«

Da nahm er ihre Hand, ihre plötzlich schlaffe, kleine, leichte Hand, und ließ sie von seinem Gesicht fallen. Stumm wandte er sich ab und verließ den Raum. Als er die Tür hinter sich zuzog, hörte er, wie Gloria mit den Fäusten gegen die Wand trommelte und Worte schrie, die er nicht mehr verstand.

Er ging auf sein Zimmer und schloß sich ein. Die Hände vor die Augen gelegt, saß er am Fenster und bekämpfte die Regung, zu weinen wie ein Kind.

Draußen, auf der Straße, gellten die Hupen der Rettungswagen, die in rasender Fahrt noch immer nach Epidauros fuhren, um die Verletzten und Toten am Golf von Ägina zu bergen.

Unten, in der Bar, lallte Jackie John und wurde von dem Mixer die Treppen hinaufgeschleift. Der Radiosprecher des Rundfunks gab die ersten Berichte und Verlustzahlen des Erdbebens durch.

Hubschrauber landeten in den Felsschluchten, um Verschüttete zu suchen.

In ihrem Zimmer lag Gloria auf dem breiten Bett und weinte. Sie lag mit dem Gesicht in den Kissen, auf dem Bauch, und ihr Körper wurde vom Schluchzen hin und her geschüttelt.

In diesen Minuten, in denen die Vielfältigkeit des Lebens sich hektisch steigerte, ging auch ein Telegramm hinaus nach Rom, Via San Giorgio 34, Conservatorium Caricacci.

»Bringe übermorgen größten Sänger mit stop Richtet Zimmer her stop Benachrichtigt Giulio stop Caricacci.«

Und das Telegramm flog in die Welt hinaus mit der Nachricht von dem schrecklichen Erdbeben von Argolis, dem bis zu dieser Stunde 347 Menschen zum Opfer gefallen waren.

In Köln lebte unterdessen Greta Sanden ihr beschauliches, einfaches und geordnetes Leben weiter. Das Rätsel um das plötzliche Verschwinden Franz Krones hatte sie in den ersten Wochen sehr erregt und seelisch aus der Bahn geworfen. Sie war mit Professor Glatt, der für alles nur ein verständnisloses Kopfschütteln hatte, zurück nach Köln gefahren, die ganze Strecke vor sich hinweinend, still, nach vorn gebeugt, ihren Schmerz in sich hineinpressend. Glatt hatte sie in Köln mit einer Taxe nach Hause gebracht und einen ihm bekannten Arzt angerufen, der noch am Abend kam und die aufgelöste Greta mit einer Herzmittelinjektion beruhigte. »Überschlafen Sie erst einmal alles, mein Fräulein«, sagte der alte Arzt gütig. »Wenn morgen die Sonne scheint, sieht alles anders aus. Der Mensch kann vieles ertragen – da ist eine enttäuschte Liebe ein sehr kleiner Schmerz. Vor allem ist er schneller zu heilen als ein gebrochenes Bein. Schlafen Sie erst einmal ganz ruhig, bis in den späten Morgen hinein. Und dann fahren Sie mal vierzehn Tage woanders hin, an die See, in die Heide, ins Gebirge, lernen Sie neue Menschen kennen, amüsieren Sie sich, tanzen Sie mal, lachen Sie … Warum einem einzigen Menschen nachtrauern, wo tausend anständige noch zu haben sind?! Denn dieser ist es bestimmt nicht wert …«

»Das dürfen Sie nicht sagen …« Greta richtete sich im Bett auf und sah den alten Arzt flehend an. »Franz ist nicht schlecht! Irgend etwas hat ihn aus der Bahn geworfen – er war an diesem Abend plötzlich ein anderer Mann … Er war so fremd, so verstört …«

»Und die … andere Frau?«

»Sie war seine Partnerin in der Oper.«

»Das alte Lied«, nickte der alte Arzt. »Sie hat ihn auch nicht gefunden?«

»Nein. Der Intendant, den wir später besuchten, war ratlos. Franz war nirgends zu finden. Auch ein Aufruf in den Münchener Zeitungen und durch den Sender München, den Professor Glatt vorgeschlagen hatte, war ohne Ergebnis.« Sie weinte wieder und ließ sich in die Kissen zurückfallen, die Hände vor die brennenden Augen schlagend. »Ich habe solche Angst um ihn«, stammelte sie.

»Sie lieben ihn noch immer?«

Sie nickte unter den Händen und drehte dann das Gesicht zur Seite, als wollte sie schlafen. Der alte Arzt erhob sich und packte seine Tasche zusammen.

»Fahren Sie weg!« sagte er noch einmal eindringlich. »Gehen Sie hinaus in das Leben. Erholen Sie sich von dem seelischen Schock. Auf Wiedersehen – ich komme morgen wieder. So lange bleiben Sie schön hübsch im Bett. Verstanden?«

»Ja, Herr Doktor.«

Dann war sie allein, und die Gedanken stürmten wieder auf sie ein und quälten sie ärger als größte körperliche Schmerzen: Sandra Belora mit ihrem weißen Wagen, der letzte Brief mit der Bitte, nicht nach München zu kommen, der schreckliche Abend mit Franz in der Staatsoper und dann sein jähes Verschwinden, das unerklärlicher war als alles, was sie in diesen Stunden nicht zu begreifen vermochte.

Zwei Tage später war Greta Sanden an die See gefahren, nach Timmendorf an der Ostsee.

Da es die Nachsaison war, hatte sie ein schönes, großes Zimmer mit einem Balkon zum Meer hinaus erhalten. Der weißgelbe Sand des Strandes war nicht mehr übervölkert. In wundervoller Ruhe konnte sie sich in ihrer Burg vor dem breiten Liegekorb auf dem Bademantel sonnen, und wenn gegen Mittag von der Muschel des Kurgartens aus das Promenadenkonzert erklang und die Töne über den Sand flogen, schloß sie die Augen und genoß in vollen Zügen die beruhigende Stille des Strandes, die das Rauschen des Meeres unterbrach und sie wie auf Wellen wegtrug aus der lauten Welt in ein Reich sonnendurchwärmter Träume und der Zufriedenheit.

Während dieser Tage in Timmendorf lernte Greta einen jungen Mann kennen, einen Jura-Assessor aus Kiel. Sie begegneten sich beim Tanz auf der Seeterrasse, an einem Abend, der etwas bedeckt war und nach Regen aussah.

Sie tanzten den ganzen Abend miteinander, er bat, an ihrem Tisch Platz nehmen zu dürfen, und dann erzählte er von seinen Fahrten nach Italien, Spanien und Norwegen und seinem Elternhaus, einer Apotheke im Herzen von Kiel.

Er war ein fröhlicher, blonder, lebenslustiger und weitgereister Mann, der zu plaudern verstand und etwas schüchtern bat, Greta wiedersehen zu dürfen, als er sie nach Hause zur Pension brachte und sich an dem Vorgarten des Hauses von ihr mit einer schönen Verbeugung verabschiedete.

Er war so ganz anders als Franz Krone, aufgeschlossen und lustig, ein Mensch auf der Sonnenseite des Lebens, der auch den Mut nicht verlor, wenn es einmal regnete oder gar donnerte und blitzte. Er stand kurz vor seiner Promotion zum Dr. jur. und arbeitete selbst in Timmendorf auf seinem Hotelzimmer an seiner Dissertation über Rechtsprobleme im Kommunalwesen.

Greta Sanden gewann diesen fröhlichen Menschen lieb. Sie wanderten zusammen die Küste entlang durch die schattigen Wälder, sie standen auch an dem hohen Stacheldrahtzaun, der die Ostzone Deutschlands von der Westzone trennt, und blickten hinüber auf die stillen Häuser und den kaum belebten, verödeten Strand der mecklenburgischen Küste, über den nur ab und zu, von einem der Wachttürme kommend, ein Vopo mit umgehängter Maschinenpistole patrouillierte und es vermied, hinüberzublicken auf den fröhlichen, von Menschen wimmelnden und mit bunten Fähnchen geschmückten Badestrand von Timmendorf. Hier stießen zwei Welten aufeinander, und es war Greta, als sei sie eben aus dieser dumpfen, leeren und hoffnungslosen Welt jenseits des hohen Stacheldrahtzaunes gekommen und müsse nach ein paar Tagen dorthin zurück. Bedrückt senkte sie den Kopf.

»Was haben Sie?« fragte der Assessor. »Sie sind plötzlich so traurig. Sie paßt gar nicht zu Ihnen, diese Wehmut. Sie sind ein Mensch, der immer lachen sollte. Wenn Sie lachen, haben Sie Grübchen in den Wangen – wissen Sie das? Das sieht entzückend aus. Sie sind zum Lachen geboren. Und jetzt so traurig? Haben Sie Verwandte in der Ostzone?«

Greta schüttelte den Kopf und wandte sich zum Gehen.

»Ich dachte an etwas anderes«, sagte sie leise. Und plötzlich blieb sie stehen, und ihr Gesicht überzog wirkliche Trauer. »Ich glaube, wir sind heute den letzten Tag zusammen…«

»Sie fahren morgen schon ab?« fragte er entsetzt. Seine Bestürzung war ehrlich. Er wollte Gretas Hand ergreifen und etwas sagen, aber sie ließ ihn nicht zu Wort kommen, weil sie ahnte, was er sagen würde. Und sie wollte es nicht hören, sie konnte es nicht hören, so schön es sonst gewesen wäre, gerade diesen Worten zu lauschen.

»Wir müssen uns trennen. Es war sehr schön… Ich war wirklich fröhlich – Sie haben mir die wenigen Tage Glück gebracht. Aber jetzt, wo Sie etwas sagen wollen und ich weiß, was es ist, müssen wir auseinandergehen.«

»Aber warum denn, Greta? Ich...«

Sie hob die Hand. »Sprechen Sie nicht weiter, bitte, bitte. Ich möchte die Tage in einer frohen Erinnerung behalten.« Sie gab ihm die Hand, spontan, weit vor sich hingestreckt. »Leben Sie wohl«, sagte sie. »Ich danke Ihnen für alles.«

»Sie... Sie sind – gebunden?« fragte der Assessor leise.

Greta nickte.

»Verheiratet?«

»Noch nicht. Verlobt!«

»Und Ihr Verlobter ist in Köln?«

Greta zögerte mit der Antwort, dann nickte sie. »Ja, in Köln«, sagte sie tapfer. »Wo mag er sein?« dachte sie dabei. »Noch in München? Oder versteckt er sich in den Bergen? Wovon lebt er bloß? Ob er hungern muß? Er hat doch keinen Pfennig Geld, und singen wird er nie wieder können. Jede Oper ist gewarnt worden, keiner wird ihn mehr nehmen, trotz seiner wundervollen Stimme, von der Professor Glatt sagte: ›Sie wird in dieser Vollendung nur jedes Jahrhundert einmal den Menschen geschenkt.‹«

»Warum haben Sie mir das nicht gesagt?« fragte der Assessor bitter. Er kaute an der Unterlippe und war blaß geworden trotz der Seebräune.

Greta hob hilflos die Arme. »Sie haben mich nie gefragt, und ich habe nie geglaubt, daß...« Sie unterbrach sich und schüttelte den Kopf, als wolle sie damit sagen, daß es nutzlos wäre, diese Gedanken weiterzuspinnen. »Es ist gut so, wie es jetzt ist... Leben Sie wohl...«

Der Assessor nahm Gretas Hand und drückte sie. »Ich darf Sie aber trotzdem nach Hause begleiten?« fragte er. »Als ein wirklich guter Freund?«

»Das dürfen Sie.«

Schweigsam gingen sie durch die Wälder an den Strand zurück, in das fröhliche Leben hinein, umjauchzt von ballspielenden Menschen und umweht von den Wimpeln, die an langen Schnüren die Sandburgen schmückten.

Vom Kasino herüber erklang Tanzmusik. Eine Kapelle in weißen

Anzügen spielte auf der Terrasse.

»Fünf-Uhr-Tee«, sagte der Assessor zögernd. »Wollen wir noch einmal tanzen...?«

Greta nickte. Wehmut erfüllte ihr Herz. »Ich verzichte auf das Glück, das ich schon in den Händen halte«, dachte sie. »Und was mag Franz jetzt tun? Lebt er noch? Ist es nicht sinnlos, auf ihn zu warten, auf ihn, der vielleicht nie, nie wiederkommt? Er hat mich verraten... Er ist von uns geflüchtet wie eine Memme, er hat sich abscheulich benommen. Aber ich liebe ihn... Das ist das Merkwürdige – ich liebe ihn trotzdem und werde auf ihn warten. Denn so schlecht kann er nicht sein, daß er mich ganz vergessen wird... Einmal wird er zurückkommen, und es ist ganz gleich, wie er kommt... Dann werde ich für ihn da sein und ihm die Tür öffnen, damit er dahinter Ruhe und Frieden findet.«

Sie betraten die Terrasse und suchten einen freien Tisch unter den buntgestreiften Sonnenschirmen. An der Blumenbalustrade war noch ein Platz frei. Sie setzten sich und blickten über den Strand und das leise bewegte, blaue Meer. Eine Segeljacht glitt vorüber, vor dem Bug schäumten die Wellen auf.

Ein Plakat flatterte im Wind: »Zum Abschluß der Saison Ende September spielt im Kasino die Kapelle Jackie John.«

Greta las es nicht. Jackie John – ein Name, der ihr nichts sagte. Ende September... Bis dahin würde sie längst wieder in Köln hinter der Theke stehen und Perlonunterröcke verkaufen. »Größe vierundvierzig, gnädige Frau? Bestimmt paßt sie Ihnen! Und die Spitzeneinsätze sind entzückend und unterstreichen die Büste... Jawohl, gnädige Frau... Fünfunddreißig Mark und fünfundsiebzig Pfennig... Bitte an der Kasse zu zahlen. Danke, gnädige Frau. Auf Wiedersehen...«

»Ein Eis?« fragte der Assessor.

»Ja. Bitte.«

Die Tanzkapelle spielte einen Blues. »Tanzen wir?«

Sie nickte.

»Ob Franz hungern muß?« dachte sie, als sie an dem hochgefüllten Büfett vorbeitanzten. »Wo mag er schlafen?«

Es war, als ob die Sonne erkaltete und das Meer leblos wurde wie erstarrtes Blei…

In Rom wohnte Franz Krone bei Professor Caricacci.

Seit zwei Monaten führte er wieder das asketische Leben, das er schon bei Professor Glatt durchgestanden hatte, nur mit dem Unterschied, daß Caricacci noch strenger war und seine Lehrmethode fast an die preußische Militärgrundausbildung grenzte. Nicht, daß Franz Krone, statt zu singen, durch den weiten Park der Caricacci-Villa robbte, aber zu seinem Ausbildungsprogramm gehörte jeden Morgen um sieben Uhr ein Dauerlauf durch die Campagna, das Band der Via Appia hinab, wobei ihn Caricacci auf einem Motorroller begleitete. »Luft«, sagte Caricacci immer, »Luft ist bei einem Sänger die Hauptsache! Ohne Luft ist er ein Jammerlappen! Wie wollen Sie Fermaten singen, wie wollen Sie das C über sechs ganze Töne hinweg halten, ohne mit der Stimme zu flattern, wenn Sie keine Luft haben?! Ein Boxer muß Luft für fünfzehn Runden haben… Sie müssen Luft für eine fünfstündige Oper besitzen – das sind dreieinhalb komplette Weltmeisterkämpfe im Schwergewicht! Also – avanti, avanti! Laufen, bis zum Umfallen! Und richtig atmen! Haushalten mit den Kräften! Nach einem 3000-m-Lauf müssen Sie noch den Siegfried singen können!«

Und er lief, vorbei an den Jahrhunderte alten Gräbern, an den Denkmälern versunkener Epochen, an großen Gütern hinter Pinienhainen – »ob eines davon Sandra Belora gehört?« fragte er sich beim Laufen, denn sie besaß ja ein Gut in der Campagna neben der Via Appia antica –, er lief, bis ihm der Schweiß in Strömen den Körper hinunterlief und sein Trainingsanzug durchgeschwitzt war.

Jeden Morgen, pünktlich sieben Uhr, stand Caricacci auf dem Weg und winkte oder hupte, wenn Franz noch nicht unten an der Tür wartete. Nach dem Lauf wurde ausgiebig und gut gefrühstückt, dann ausgeruht, und um halb zehn begann die Gesangsstunde, auch mit einer eigenen Methode Caricaccis, die zuerst den inneren Menschen zerbrach, um dann einen neuen, härteren und dem großen Ziel gewachsenen Menschen zu formen: Caricaccis Zeigefinger hämmerte auf dem Flügel, aber nicht die Tonleiter, sondern nur einen einzigen Ton. Immer nur diesen einen Ton, von halb zehn bis halb zwölf, zwei Stunden lang nur einen einzigen Ton, bis Franz Krone den Kopf schüttelte.

»Das macht mich verrückt!« sagte er laut und setzte sich. »Ich singe diesen widerlichen Ton schon im Traum!«

»Das ist gut, das ist sehr gut«, rief Caricacci begeistert. »So muß es sein! So und nicht anders! Sie müssen die Töne fühlen können, noch ehe der Dirigent weiß, daß er zwei Takte später einwinken muß! Und dann muß der Ton sitzen, ob Sie ihn an dem Abend dreimal oder dreitausendmal singen... Der dreitausendste Ton muß so klingen wie der erste!« Er stieß den Zeigefinger wieder auf den einen widerlichen Ton. »Los, amigo... Noch einmal mit Messa di voce...«

Und Franz Krone sang zwei Stunden lang den gleichen Ton, jeden Tag einen anderen, dann die Töne durcheinander, schließlich als Arie geformt, und Caricacci nickte zufrieden und schloß den Flügel mit einem Knall.

»In drei Wochen stelle ich Sie vor«, sagte er temperamentvoll. »Und ich wette eine Million Lire gegen eine saure Gurke, daß Sie am nächsten Tag der erste Sänger der Erde sind!«

Wenn Caricacci so sprach, war ihm dies der volle Ernst. Ein heißes Glücksgefühl durchrieselte Franz Krone. Sollte es wahr werden, daß der neue Start besser wurde als der erste Versuch, die Welt zu erobern?!

Er trat hinaus auf die breite Terrasse der Villa und blickte über den Park hinweg auf die Campagna. Hier gab es keine Sandra Belora, hier würde keine Greta sein, keine Gloria. Hier würde er auf der Bühne stehen, zweitausend Fremde vor sich, die er mit seiner Stimme in einen Taumel singen wollte, so daß sie ihm zujubeln und Blumen auf die Bühne werfen würden, ein Meer von Blumen.

Caricacci war mit seinem hellblauen Fiat-Cabriolet nach Rom gefahren. Der Nachmittag war frei, Franz Krone konnte spazierengehen, er konnte in dem Schwimmbecken der Villa baden oder auf der großen Wiese neben dem Zypressenhain auf Scheiben schießen.

Meistens lag er in einem Liegestuhl im Schatten eines großen Ölbaumes und blickte über diese stille, stolze, den unsterblichen Atem der Klassik noch in sich tragende Landschaft hinweg. Aus einem Siphon spritzte er sich Fruchtsaft in ein Glas, aß dazu einige geröstete Weißbrotschnitten und las viel in den alten, wertvollen Büchern, die einen Hauptteil der Caricaccischen Bibliothek ausmachten. Am Abend dann begann, entgegen der Methode Glatt, noch einmal der Unterricht, und zwar vor dem Abendessen. Abends mußte er keine Töne mehr singen, abends wurden die Partien geübt, die ganzen Opern, die Einsätze, Duette, Terzette, Quartette, die Arien und Rezitative. Das Repertoire des Sängers wurde gebildet. – »Sie müssen, ehe ich Sie auf die Menschheit loslasse, mindestens zehn Opern mühelos beherrschen!« sagte Caricacci einmal. »Sie müssen den üblichen Spielplan – die Standardopern – alle ohne Probe singen können, denn wie schnell müssen Sie einmal bei Erkrankungen einspringen und ohne Probe singen. Sie müssen auf die üblichen Opern voll einstudiert sein!«

So wurde jeder Abend eine intime Opernaufführung im Hause Caricacci. Zuhörer waren die Köchin, ein Zimmermädchen, der Gärtner, seine Frau, ein Gartengehilfe und zwei Borgheserhunde, die langhaarig und stolz auf dem Teppich des Musikzimmers hockten und Franz Krone mit klugen Augen ansahen.

Zwei Monate lang ging dieses Leben nun in dieser streng vorgeschriebenen Bahn, nur ab und zu unterbrochen von einem Besuch bei der »Konkurrenz«, den Sängern der Oper von Rom. Hier hörte sich Franz Krone die Opern an, die er einmal selbst singen würde... Caricacci saß neben ihm und machte ihn auf die Fehler aufmerksam, die sonst niemand bemerken würde, ein halber, falscher Ton, eine abgebrochene Fermate, weil die Luft nicht ausreichte, ein Mangel der Messa di voce, Dinge, die Franz Krone beherrschte wie alltägliche Dinge. »Sie werden diese Laffen alle von der Bühne singen, Francesco«, sagte Caricacci leise und beugte sich über den Rang der Loge vor. »Wenn Sie da unten stehen, wird das Publikum glauben, es träume. Noch vierzehn Tage, und Sie singen Giulio vor.«

»Dem Leiter der Oper?«

»Ja. Ich habe ihm bereits einige Tonbandaufnahmen von Ihnen gebracht. Sie haben es gar nicht gemerkt, daß ich Sie aufnahm – gestern noch, als Sie ›Manon‹ sangen. Das Mikrophon stand hinter einem Blumenstrauß, und im Nebenzimmer lief das Band ab.« Caricacci freute sich über das erstaunte Gesicht Krones und nickte. »Hätten Sie's gewußt, wären Sie vielleicht befangen gewesen, aber so sangen Sie wie ein junger Gott! Giulio wollte Sie schon nach dem ersten Band engagieren und konnte nur mit Gewalt zurückgehalten werden, mein Haus zu stürmen. Aber in vierzehn Tagen ist es so weit. Giulio wird zu uns kommen, und im Februar werden Sie dann dort stehen, wo Caruso, Gigli, Lauro Volpi und Tito Schipa standen: auf den Brettern der Oper von Rom!«

Im Februar!

Bis dahin waren es noch etliche Wochen, Wochen der harten Arbeit, der Selbstbezwingung, des »Terrors der Caricacci-Methode«, wie es der Gesangslehrer selbst von sich sagte. Was Professor Glatt ihm nicht geben konnte, das lernte er hier als einen der Grundbegriffe: Sicherheit, Selbstgefühl, traumwandlerisches Singen schwerster Passagen und Bezwingung einer körperlichen Schwäche, die jeder kennt, der einmal drei Stunden im heißen Licht der Scheinwerfer auf einer Bühne gestanden hat.

Der Abschied von Gloria in Nauplion war weniger erregend gewesen als der Abschied von Jackie John.

Als Franz ihm sagte, daß er nach Rom gehe, um bei Caricacci wieder den Sprung zur Opernbühne zu versuchen, hatte er zunächst nichts gesagt und den vor Schreck Gelähmten gespielt. Dann hatte er geschrien: »Mixer! Drei siebenstöckige Kognaks für mich! Ich falle um!«, um dann Franz Krone zu umarmen und zu jammern. »Was soll ich ohne dich machen, mein Junge?« rief er. »Du bist das A und O meiner Band! Mit Gloria allein bekomme ich nur Engagements in drittklassigen Bars, aber du bist Klasse! Jackie Johns Band war ein Begriff! Hier!« Er griff in die Hosentasche und holte ein Bündel zerknitterter Papiere hervor. Er hielt sie Franz unter die Nase. »Hier – Verträge nach Lissabon, Cannes, San Remo, Viareggio, Turin, Venedig! Venedig, mein Junge! Das ist der Höhepunkt der Band: Gastspiel am Lido von Juni bis September nächsten Jahres! Du bekommst tausend Emmchen von mir, wenn du bleibst! Und Gloria kannste heiraten! Ich geb' euch meinen brüderlichen Segen! Nur bleib bei uns, mein Junge!«

»Es geht nicht, Jackie.« Franz Krone nahm einen der Kognaks, die der Mixer heranschob. »Ich gehöre auf eine Opernbühne. Diese Schnulzen sind nicht mein Fall!«

»Auf der Oper machst du dich kaputt! Ein paar Jahre lang jeden Abend die Arien gekräht – mein Junge, das wirft dich um! Aber hier, unsere Schnulzen, die du singst wie weichgekautes Brot, die strengen dich nicht an und bringen dich genauso anständig durch und um die Welt wie deine Verdis oder Puccinis!«

Franz Krone mußte lächeln – er legte Jackie die Hand auf die Schulter und reichte ihm einen Kognak herüber.

»Trink, Jackie«, sagte er. »Ertränke deinen Schmerz und suche morgen einen anderen Sänger.«

»In diesem dreckigen Nauplion?! In diesem Erdbebenloch?! Ich bin pleite, wenn du gehst...« Er schluchzte auf und trank den Kognak in einem Zug leer. »Brr!« schrie er. »Sogar der Kognak ist hier Mist! Alles ist Mist! Alles! Jim – noch einen Kognak!«

Franz Krone ließ Jackie an der Bar stehen und stieg die Treppen hinauf zu dem Zimmer Glorias. Er klopfte an, aber niemand öffnete ihm. Er wartete ein wenig, dann klopfte er noch einmal, drei-, viermal hintereinander. Ein Zimmermädchen sah aus ihrem Bügelzimmer auf den Flur und schüttelte den Kopf. »Miss Gloria ist ausgegangen«, sagte es auf englisch. »Sie wollte baden...«

»Danke.«

Er stieg hinunter in die Halle, wo Jackie gerade dabei war, den Barmixer auf seine Stimme hin zu prüfen. Eigensinnig hockte er hinter dem Klavier und hielt den Mixer, der hilfesuchend um sich blickte, an der Jacke fest.

»Du kannst singen«, sagte Jackie mit glasigen Augen. »Jeder Mensch kann singen! Du auch! Und wenn du falsch singst und immer einen halben Ton tiefer oder höher, so ist das deine besondere

Note! Denk an den guten Old Louis, den Opa Armstrong! So gut kannst du es auch! Los, mon amigo... 'ne Schnulze singen muß ein Barmixer können!« Er intonierte eine Melodie. »Kennst du die?«

»Nein!« sagte der Mixer und sah flehend zu Franz Krone hin, der lachend am Ausgang der Halle stand.

»Macht nichts... Dann singste lalala... Wie die Yma Simac... Variationen eines Blues... 'ne ganz neue Masche!« Er spielte, und der Mixer sang tapfer mit einer dünnen, hellen Stimme lalala. »Wunderbar!« schrie Jackie und hieb dem Mixer auf die Schulter. »Ganz fabelhaft! Der schluchzende Mixbecher! Das gibt eine Reklame! Du trittst im Kostüm des Barkeepers auf und schüttelst die Schnulzen durcheinander! Mal was anderes! Der Blues-Cocktail... Das wird ein Welterfolg!« Er hieb mit der Faust betrunken auf die Tasten und brüllte: »Engagiert, mon amigo! Gage fünfhundert!« Dann fiel er mit dem Kopf auf das Klavier; es jammerte auf und gab schreckliche Akkorde von sich. Jackie John schlief; der Mixer ging zurück hinter seinen Bartisch und wischte sich den Schweiß von der Stirn.

Am Strand von Nauplion fand Franz Gloria nicht. Ein paar Musiker der Kapelle, die sich in der Nähe des Jachthafens sonnten, meinten, sie hätten Gloria gesehen, wie sie ein Ausflugsschiff nach Astros bestiegen habe. Aber eine sichere Auskunft war auch dies nicht.

So fuhr am nächsten Morgen Franz Krone mit Professor Caricacci nach Rom, ohne Gloria Marina noch einmal gesehen zu haben. Jakkie John lag mit einem Eisbeutel im Bett und stöhnte. Er hatte am Abend, den Franz Krone allein am Meer verbrachte, Abschied nehmend von Griechenland, ein Gespräch mit Caricacci gehabt. Als der Professor im Hotel erschien, um noch einmal mit Krone die nötigsten Dinge durchzusprechen, hatte man Jackie John mit einigen eisgekühlten Kaffees wieder so weit auf die Beine gebracht, daß er mit stieren Augen manierlich am Tisch saß, eine fette Bouillon schlürfte und in ein trockenes Brötchen biß.

So sehr Jackie auch mit Schlaf und Übelkeit kämpfte – das Auftauchen des Gesanglehrers erweckte in ihm eine ungeheure Kampfstimmung. »Aha! Da kommt der Mann, der mir meinen Star klaut!« schrie er. »Das kostet Sie 'ne Stange, mein Herr!«

Caricacci sah ruhig zu John hinüber und nickte. »Wieviel?« fragte er.

Jackie legte das Brötchen hin und schüttelte den Kopf, als sei er ins Wasser gefallen und müsse die Tropfen aus den Haaren schleudern. »He?« fragte er unsicher.

»Wieviel, sagte ich.« Caricacci trat näher und setzte sich neben Jackie. Mißtrauisch musterte dieser den italienischen Lehrer und rückte etwas nach hinten.

»Ohne Franz geht die Band pleite«, sagte er unsicher.

»Das wäre ein Armutszeugnis für Sie! Was haben Sie früher ohne Herrn Krone gemacht?«

»Da waren wir Flaschen, mein Herr. Spielende Flaschen. Das Höchste, was wir konnten, war in einer Hafenkaschemme spielen, wo die Matrosen tanzten wie die ersten Menschen. Selbst als Gloria zu singen begann, reichte es nicht weit... Aber dann, mit dem Franz, Engagement nach Engagement! Für ein Jahr ausverkauft! Das alles ist jetzt Essig! Purer Essig! Jim – einen Whisky!«

»Und nun verlangen Sie eine Konventionalstrafe?« fragte Caricacci ruhig.

»Eisern!« Jackie hieb mit der Faust auf den Tisch. »Franz hat einen Vertrag mit mir!«

»Ich biete Ihnen fünftausend!«

»Fünftausend?!« Jackie stöhnte auf und kippte den Whisky hinunter. »Das ist allein das linke Stimmband von Franz wert!«

»Gut!« Caricacci lächelte in sich hinein. »Nehmen wir das andere Stimmband noch dazu – zehntausend!«

»Wie bitte?« Es war, als würde Jackie für einen Augenblick nüchtern. »Sie – wenn Sie mich anpflaumen wollen, schlage ich zu!«

»Mein letztes Wort – zehntausend!«

»Ihr letztes... Tatsächlich?! Zehntausend?!« Jackie sackte zusammen und schaute verklärten Auges an die Decke. »Zehntausend«, stammelte er. »Abgemacht! Zahlbar morgen früh! Ohne Quittung...« Denn die Musiker waren am Umsatz beteiligt.

»Wie Sie wollen... Ich gebe Ihnen einen Scheck über die Staatsbank von Athen.« Caricacci erhob sich und nickte kurz. »Hoffentlich sehe ich Sie nie wieder, Mr. John.«

»Ganz meinerseits, ganz meinerseits.« Jackie nickte freundlich und versuchte im Sitzen eine Verbeugung. Das mißlang, weil sein schwerer Kopf mit der Tischplatte in Berührung kam, und der Einfachheit halber blieb Jackie mit dem Kopf auf dem Tisch liegen und schlief wieder ein.

Das alles wußte Franz Krone nicht – vielleicht hätte es ihn unsicher gemacht zu erfahren, daß neben der Ausbildung und dem freien Leben, das er in Rom als Gast Caricaccis genoß, dieser noch zehntausend Mark in seine Stimme investiert hatte und somit auf ihn die Verpflichtung fiel, sie einmal zurückzuzahlen. Das aber war es, was Caricacci als erstes vermied: Krone sollte singen aus reiner Freude am Gesang, er sollte frei sein von allen inneren und äußeren Belastungen. Darum wurde auch Krone wie ein Gefangener gehalten, und seine Ausgänge wurden stets von Caricacci begleitet. »Frauen«, sagte der Professor einmal, »lernen Sie als Sängerstar noch genug kennen. Sie werden sich Ihnen vor die Füße werfen, und Sie brauchen sie nur noch aufzuheben! Es sind eigentümliche Geschöpfe, die Frauen. Nur, weil einer den Mund aufmacht und ein paar schöne Töne kommen heraus, glauben sie ohne diesen Mann nicht leben zu können und laufen ihm nach, hängen sein Bild über ihr Bett und schleichen sich in sein Hotel, um ihm aufzulauern. Ich kannte einen Sänger, der eine sehr schöne Stimme hatte, aber schielte und klein und kugelrund war. Die Frauen überfielen ihn trotzdem und zogen ihn auf der Straße halb aus, so verrückt waren sie. Man sieht – Schönheit ist nicht immer ausschlaggebend bei der rätselvollen Liebespsychologie vieler Frauen. Und darum, Krone – bis zum ersten Opernabend bekommen Sie bei mir keine hübsche Frau zu Gesicht!«

Caricacci hielt seinen Grundsatz strikt ein. Er wußte nicht, daß Franz Krone Sandra Belora kannte und daß sie immer dann seinen Weg kreuzte, wenn er vor einer besonderen Entscheidung stand, die seinem Leben einen anderen Sinn geben sollte.

Vier Tage vor der Bekanntschaft mit Giulio, dem Leiter der Großen Oper, las Krone, daß Sandra Belora in Südafrika, in Johannesburg und Windhuk, Gastspiele gegeben hatte und einen triumphalen Erfolg davontrug. Im Februar würde sie in Neapel singen, die Aida von Verdi, stand weiter in dem langen Artikel.

In Neapel! Von Neapel bis Rom war es ein Katzensprung! Sollte alles wieder so werden wie vorher?! Sollte die ganze Not, das Herumzigeunern mit Jackie John, die neue Ausbildung bei Caricacci, sollte alles vergebens gewesen sein?

Franz Krone bat an diesem Abend den Professor um eine Aussprache. Auf der Terrasse der Villa mit dem Blick auf die Campagna, in der Sandra ihr Gut besaß, erzählte er ihm alles. Er verschwieg nichts, er beschönigte nichts, er legte seine ganze Feigheit, sein Schicksal, seine Läuterung vor Caricacci hin, und es war, als befreie ihn dieses Geständnis von einem inneren Druck, der die ganzen Monate wie ein Ring um seine Brust gelegen hatte.

Stumm, ohne ihn zu unterbrechen, hörte Caricacci zu. Als Franz Krone geendet hatte, nickte er und gab ihm die Hand. »Ich danke Ihnen«, sagte er fest. »Es war gut, daß Sie mir alles sagten. Sie hätten es schon früher tun sollen.«

Er ließ Krone allein auf der Terrasse zurück und ging in sein Büro. Dort rief er Giulio an.

»Solange mein Schützling bei dir singt«, sagte er, »darf Sandra Belora nicht bei dir gastieren und auch nicht die Oper betreten!«

Intendant Giulio setzte sich schwer in den Sessel, der hinter ihm stand. »Bist du plötzlich verrückt geworden?« sagte er leise. »Die Sandra... Ich wäre froh, wenn sie bei mir singt!«

»Ich nicht! Ich erkläre es dir später! Sandra wird im Februar in Neapel gastieren! Sie kommt mir nicht nach Rom, Giulio! Kommt sie, dann gibt es einen Krach zwischen uns, der nicht mehr zu flicken ist.«

»Caricacci!«

»Krone wird nur singen, wenn Sandra nicht da ist!«

»Maria mia! Hat er schon Starhysterie?!«

»Nein! Aber ich will es nicht. Sollte die Sandra anfragen, winke ab. Hörst du – winke sie so ab, daß sie gar keine Lust hat, nach Rom zu kommen!«

»Verrücktheit!« Giulio hieb mit beiden Fäusten auf den Tisch. »Seit einem Jahr bemühe ich mich, die Sandra zu bekommen, und nun das?! Ich pfeife auf deinen Tenor und nehme die Sandra!«

Caricacci nickte. »Sehr gut!« sagte er fest. »Dann wird ihn die Scala herausstellen.«

»Die Mailänder?!« Giulio stöhnte. »Caricacci – das tust du mir nicht an! Die Mailänder haben Tagliavini entdeckt, in Neapel wurde Caruso groß, Tito Schipa sang in der Scala – laß mir den Krone!«

»Ohne Sandra Belora!«

»Diavolo! Ich hänge mich auf!« Giulio warf den Hörer auf die Gabel und stützte den Kopf in beide Hände. Er war ein dicker, glatzköpfiger Mann mit zu hohem Blutdruck und einer Neigung zu Chiantiorgien. »Ohne die Belora«, stöhnte er. »Und ich habe heimlich gedacht, sie beide zusammen in einer Oper zu bringen! Diavolo!« Er schüttelte den Kopf und griff nach einem Glas Chianti.

Auf der Terrasse der Villa Caricacci saß noch immer Franz Krone und sah hinaus auf das schweigende, abendliche Land. Die Schatten der Pinien und Zypressen überwucherten die Wege und die Grabsteine der Via Appia antica. Ein Eselskarren, wie vor zweitausend Jahren, holperte über den Weg, beladen mit Steinen und einigen Reisigbündeln. Ein Bauer mit einer alten Decke über den Schultern hockte auf dem schmalen Bock und lenkte den Esel. Der Himmel war blutrot, als die Sonne unterging, wie Terrassen bauten sich die Wolken empor bis zu den Sternen, die aufleuchten würden, wenn das Gold der Sonne fahler wurde und das dunkle Tuch des Himmels sich über das Land spannte.

Der Eselskarren ratterte vorbei, ein Liebespaar schritt jetzt die Straße entlang, er hielt sie umarmt und schlenderte mit ihr in den sinkenden Tag hinaus – junges Leben auf der alten römischen Gräberstraße.

Caricacci kam auf die Terrasse und lächelte, als er das Liebespaar sah.

»Sehnsucht?« fragte er leise.

Franz Krone schüttelte den Kopf. »Nein… Ich bin nur glücklich.«

»In drei Tagen ziehen Sie das große Los.«

»Ich werde Sie nicht enttäuschen. Jetzt nicht mehr.«

»Ich weiß.« Caricacci legte die Hände auf Krones Schulter, gemeinsam sahen sie hinaus in den herabsinkenden Abend und in den in Streifen aufgelösten orangenen Himmel.

Ruhe war um sie herum, vollkommene Ruhe. Ruhe, die hineinglitt ins Herz.

»Was werde ich singen?« fragte Krone leise.

»Den Cavaradossi in ›Tosca‹.«

Und Krone nickte, als habe es nie die Oper »Tosca« gegeben, in deren erstem Akt der Sänger Franz Krone zerbrochen war.

Die Schatten der Pinien erreichten die Terrasse. »Es wird kalt«, sagte Caricacci. »Gehen wir hinein. Ihr Hals ist wertvoller als der schönste Sonnenuntergang.«

Am Abend vor dem Vorsingen saßen Caricacci und Franz Krone wieder draußen auf der Terrasse und tranken eine kleine Flasche Wein. Es war kühl, ein scharfer Wind wehte über die Campagna. Krone hatte einen Pullover an und den Hals mit einem Wollschal umwickelt.

»Was ich noch sagen wollte«, meinte Caricacci, indem er sich noch ein Glas vollgoß. »Ihr Name ist für uns kaum auszusprechen. Franz Krone – das kann keiner nachsagen, weder in England, Amerika, Frankreich und schon gar nicht in den rein romanischen Ländern. Sie müssen einen Namen haben, der klingt wie die Musik, die Sie darbieten. Was halten Sie von Francesco Corani?«

»Nicht übel… Francesco Corani.« Krone schmunzelte. »Der Name geht ins Ohr.«

»Dann nehmen wir ihn!« Caricacci hob sein Glas und stieß es an das Franz Krones. »Taufen wir Sie hiermit, mein Lieber. Es lebe Francesco Corani!«

»Hoch!« rief Krone übermütig. »Jetzt muß ich eine neue Unterschrift üben – für die Autogramme!«

»Das wäre zweckmäßig.« Caricacci trank sein Glas in einem Zug leer. »Sie glauben nicht, wie froh ich bin, bei diesem schrecklichen

Erdbeben in Griechenland gerade in der gleichen Höhle wie Sie gewesen zu sein! Was wäre wohl sonst aus Ihnen geworden, Corani?«

Krone schüttelte lachend den Kopf. »Ach so, Corani! Das bin jetzt ich! Daran muß man sich erst gewöhnen.« Er sah hinaus auf die sich wiegenden Pinien an der Via Appia. »Ohne Sie wäre ich noch Jazzsänger bei Jackie John. Vielleicht hätte ich Gloria geheiratet...«

»Sie lieben das Mädchen?«

»Ich weiß nicht.« Corani zuckte mit den Schultern. »Sie hat mir viel gegeben, die kleine Gloria. Ich war glücklich an ihrer Seite, und ich konnte vergessen. Ich wurde durch sie ein anderer Mensch, losgelöster, freier, wieder weltoffen. Ob das Liebe war...?«

»Und was soll aus dieser Gloria werden?«

»Ich habe ihr versprochen, sie nach Rom kommen zu lassen, sobald ich...« Er schwieg und sah auf den Boden der Terrasse, der mit großen Bruchsteinplatten ausgelegt war.

Caricacci wiegte den Kopf hin und her. »Das ist genau das, was Ihnen nicht zu raten ist! Schon einmal sind Sie an einer angeblichen inneren Verpflichtung zerbrochen... Das darf sich nicht wiederholen.«

»Nein, Herr Professor.«

»Sie müssen frei sein! Sie gehören nicht einem Mädchen allein – Sie gehören ab morgen der ganzen Welt! Das ist ein schweres Los, eine große Verpflichtung, eine Last, die Sie erst spüren werden in ihrer ganzen Schwere, wenn Sie sehen, daß wirklich eine Welt auf Ihre Stimme blickt und sich von ihr Schönheit, Erholung, Ergriffenheit und Beglückung erhofft – und bekommen wird!«

Franz Krone nickte. »Ich soll Gloria nicht kommen lassen?«

»Auf keinen Fall!« Caricacci erhob sich und räumte die Gläser zusammen. »Es sei denn, Sie lieben sie wirklich und haben die Absicht, sie zu heiraten! Dann allerdings... Aber das kann ich nicht beurteilen.« Er wollte von der Terrasse ins Zimmer gehen, als er plötzlich stehen blieb. »Da fällt mir ein... Was macht eigentlich das deutsche Mädchen...? Wie hieß es doch noch...?«

»Greta...«, sagte Corani leise.

»Richtig. Greta! Sie haben nichts mehr von ihr gehört?«

»Nein. Ich wollte es auch nicht...«

»Ach!« Caricacci lächelte vor sich hin. Er ahnte, was Francesco Corani dachte. »Wenn Sie Italien erobert haben, werde ich dafür sorgen, daß Sie auch auf deutschen Opernbühnen singen!« sagte er freundlich.

Corani fuhr herum. »Bitte nein!« rief er erregt.

»Aber warum denn? Bühne bleibt Bühne, und die Opern sind auch die gleichen! Nur die Umgebung ist anders... Auf der einen Bühne stinkt es mehr nach Leim, auf der anderen mehr nach Farbe und Leinwand. Mal treten Sie von rechts, mal von links auf, wie es der Regisseur eben will. Stehen Sie dann aber im Scheinwerfer vor dreitausend oder viertausend Augen, dann ist alles dasselbe!«

Francesco Corani nickte. »Wie Sie wollen, Caricacci. Ich singe auch in Deutschland.«

»Bravissimo!« Caricacci stieß die Tür auf und betrat den Musiksalon. »Ich rufe noch Giulio an... Wir werden morgen um elf Uhr vormittags zur Probe kommen.«

Am nächsten Vormittag um elf Uhr wurde in der Oper Roms, auf der großen Bühne vor den goldenen Logen, der Sänger Francesco Corani geboren.

Intendant Giulio klatschte sich die Hände rot, die Musiker des Orchesters hieben an ihre Instrumente, südländische Begeisterung umbrauste ihn, die Sängerin der Tosca, die bekannte Sopranistin Emilia Gelatti, umarmte ihn stürmisch – es war eigentlich alles so unwirklich, so traumhaft, daß Francesco Corani erst zum Bewußtsein kam, als er im Zimmer Giulios saß und ihm ein dicker Vertrag zugeschoben wurde. Caricacci hielt ihm einen Federhalter hin und erläuterte die einzelnen Punkte. »Zunächst ein Jahr Oper Rom, dazwischen Gastspiele, die wir noch abschließen. Sie werden in Rom für zehn Opern verpflichtet, mehr nicht! Von allen Gagen erhalte ich zwanzig Prozent.« Caricacci lachte. »Sie sehen, ich habe Sie nicht umsonst entdeckt, Corani. Ich will mit an Ihrer Stimme verdienen. Der Mensch ist egoistisch, und außerdem will ich leben. Zwanzig

Prozent – einverstanden?!« – »Selbstverständlich, Caricacci.«

»Ferner verpflichten Sie sich, nie selbst Auto zu fahren.«

»Haben Sie Angst, ich fahre einen Baum um?«

»Das nicht – aber der Baum ist stärker als der beste Wagen. Ein Sänger mit gebrochenem Genick ist kein Geschäft.«

»Gut!« Francesco Corani – der Franz Krone aus dem Vorgebirge Kölns war mit diesem Tag ausgelöscht – nahm den Federhalter und unterschrieb den Vertrag in sechsfacher Ausfertigung. Er legte den Halter nach den Unterschriften hin und schob Giulio die Blätter wieder zu. »So«, sagte er. »Und nun habe ich einen Wunsch! Monatelang hat mich Caricacci gedrillt, monatelang habe ich nur die Via Appia gesehen und ein Stück Garten und die flache Campagna! Bevor ich die erste Oper in Rom singe, will ich erst Urlaub machen!«

»Corani!« rief Giulio entsetzt. »Ich habe gedacht, die nächste Premiere ist mit Ihnen?!«

»Die übernächste, Giulio!« Corani erhob sich. »Ich will sechs Wochen nichts mehr von Musik und Opern hören. Dann aber sollen Sie mich mit Haut und Haaren haben.«

Caricacci nickte Giulio zu. »Lassen wir ihn fahren, Giulio. Um so besser wird er singen.«

Am Sonnabend darauf reiste Francesco Corani nach Sizilien ab und mietete sich in Taormina in einem kleinen Albergo ein, wo er vier Wochen lang nichts tun wollte als in der Sonne liegen, im tintenblauen Mittelmeer baden und den süßen schweren Marsala-Wein trinken. Er lieh sich einen Liegestuhl mit einem großen, roten Sonnenschirm, den er in die Erde rammte. So lag er am Strand, in der Nähe des berühmten Amphitheaters von Taormina, das ihn an das schreckliche Erlebnis des Erdbebens von Argolis erinnerte, bei dem das halbe Epidauros zerstört wurde und das doch seine Wiedergeburt wurde, so, wie Phönix aus der Asche stieg... Epidauros und Francesco Corani, sie würden immer miteinander verbunden sein.

In der zweiten Woche – Corani lag am Strand und sonnte sich nach einem Bad, trank einen Eisflip und las die neueste Zeitung aus Rom, die das erste Auftreten Coranis in großen Worten ankündigte – näherte sich auf der staubigen festgewalzten Straße zum Albergo ein weißer Wagen. Mit knirschenden Bremsen hielt er vor dem kleinen Hotel, und eine schwarzhaarige, schlanke Frau sprang von den roten Lederpolstern auf den Boden. Sie sah sich um und eilte dann mit großen Schritten in das Haus.

Ein weißer De Soto... Sandra Belora...

Ahnungslos lag Francesco Corani am Strand. Mit geschlossenen Augen genoß er die Stille der Landschaft, das beruhigende Rauschen des Meeres, die Wärme der Sonne und den Wind, der von Afrika über das Meer herüberwehte.

Von der Höhe der Küste aus betrachtete Sandra Belora den Mann, der klein unter seinem Sonnenschirm, der wie ein leuchtender roter Fleck im weißen Sand lag, sich ausgestreckt hatte und zu schlafen schien.

Mit langen, hüpfenden Schritten sprang Sandra den Hang hinab und ging auf Zehenspitzen dem roten Schirm zu.

Und das Rauschen des Meeres übertönte das Knirschen ihrer Schuhe...

Fünftes Kapitel

Von Rom aus flog der Name Francesco Corani um die Welt. Neapel, Mailand, Turin, Verona, Venedig, Madrid, Paris, London, New York, San Francisco, New Orleans und Rio de Janeiro hörten und sahen die neue Wunderstimme. Der Film überhäufte Corani mit Angeboten und wahnwitzigen Gagen... Caricacci, der auch der Manager Coranis war, winkte ab. »Noch nicht«, sagte er immer, wenn ihn die Herren vom Film bestürmten. »Erst soll er von der Oper herab die Welt begeistern... Der Film kommt immer noch! Ich will aus ihm eine operngeschichtliche Persönlichkeit machen wie Caruso, die Melba oder Gigli. Unser Jahrzehnt soll von der Kunst her mit seinem Namen verknüpft sein... Dazu brauche ich keinen Film!«

Sandra Belora war wieder um Corani... Caricacci, der sich wohl oder übel darin schicken mußte, nannte sie »unser Reisegepäck«. Sie war die einzige Partnerin Coranis. Der Triumph der beiden Stimmen war nicht zu übertreffen und fand auch keinen Vergleich zu vergangenen Gesangspaaren, seien es Gitta Alpar und Richard Tauber, Maria Caniglia und Gigli oder Toti dal Monte und Tito Schipa. Ihre »Tosca«, »Bohème«, »Turandot«, »Aida«, »La Traviata«, »Butterfly« oder »Troubadour« waren unvergleichlich und rissen die Menschen in den Opernhäusern der ganzen Welt von den Sitzen.

Über ein Jahr reisten Corani und Sandra Belora zusammen von Opernbühne zu Opernbühne, ein Siegeszug ohnegleichen, der schon begann, ehe sie überhaupt sangen, denn ihre Namen allein genügten, um die Städte, in denen sie gastierten, in einen Trubel zu versetzen und die Eintrittskarten auf wahnsinnige Preise zu treiben.

Francesco Corani hatte sich in diesem Jahr des kometengleichen Aufstiegs verwandelt. Aus dem etwas schüchternen, schlaksigen Franz Krone, dem Abiturienten, der Offizier wurde und nichts gelernt hatte als lateinische Vokabeln und trigonometrische Berechnungen – »aus Ihnen wird nie etwas, Krone, Sie sind die größte mathematische Niete!« hatte doch der Mathematiklehrer gesagt –, aus diesem lang aufgeschossenen Jüngling mit dem zermarterten Gesicht war ein strahlender Held geworden, der mit siegessicherem, gelerntem sonnigen Lächeln seine Autogramme gab, den schönen Mädchen unter das Kinn griff und ihr Gesicht zu sich emporhob, sehr zum Ärger Sandras, die ihm deswegen auch schon ein Dutzend Szenen gemacht hatte, und der mit einer Sicherheit und fast beängstigenden Selbstverständlichkeit sein Startum zur Schau trug, daß selbst Caricacci sich manchmal in einer stillen Stunde den Kopf kratzte und sich im geheimen wünschte, einmal, nur einmal müßte ein Opernabend *kein* Erfolg werden, damit auch ein Francesco Corani sah, daß er besiegbar wäre und der Weg zu dem unbekannten Franz Krone zurück nicht allzu weit sei.

In München lagen unterdessen die Verträge zu einem Gastspiel in der Staatsoper fest. Intendant Dr. Fischer hatte für einen Abend dreitausend Mark geboten, Sandra Belora hatte sich bereit erklärt, an diesem Abend ohne Gage zu singen. Nichts stand im Weg, auch München in den seltenen Genuß einer einmaligen Stimme zu bringen... Am 12. Mai 1954 sollte das Gastspiel sein. Der »Troubadour« von Verdi. Für die Rolle des Grafen Luna hatte Dr. Fischer Kammersänger Jan Bertoll aus Berlin verpflichtet, den Fernando sang Kammersänger Hans Haller, am Pult würde Professor Bucher stehen. Die Theaterkritiker ganz Deutschlands würden anwesend sein, der Rundfunk, das Fernsehen, fast sämtliche europäischen Sender.

Der Vertrag war abgeschlossen. Caricacci hatte ihn gegengezeichnet, er war rechtskräftig – nur Francesco Corani wußte nichts davon. Immer wieder hatte Caricacci eine Gelegenheit gesucht, ihm von diesem Vertrag zu erzählen und ihn zunächst schonend darauf vorzubereiten, aber immer wieder war er zurückgewichen und hatte den Vertrag gefaltet in seine Brusttasche zurückgeschoben.

»Sprich du mit ihm, Sandra«, sagte er einmal. »Du kannst ihm das besser zwischen zwei Küssen beibringen. Frauen können das! Sie können einen Mann von den unsinnigsten Dingen so überzeugen, daß sie in den Augen des Mannes einen Sinn bekommen! Erzähl ihm von dem Vertrag...«

»Er wird mich anschreien!« Sandra Belora schüttelte den Kopf. »In letzter Zeit schreit er immer so! Hast du das noch nicht gemerkt? Bei jeder Kleinigkeit, krach, explodiert er! Dann brüllt er, daß die Wände zittern. Ich habe manchmal Angst vor ihm!«

»Es sind die Nerven, Sandra. Er braucht Ruhe! Nach diesem Jahr fahren wir alle zusammen auf eine stille Insel und tun nichts als schlafen, essen, trinken, dösen und wieder schlafen.« Caricacci lächelte breit. »Bei dir wird ja das Programm noch um die Liebe erweitert…« Er holte den Vertrag aus der Tasche und hielt ihn der Belora hin. »Willst du es ihm beibringen?«

»Gib her.« Sie nahm die Papiere und steckte sie in ihre Tasche. »Ich will sehen, wie ich es mache. Aber wenn er mich anschreit, schicke ich ihn zu dir!«

Und so blieb der Vertrag in Sandras Tasche noch einige Wochen liegen, bis sich eines Nachmittags die Gelegenheit ergab, von ihm zu sprechen.

Sie gastierten in Neapel und waren am Nachmittag hinübergefahren nach Capri. Von der Piazzetta und dem Haus San Michele des Arztes Axel Munthe waren sie hinunter zum Bootsstrand gestiegen und ließen sich hinausrudern in die Nähe der Blauen Grotte. Dort sprangen sie in das unwirklich blaue Wasser und schwammen zu einer flachen Klippe hin, wo sie sich emporzogen und hinlegten, während das Boot mit dem capresischen Fischer hin- und herfuhr und auf sie wartete.

Sie lagen lang ausgestreckt in der Sonne und ließen sich braten. Sandra hatte ihren schmalen Kopf mit den nassen, schwarzen Haaren, die eng um ihre Stirn klebten, auf den Arm Francescos gelegt und hielt die Augen geschlossen, während sie mit der Hand über seine behaarte Brust strich.

»Du?« sagte sie nach einer langen Zeit des Schweigens leise.

»Hm?«

»Denkst du noch manchmal an Deutschland?«

Francesco Corani blinzelte in die Sonne. Um die Klippe rauschte das Meer und warf die Wellen mit weißem Gischtschaum an den Felsen empor.

»Warum?« fragte er.

»Mir fiel es eben so ein.« Sandra Belora räkelte sich. Die alte Taktik der Frau, auf vielen Umwegen zum Ziel des Gesprächs zu kommen, brach auch bei ihr durch. »Ich denke manchmal daran, wie wir uns kennenlernten. Damals – bei Professor Glatt in Köln. In der Musikhochschule am Rhein. Weißt du es noch?«

»Hm…« Es klang ein wenig ernster als das erstemal, als er jetzt brummte. Sandra schielte auf die Linie seines Gesichtes, die dicht vor ihren Augen in dem blauen Himmel lag.

»Schon damals warst du ein großer Sänger. Und dann München…«

Corani drehte den Kopf zu ihr herum. »Schweig von München!« sagte er hart.

Sie kuschelte sich erschreckt an ihn und legte ihre Hand auf seine Schulter. »Wir waren damals sehr glücklich in dem kleinen Hotel bei Wolfratshausen…«

»Du weißt den Namen noch? Ich habe ihn längst vergessen.«

»Ich vergesse nie, wo ich wirklich glücklich war.« Sie drückte sich an ihn, er spürte die Wärme ihres Körpers trotz der brennenden Sonne und des salzigen Gischtes, der über sie hinwegstob. »Ich möchte es gern wiedersehen, jetzt, wo alles so anders ist…«

»Ich möchte nicht mehr nach Deutschland.« Corani richtete sich auf, der Kopf Sandras sank auf den Felsen zurück, ihre gelbbraune kreolische Haut war in der Sonne Capris wie Kupfer geworden. »Du hast mich nie gefragt, was damals in München gewesen ist…«

»Ich will es auch gar nicht wissen. Du bist wieder da, ich habe dich wieder… Ich kann dich anfassen, küssen, lieben, ich höre dich – alles andere ist so unwichtig…«

»Mir ist es dreckig gegangen, Sandra, ausgesprochen dreckig. Ein Mädchen hat mich von einer Bank an der Donau aufgelesen.«

Sandra lächelte. Sie dehnte ihren schlanken Körper in dem weißen Badeanzug. »Frauen waren immer dein Schicksal«, sagte sie weise.

»Sie hat mich aus der tiefsten Verzweiflung emporgehoben.«

»Und du hast sie dafür geliebt?! Sag es… Du hast sie geliebt…« Sie richtete sich auf. Ihre Augen blitzten. »Ich hasse sie deswegen!«

»Du bist wie ein kleines Mädchen.« Corani lächelte und zog die Knie an. Mit den Armen umschlang er sie und blickte hinüber zu dem weißen Ruderboot, das hin- und herfuhr und auf sie wartete. »Ich habe mich schändlich benommen«, sagte er. »Ich habe versprochen, sie nach Rom kommen zu lassen, wenn ich wieder an der Oper singe.«

»Und dabei habe ich dich gestört?!« Sandra griff in die Haare Coranis und zerrte seinen Kopf zu sich herunter. »Du Schuft! Du süßer Verbrecher!« sagte sie leise. Wieder tanzte in ihren Augen der goldene Punkt. »Daß du sie nicht nach Rom kommen ließest, ist mein größter Triumph! Küß mich...«

»Nicht hier... Der Fischer in dem Boot!«

»Küß mich sofort! Der Fischer hat das oft genug gesehen! Capri ist die Insel der Liebenden! Hier gibt es nur verliebte Paare! Küß mich, oder ich schreie!«

»Sandra!«

»Ich schreie!« Sie hielt ihm die Lippen hin, rot, sinnlich, halb geöffnet. Er nahm ihren schmalen Kopf zwischen seine Hände und küßte sie. Sandra warf die Arme um seinen Nacken und zog ihn zu sich hinunter. So lagen sie auf der gischtumschäumten Klippe an den Felsen von Capri, die Umwelt vergessend und den Fischer, der lächelnd in seinem weißen Boot sich von der Klippe entfernte.

»Ich könnte jede Frau umbringen, die dich liebt!« sagte Sandra leise, als Corani sich aufrichtete. Ihr Gesicht lag in seinem Schatten, es war gelöst, glücklich, schön wie eine zarte chinesische Plastik. »Und wir werden nach München fahren...«

»Nein!« sagte er hart. Er setzte sich und winkte dem Boot, näher zu kommen. »Ich will Deutschland nicht mehr sehen!«

Sandra schwieg. Sie bemerkte die Falte zwischen seinen Augen und empfand ein wenig Angst vor diesem Mann, der sich so verwandelt hatte und jetzt ihr befahl, wo sie früher mit leiser Hand ihn nach ihrem Willen leiten konnte.

Sie fuhren zurück in den Bootshafen, nachdem sie den weißen Kahn ein Stück entgegengeschwommen waren und der Fischer sie in das Innere gezogen hatte.

Am Ufer stand Caricacci und begrüßte Sandra mit lautem Hallo und Händeschütteln.

»Francesco!« rief er, kaum, daß der Kahn angelegt hatte und die beiden auf dem schmalen Holzbrett an Land balancierten. »Nächsten Monat drei Abende in Venedig! Und dann –« Er sah Sandra an, die hinter Corani stand und den Kopf schüttelte. Caricacci biß sich auf die Lippen und winkte ab.

»Und dann?« fragte Corani. »Was ist dann?«

»Dann wird wahrscheinlich die Metropolitan noch einmal einladen!« sagte Caricacci schnell und wandte sich zu Sandra Belora. »Du siehst von Tag zu Tag schöner aus! Wenn das so weitergeht, wird in Zukunft jede Oper eine Schönheitskonkurrenz und Sandra Belora ›Miss Opernhaus‹!« Er lachte über diese Bemerkung mehr als Sandra, um die plötzliche Peinlichkeit der Situation zu überbrücken. »Habt ihr schon gegessen? Sicherlich nicht! Wie gut, daß ich alles organisiert habe! Wir essen zusammen. Ihr seid meine Gäste. Und das alles von meinen lächerlichen Prozenten...«

»Für die du nichts tust, als Verträge abzuschließen, die ich erfüllen muß!« Corani klopfte Caricacci auf die Schulter und wandte sich dann an den wartenden Fischer, die Bootsfahrt zu bezahlen.

Caricacci und Sandra gingen unterdessen schon den Strandweg hinauf, der auf die Höhe der Insel führte, hinein in diesen wunderbaren Park, in dem verstreut die weißen Villen lagen und die Hotels mit den großen Aussichtsterrassen.

»Er will nicht?« fragte Caricacci leise. »Hast du mit ihm gesprochen?«

»Ich habe es angedeutet. ›Ich will nicht mehr nach Deutschland!‹ sagte er, und er wurde wütend, als ich weitersprach.«

»Madonna mia! Und der Vertrag ist bindend! Ich kann ihn nicht rückgängig machen! Der Vorverkauf hat schon begonnen, die Plakate hängen in München. Die Rundfunkstationen haben die Programme herausgegeben!«

»Sprich du mit ihm.«

»Ich werde es müssen.« Caricacci sah zerknirscht auf Corani, der ihnen den steilen Weg nachgelaufen kam. »Wenn man ihn so sieht, ist er der große Junge geblieben. Wenn ich an die Höhle bei Epidauros denke, in der ich ihn entdeckte! Was ist aus ihm geworden!«

Francesco Corani hatte die beiden erreicht, er hakte sich bei Sandra unter und legte den anderen Arm auf Caricaccis Schulter.

»Sandra sagte vorhin zu mir, daß sie gerne wieder nach München will!« Caricacci warf einen schnellen Blick zu Sandra, der Ratlosigkeit und Frage gleichzeitig bedeuten sollte. Sie blinkerte ihm erstaunt zu. »Was hältst du davon, Caricacci?«

»Wenig… Sehr wenig!« Hilflos sah er wieder zu Sandra. »Was sollen wir in München?«

»Das frage ich mich auch!« Corani lächelte seinen Lehrer und Manager an. »Was sollen wir in München?! Wo jeder weiß, daß ich nicht nach Deutschland will!«

»Da hast du recht! Ich würde auch hier bleiben!«

Corani nickte und klopfte Caricacci auf die Schulter. »Mein Armer«, sagte er dabei mit heuchlerisch trauriger Stimme. »Was machst du nun mit den Münchner Verträgen…«

»Francesco!« Caricacci blieb ruckartig stehen, er wurde blaß.

Sandra umklammerte Coranis Arm, aber es war unnötig, denn er lachte laut und schüttelte den Kopf.

»Glaubt ihr, ich bin so weltfern, daß ich nicht merke, wie ihr seit drei Monaten mit allen Tricks versucht, mich nach München zu bekommen, weil Caricacci schon fest abgeschlossen hat?! Kinder – noch bin ich nicht so weit, daß ich meinen letzten Geist weggesungen habe!« Er faßte den Professor an den Rockaufschlägen. »Wie ist das nun? Stimmt's?!«

»Ja, Francesco.« Caricacci schluckte. »Drei Abende mit ›Troubadour‹.«

»Gauner!«

»Francesco…«

Corani winkte ab. »Schon gut! Immerhin hat sich Sandra alle Mühe gegeben, mich nach Deutschland zu bringen.«

»Du bist gemein, Liebling!« Sie stampfte auf und wandte sich schmollend ab. Corani sah von einem zum anderen. Caricacci stand in der Sonne, schwitzend, mit offenem Hemd, verlegen und den Panamahut in den Händen drehend. Sandra in einem dünnen Nylon-kleid spielte die gekränkte Geliebte.

»Was soll man da tun?« sagte Corani bewußt ernst. »Am besten ist, ich trenne mich von euch allen beiden!«

»Bitte!« rief Sandra spitz, aber in ihre Augen kam ein gefährliches Leuchten. Caricacci zerknüllte seinen Hut zwischen den Fingern.

»Francesco«, sagte er bittend. »Wir können versuchen, den Vertrag wegen Krankheit zu annullieren.«

»Hm.« Corani trat auf seinen Lehrer zu und stieß ihn lachend in die Seite. »Bin ich eigentlich ein solch eingebildetes, dummes, launenhaftes Tier geworden, daß ihr alle Angst vor mir habt?! Das will ich nicht! Wir sind doch auf Gedeih und Verderben alle miteinander verbunden. Was ich bin, bin ich durch dich, Caricacci! Das vergesse ich nie! Also – wann fahren wir nach München?!«

»In sechs Tagen!« schrie Caricacci fröhlich. »Francesco, amigo mio!« Er umarmte Corani stürmisch vor allen Leuten und gab ihm einen Kuß auf die Backe. »Du bist mir nicht böse?«

»Eigentlich ja. Weil ihr mich alle wie ein Wundertier anseht und nicht wagt, ehrlich zu mir zu sein! Fresse ich euch denn?«

»Du brüllst!« sagte Sandra spitz.

»Jawohl! Ich brülle!« Und plötzlich schrie er laut: »Sandra!«

Sie fuhr herum, entsetzt, bleich werdend, in ihren Augen flatternde Angst. »Ja?!«

»Her zu mir!« Er hob die Arme und blitzte sie an. »Sofort einen Kuß!«

»Madonna mia!« sagte Caricacci und wandte sich ab. »Er ist *doch* verrückt!« Aber dabei lachte er, und die vielen Menschen auf der Piazzetta von Capri lachten mit und sahen auf das Paar, das sich mitten auf dem Platz küßte, als bestehe die Welt nur aus ihrer Liebe.

Nicht ungestraft nennt man Capri die Insel der Liebenden...

Greta Sanden hatte in den Zeitungen gelesen, daß zum erstenmal der große Tenor Francesco Corani in Deutschland sänge. Sie hatte nie ein Bild des Sängers gesehen, und auch die Zeitungen brachten diese Nachricht im Feuilleton mit einem Artikel über den Sänger, dem keine Fotografie beigegeben war.

Seit eineinhalb Jahren lebte Greta Sanden jetzt in einer kleinen Wohnung im Kölner Vorort Lindenthal. Sie war nicht mehr in dem Textilgeschäft beschäftigt und mußte nicht mehr Unterhosen und Kinderwäsche verkaufen, sondern arbeitete in Deutz bei den Klöckner-Humboldt-Werken als Lageristin und verdiente mehr bei einer geregelten und schönen Arbeitszeit. Des Abends hatte sie in diesen eineinhalb Jahren Zeit genug gehabt, ihr Studium an der Volkshochschule fortzusetzen und auch den Klavierunterricht weiter zu nehmen! Sie spielte jetzt schon recht gut, die Sonaten Beethovens oder die Nocturnes von Chopin machten ihr keine Schwierigkeiten, auch Opernmelodien spielte sie, selbst dann, wenn diese sie immer ein wenig traurig stimmten. In diesen eineinhalb Jahren war der Schmerz um Franz Krone etwas abgeklungen. Sie hatte trotz aller Bemühungen, in die sich auch Professor Glatt einschaltete, nichts mehr von ihm gehört... Er war verschollen, untergegangen in der grauen Masse der Menschen, vielleicht unbekannt verhungert und begraben in der Ecke irgendeines Friedhofes. Ein Unbekannter, dessen Grab von Unkraut überwuchert war und den man später umbettete in das Massengrab alter Knochen, um Platz zu haben für andere Tote.

Ganz zu glauben vermochte sie allerdings nicht, was Professor Glatt vermutete: Franz hätte sich in einem Anfall nervlicher Zerrüttung irgendwo das Leben genommen. Sie wußte, wie sehr er am Leben hing und daß er die Blumen und die Schönheit der Natur zu sehr liebte, als daß er alles von sich werfen konnte.

So war Franz Krone für Greta Sanden eine wehe Erinnerung geworden, ein Schmerz, der langsam in ihrem Inneren verklang, denn das Leben ging weiter, auch ohne Franz Krone, es blieb nicht stehen, um mit Greta zu trauern. So hatte sie auch nach einem etwas langgezogenen, zähen Briefwechsel endlich der Bitte des Assessors nachgegeben, mit dem sie in Timmendorf bekannt geworden war, und sich mit ihm verlobt. Sie war mit ihm zu seinen Eltern gefahren, und sie hatte ihnen alles erzählt. Die Mutter verstand sie, und sie meinte, daß es die Aufgabe ihres Sohnes sei, sie diesen Kummer vergessen zu lassen, und daß vielleicht die Zuneigung der jungen Menschen zueinander auch einmal die Erinnerung an den großen Schmerz verblassen lasse. Sie waren dann allesamt mit dem Wagen des alten Herrn in die Holsteinische Seenplatte nach Plön gefahren, wo die Verlobung in engstem Kreis gefeiert wurde und der Assessor Greta den Ring an den Finger steckte.

Kurz darauf bezog Greta in Lindenthal ihre kleine Wohnung, die sie sich für ihre ersparten fünfzehnhundert Mark gekauft hatte. Die Frage nach einer Heirat schob sie immer wieder hinaus. »Wir haben ja noch Zeit«, sagte sie immer, wenn ihr Verlobter das Thema anschnitt. »Ich will dich nicht arm wie eine Kirchenmaus heiraten. Ich will mir meine Aussteuer selber schaffen. Wir sind ja noch jung…« Und der Assessor wußte, daß es vergeblich war, dagegen zu sprechen – er schickte sich darein und kam jeden Samstag von Duisburg, wo er in einem Stahlwerk als Rechtsbeistand beschäftigt war, nach Köln, um mit Greta das Wochenende zu verleben. Seine Doktorarbeit hatte er beendet… Es würde nicht mehr lange dauern, bis er das Dr. jur. vor seinen Namen setzen konnte.

An einem der Abende nun, die Greta zu Hause unter der Stehlampe verbrachte, auf die Couch gekuschelt und lesend, fiel ihr Blick auf die Notiz, daß der berühmte Tenor Francesco Corani in München ein dreitägiges Gastspiel geben würde. »Seine Stimme ist eine Mischung von Carusos baritonaler Gewalt und Giglis unvergleichlicher Süße – ihn zu hören ist die Erfüllung der Opernmusik«, schrieb der Essayist etwas überschwenglich. »Coranis Tenor ist ein Naturereignis wie etwa der Niagarafall oder Ebbe und Flut. So unwahrscheinlich schnell sein Stern am Musikhimmel aufging, so berechtigt ist die Annahme, daß eine solche Stimme seit Menschengedenken noch nicht auf einer Opernbühne gestanden hat!«

Greta Sanden las diesen Artikel wie jeden anderen in der Zeitung. Nur einen kurzen Augenblick dachte sie dabei an Franz. Hatte man nicht auch von ihm gesagt, er würde jeden Sänger übertreffen?

Sie blätterte um und las einen anderen Artikel, und noch während sie las, war der Name Francesco Corani wieder vergessen. Sie würde ihn auch nicht anhören, denn an dem Abend, an dem er in München sang und die Sender ihn übertrugen, war ihr Verlobter in Köln, und sie wollten zusammen einen neuen Film in den Hahnentorlichtspielen besuchen.

So ging der Name Corani an Greta vorbei wie jeder andere Name, der ohne Interesse für sie war. Sie spürte nicht, wie ihr das Schicksal die Hand bot und die Möglichkeit gab, mit einer Zeile, einem Anruf, einem Fahrschein nach München ihrem Leben einen anderen Sinn zu geben.

Sie legte die Zeitung aus der Hand und schob den Schirm der Stehlampe etwas zur Seite. Vom Radio herüber tönte leise Tanzmusik. Sie legte den Kopf in die Kissen zurück und schloß die Augen. Sie war müde, und die leise Musik trug sie hinüber in das Traumreich, von dem Goethe sagte, es sei allzeit ein getreuer Freund.

Der Empfang in München war ein wenig dramatischer als die Wirkung der Zeitungsnotiz auf Greta Sanden.

Intendant Dr. Fischer hatte wieder seine Gastzimmer herrichten lassen. Das große weiße Haus in Grünwald glich einem Bienenstock. Kurz vor Ankunft der Wagen, mit denen Corani, Sandra Belora und Professor Caricacci vom Hauptbahnhof abgeholt wurden, erlosch die rege Tätigkeit, und die Villa lag empfangsbereit unter einer bläulichweiß schimmernden Schneedecke...

An jenem Nachmittag nun rollten die Wagen vor der Villa Dr. Fischers aus. Der Diener öffnete die Tür, und Sandra wirbelte in ihrem dicken Pelz in die Halle.

»Fischerchen!« rief sie begeistert. »Hier sind wir!« Sie flog dem Intendanten um den Hals und küßte ihn auf die Wange. Dann drehte sie sich um und zeigte auf einen älteren Mann, der lächelnd in der Tür stand und dem Diener seinen Ulster abgab. »Das ist Professor Caricacci.«

Dr. Fischer trat dem Italiener entgegen mit weit ausgestreckten Händen. »Endlich lernen wir in Deutschland auch den Entdecker der Stimmwunder kennen.« Er drückte Caricacci die Hand. »Wissen Sie, wie man Sie in der Fachwelt nennt? Den Mann mit dem goldenen Blick! Denn was Sie entdecken, ist immer Gold in der

Kehle!« Dr. Fischer sah sich um und schüttelte den Kopf. »Wo haben Sie denn unseren Wundertenor?«

»Ich glaube, er steht draußen bei dem Diener.« Caricacci lächelte geheimnisvoll. »Sie werden einen Schlag bekommen, Dr. Fischer.«

Der Intendant winkte ab. »Kann ich mir denken. Die große Stimme ist klein und kugelrund. Ich kenne das von Caruso und Gigli her... Mich erschüttert nichts.«

In diesem Augenblick öffnete sich die Tür, und Francesco Corani trat in die Halle.

Stumm, versteinert, mit weit aufgerissenen Augen sah ihn Dr. Fischer an. Sandra wollte etwas vermittelnd sagen – aber Caricacci winkte ihr heimlich ab.

Corani blieb an der Tür stehen und sah seinerseits Dr. Fischer stumm an. So standen sie sich eine Weile gegenüber, ehe Dr. Fischer das erste Wort fand. »Sie?« sagte er leise, gedehnt.

»Ja.«

»Sie sind – Francesco Corani?«

»Leider.« Corani verbeugte sich. »Ich bin gekommen, Ihnen die fünfzehntausend Mark Konventionalstrafe zu zahlen.«

Dr. Fischer schluckte. Er wandte sich an Caricacci und schüttelte den Kopf. »Es ist mir, als habe ich einen bösen Traum«, sagte er schwach. »Franz Krone ist Corani? Krone – Corani – ich hätte es mir eigentlich zusammenreimen können. Mein größter Theaterskandal...«

»Franz Krone ist vergessen, Herr Intendant.« Caricacci rieb sich aus Verlegenheit die Hände. »Er ist praktisch gestorben. Heute steht Francesco Corani vor Ihnen, dem die Welt zu Füßen liegt. Das allein sollten Sie sehen. Die Vergangenheit ist tot.«

»Selbstverständlich...« Dr. Fischer schüttelte den Kopf, als könne er es noch immer nicht begreifen. Er trat auf Corani zu und reichte ihm die Hand. »Seien Sie mir willkommen.« Ein schwaches Lächeln überflog sein Gesicht. »Ich habe Ihnen Ihr altes Zimmer gegeben... Hoffentlich ist die Erinnerung nicht stärker, als Sie wollen.«

»Keineswegs.« Corani drückte die dargebotene Hand. Über sein braungebranntes, etwas voller gewordenes Gesicht zog der Schein ehrlicher Freude. »Sie sind mir nicht mehr böse, Herr Dr. Fischer?«

»Ihnen, Maestro Corani? Wie könnte ich? Sie sind zum erstenmal mein Gast. Aber diesen Franz Krone könnte ich heute noch erwürgen. Sie wissen gar nicht, was alles geschah, nachdem er verschwunden war. Ich bin lächerlich gemacht worden und hatte alle Mühe, meine Position als Intendant zu behalten. Vor allem eine Dame machte mir die Hölle heiß, sie tobte und schrie, brach alle Verträge und zerschlug mein halbes Büro in einem Anfall von Tobsucht. Sie kennen die Dame?«

»Fischerchen...«, sagte Sandra sanft. »Nicht mehr davon sprechen. Bitte – bitte –«

Caricacci lachte plötzlich laut auf und bog sich. Er lehnte sich an die Wand und lachte, lachte.

»Welch ein Drama!« japste er. »Welch eine Komödie. Besser als von Goldoni und jede Rossini-Oper!« Er trat zwischen die verlegen Herumstehenden und machte eine große, alle umfassende Handbewegung. »Kinder, reicht euch die Hände, vergeßt und denkt daran, daß morgen der ›Troubadour‹ der größte Erfolg der Münchener Oper sein soll! Und jetzt – Herr Dr. Fischer, nehmen Sie es mir nicht übel –, jetzt habe ich einen Bärenhunger.«

Dr. Fischer reckte sich befreit, er klopfte Corani auf die Schulter und legte dann den Arm um ihn. »Ob Corani oder Krone – es ist ja alles wurscht, wie der Bayer sagt. Die Hauptsache ist, Sie singen dieses Mal so, daß wir alle den ersten Reinfall wirklich vergessen. Und nun, liebe Gäste – hinein in das Speisezimmer... Ich habe erwartet, daß ihr alle einen Bombenhunger habt!«

Ähnlich wie Dr. Fischer erging es Professor Bucher, als er den Orchesterraum betrat und sich an sein Dirigentenpult setzte. Er sah Franz Krone auf der Bühne stehen und legte entgeistert den Taktstock hin. »Ich kann nicht dirigieren«, sagte er in die Stille hinein. »Ich leide plötzlich an Halluzinationen!« Auch Regisseur Vandenbelt, der heute frei hatte, da den »Troubadour« Oberspielleiter Sandor, ein Ungar, inszenierte, starrte verblüfft auf die Bühne.

»Das ist Corani?« sagte er zu Dr. Fischer, der neben ihm saß.

»Wenn das man gut geht!«

»Wer in der Metropolitan sang und in Rom, in der Scala und der Covent Garden, der kann auch in München singen, Vandenbelt.«

»Man sollte es annehmen.« Vandenbelt putzte sich die Nase. »Ich möchte nicht an Sandors Stelle sein.«

»Corani ist nicht Krone! Der Mann hat eine gründliche Wandlung durchgemacht. Es wird interessant sein, seine Lebensgeschichte zu erfahren.«

Die Lichter erloschen. Ohne Ouvertüre, die nicht geprobt zu werden brauchte, begann der erste Akt. Nach zwei Stunden, eigentlich schon nach dem Ständchen des Troubadours und erst recht nach der Stretta, die Dr. Fischer vor Entgeisterung über die Gewalt der Stimme fast starr machte und Professor Bucher mit dem Taktstock an das Pult trommeln ließ, wußte jeder, daß diese »Troubadour«-Aufführung in die Geschichte der Staatsoper München eingehen würde.

Die Verständigungsprobe – wie man eine Probe mit fremden Künstlern nennt, damit das Zusammenspiel mit den ansässigen Künstlern ohne Fehler abläuft – verlief ohne Zwischenfall. Professor Bucher legte seinen Taktstock hin und rannte durch den Gang unter der Bühne hinauf in die Kulissen und stürzte auf Francesco Corani zu.

»Krone!« rief er. »Krone – ich müßte Sie ohrfeigen, daß Sie damals nicht so gesungen haben! Was war nur in Sie gefahren, Mensch?!«

»Krone?!« Corani sah sich erstaunt um. Die anderen Sänger grinsten. »Sie verwechseln mich, Herr Generalmusikdirektor. Ich bin Francesco Corani.«

Professor Bucher schlug die Hände über dem Kopf zusammen. »Junge, mach mich nicht ganz verrückt!« Er umarmte Corani und nickte immer wieder wie eine Spielpuppe mit einem Spiralhals. »Aber es ist schön, daß du zurückgekommen bist, daß du Deutschland nicht vergessen hast.«

Am 19. Februar 1954 fand das Gastspiel Francesco Coranis statt, nicht am 12. Mai, wie zuerst geplant. Alle europäischen Sender übernahmen die Aufführung, die Kunstkritiker aller maßgebenden Zeitungen und Zeitschriften saßen in der Oper, die bayerische Regierung, Vertreter der Bundesregierung, die hohe Geistlichkeit, die Konsuln und diplomatischen Vertreter in Bayern. Es war ein glanzvoller Abend mit wertvollen Abendroben der Damen und neuesten, nachtblauen Fräcken der Herren, kostbaren Geschmeiden und einem Aufgebot berühmter Namen aus Kunst, Literatur, Wissenschaft und Film. Die drei Abende waren ausverkauft, Karten wurden zu Preisen gehandelt, wie sie selbst in den besten Zeiten des Münchener Schwarzmarktes nicht bekannt waren. Die Wochenschau hatte einen Platz neben dem Orchester eingenommen, das Fernsehen fuhr auf einem geräuschlosen Schlitten vor der Rampe des Orchesterraumes hin und her.

Der »Troubadour« von Verdi mit Francesco Corani und Sandra Belora.

Als der Vorhang fiel über das wundervolle Miserere, erhoben sich die zweitausend Zuschauer und brachen in einen Jubel aus, wie er in der Münchener Oper noch nicht erklungen war. Und immer wieder verbeugten sich Corani und Sandra, bis der eiserne Vorhang sich senkte und der Lärm des Applauses nur noch schwach auf die Bühne tönte. Aber auch dann noch mußten sie durch die kleine Tür des »Eisernen« an die Rampe treten und sich immer wieder verbeugen.

Dr. Fischer strahlte. Er saß in der Loge neben dem bayerischen Ministerpräsidenten und war im tiefsten Grunde seines Herzens glücklich. Professor Bucher hatte sein Frackhemd durchgeschwitzt und stand im Dunkel des Orchesterraumes, schwer atmend und müde.

Bevor sich nach dem Begeisterungssturm der Andrang zu den Garderoben ergoß, ließ sich ein Mann fast allein seinen Mantel geben. Es war ein kleiner, etwas dicklicher alter Herr mit einer grauen Löwenmähne und einer blitzenden Goldbrille. Er ließ sich seinen pelzgefütterten Mantel reichen und nahm dann vor der Oper eine Taxe.

»Zum Karlstor«, sagte er.

Dort, in der großen Weinprobierstube, setzte er sich an einen der hölzernen Tische und bestellte sich einen alten, goldgelben und fast sirupartigen Tokaier.

Er hob das Glas gegen das Licht und sagte leise: »Auf dein Wohl, Franz Krone.« Dann trank er das Glas bedächtig leer und schmunzelte vor sich hin.

Auch Professor Glatt war an diesem Abend glücklich...

Greta Sanden und ihr Verlobter, der Assessor, waren an diesem Samstagabend nicht ins Kino gegangen, wie sie es sich vorgenommen hatten. Sie saßen in der kleinen Wohnung Gretas auf der Couch unter der Stehlampe und hörten sich die Radioprogramme an. Greta machte zwischendurch in der Kochküche, die nur durch einen Plastikvorhang von dem Wohnzimmer getrennt war, das Abendessen fertig, während der Assessor in einem Roman blätterte, den er auf dem Teetisch gefunden hatte.

Um acht Uhr begann die Durchsage in sieben Sprachen aus München. Der Assessor beugte sich etwas vor und drehte das Radio lauter. »Greta!« rief er. »Die Opernaufführung aus München beginnt. Mach schnell und setz dich zu mir!«

»Welche Oper?« rief Greta aus der Küche zurück.

»›Troubadour‹. Hast du denn nicht gelesen, daß Francesco Corani und Sandra Belora singen?«

Greta legte das Messer hin, das sie gerade in der Hand hielt, um ein Brötchen mit Butter zu bestreichen. Der Name Corani sagte ihr nichts, aber Sandra Belora gab ihr einen kleinen Stich ins Herz. »Sie hat einen weißen De-Soto-Wagen«, dachte sie plötzlich. »Und Franz' Aktentasche, die ich ihm in Köln kaufte, lag auf dem Sitz. Und sie gingen in die Oper, lachend, sich unterfassend, während ich in der Haustür gegenüber stand... – Ich komme gleich«, sagte sie tapfer. Aber sie richtete das Abendessen nicht weiter an, sondern lauschte auf die Sprecher des Rundfunks, die die Opernaufführung ansagten. Zuerst in deutsch, dann englisch, dann französisch, italienisch, spanisch, schwedisch und norwegisch. Und immer wurde der Name Sandra Belora genannt, bei dem Greta die Lippen zusammenbiß und die Stirne runzelte.

Als die Ouvertüre aufklang, kam sie ins Zimmer und setzte sich still in eine Ecke der Couch. Der Assessor hatte sich zurückgelehnt und genoß den Zauber der Verdischen Musik.

Die Stimmen Fernandos und des Soldatenchores im ersten Bild brausten durch das stille Zimmer. Greta hatte aus dem Büfett eine Flasche Wein geholt und goß ihn gerade in die Gläser, als das zweite Bild begann mit dem Ständchen des Manrico. Bei dem ersten Ton der Stimme Sandra Beloras hatte sie mit dem Eingießen gezögert, jetzt, als der wundervolle Tenor aufklang, begann ihre Hand zu zittern, und sie vergoß den Wein auf die Tischdecke.

»Was hast du?« fragte der Assessor erstaunt.

Greta schüttelte den Kopf. »Nichts«, sagte sie leise. »Gar nichts …«

Sie hatte den Kopf vorgestreckt, über ihr bleiches Gesicht lief ein Zucken. »Das ist doch nicht möglich«, durchfuhr es sie zitternd. »Das ist doch Wahnsinn, das kann doch nicht sein … Das ist Franz' Stimme … Sie muß es sein – ich kenne ihre Eigenheiten viel zu gut; zu oft habe ich ihn gehört, wenn er übte oder wenn er für mich ganz allein auf seinem Zimmer seine Opern sang. Er fragte mich dann immer: ›War es gut?‹ Und wenn ich nickte, küßte er mich glücklich.« Sie hielt den Atem an, weil der eigene Atem sie plötzlich störte … Da – da war es wieder, dieser kleine Schluchzer beim Ansetzen eines hohen Tones nach einer Fermate … Das war eine Eigenheit von Franz, die sie sonst noch nie gehört hatte und die seiner Stimme etwas Wehmütiges gab, jene »Träne des Gesanges«, die die Hörer immer wieder begeistert.

Graf Luna trat auf. Sein gewaltiger Bariton erfüllte die Szene, Manrico sprang auf die Bühne, das große Streitterzett schien alle Mikrophone zu sprengen, das Fest der Stimmen erstrahlte wie ein tausendfaches Feuerwerk, dessen goldene Sterne in Kaskaden zur Erde zurückfallen und die Nacht erhellen mit dem Zauber unwirklicher Schönheit.

Greta Sanden stand noch immer am Tisch. Die Flasche hatte sie hingesetzt, mit geschlossenen Augen lauschte sie der Stimme, die sieghaft, alles übertönend, wie zum Schwingen gebrachtes Metall das Maß einer menschlichen Kehle zu sprengen schien.

Schwerterklang, der Zweikampf zwischen Manrico und Graf Luna, der Aufschrei Leonores – »es ist Sandra«, durchzuckte es Greta, »Sandra und Franz – sie singen wieder zusammen –«, dann fiel der Vorhang, und das Radio überschlug sich in dem aufdonnernden Applaus der zweitausend Gäste.

»Welch eine Stimme!« sagte der Assessor leise und ergriff ein Glas. Er trank einen Schluck und stellte es dann wieder auf den Tisch zurück. »Dieser Corani ist wirklich einmalig…« Er blickte zu Greta hinüber und erhob sich erstaunt. Noch immer stand sie mit geschlossenen Augen am Tisch, und es schien, als schwanke sie jetzt ein wenig. Er trat zu ihr hin und umfaßte sie. »Was hast du?« fragte er besorgt. »Ist dir nicht gut? Leg dich ein wenig hin…«

Greta Sanden schüttelte den Kopf. »Es ist unmöglich«, stammelte sie. »Es kann doch nicht möglich sein…«

Entsetzt umfaßte sie der Assessor. »Was ist denn, Greta? Greta?!« Er schüttelte sie, als müsse er sie aus einem Trancezustand erwecken. Sein Gesicht war angstvoll verzerrt. »Was hast du denn?! Sprich doch! Du bist ja ganz blaß. Greta…« Er wollte sie küssen, aber sie wich ihm aus und nahm ihr Gesicht zur Seite.

»Corani…« Sie senkte den Kopf. Und plötzlich weinte sie, die Tränen stürzten ihr aus den Augen, so sehr sie sich dagegen wehrte. Sie verbarg den Kopf an der Schulter des Assessors, ein wildes Schluchzen durchschüttelte ihren Körper.

»Corani?« sagte der Assessor verblüfft. »Was ist denn mit Corani…?«

»Corani ist Franz«, schrie sie an seiner Schulter.

»Franz Krone…« Der Assessor drückte Greta an sich und starrte auf das Radio, aus dem jetzt der Zigeunerchor ertönte. Gleich würde er wieder singen, gleich blühte diese herrliche Stimme wieder auf, die schönste Stimme, die je auf einer Bühne gesungen hatte.

Er ließ Greta los und stand mit ein paar Schritten am Radio. Er drehte es aus. In diesem Augenblick begann er diese Stimme, der die ganze Welt zujubelte, zu hassen. Er haßte sie plötzlich so glühend, daß er alle Vernunft verlor und die Fäuste ballte. Sein Gesicht war wächsern und verzerrt. »Dieser Lump!« sagte er hart.

»Er lebt!« Greta sah ihn mit einem glücklichen Lächeln an. »Er lebt... Er ist nicht verkommen. Und er singt schöner als je zuvor...«

»Er ist ein Schuft!« schrie der Assessor. »Er hat dich betrogen, er hat den Toten gespielt, und als Francesco Corani kommt er wieder, maskiert wie ein Dieb, unter falschem Namen...«

»Aber er ist da!«

Aus einer anderen Wohnung erklang die Stimme Coranis. Sie schwebte über die Straße, unwirklich in ihrer Klarheit und Kraft. Mit einem Satz war der Assessor am Fenster und schlug es zu. »Ich kann ihn nicht mehr hören!« schrie er.

Greta lehnte an der Tür, sie war zurückgewichen und sah den Assessor mit großen, bittenden Augen an.

»Ich habe geglaubt, er ist tot«, sagte sie stockend. »Aber jetzt lebt er, jetzt ist alles anders...«

»Was soll das heißen?«

»Ich muß zu ihm nach München...«

Der Assessor starrte sie an, als habe er sie nicht verstanden. Schwer atmend hob und senkte sich seine Brust. »Du willst zu ihm?« sagte er leise. »Du willst unsere Verlobung lösen?«

»Ich muß es... Ich habe versprochen, auf ihn zu warten.« Sie hob beide Arme. »Versteh mich doch«, sagte sie bittend. »Du weißt, daß ich mich nur mit dir verlobte, weil ich glaubte, er käme nie wieder. Aber jetzt ist er da...«

»In München!« schrie der Assessor. »Als Francesco Corani! Mit Sandra Belora, die seine Geliebte ist. Alle Welt weiß, daß sie seine Geliebte ist! Du bist aus seinem Gedächtnis entschwunden... Mit keinem Gedanken erinnert er sich an dich! Du warst gut genug, seine Ausbildung zu bezahlen... Er liebte dich, solange er dich brauchte, aber jetzt, wo er der große Corani ist, bist du Luft für ihn!«

Sie sah zu Boden, mit hängenden Armen stand sie in der Tür. Aus der Nebenwohnung tönte durch die dünnen Wände eine Stimme; sie war weich, schwebend, von einer Süße, die an das Herz griff und gleichzeitig erschauern ließ im Erlebnis des Einmaligen. Der Assessor hielt sich die Ohren zu. »Ist denn die ganze Welt voll Corani?!«

schrie er. Er stürzte an die Wand und trommelte mit beiden Fäusten an die Mauer. »Leiser stellen!« schrie er dabei. »Stellen Sie leiser! Zum Teufel! Leiser!«

In der Nebenwohnung wurde das Radio leiser gedreht. Lastende Stille war jetzt in dem kleinen Raum. Mit in das Gesicht hängenden Haaren stand der Assessor an der Wand.

»Greta«, sagte er stockend. »Greta, ich liebe dich... Ich will dich nicht verlieren! Ich werde um dich kämpfen! Gegen diese Stimme!«

Sie schüttelte den Kopf. »Warum machst du es uns allen so schwer?« sagte sie schwach. »Ich kann nicht mehr bei dir bleiben, seitdem ich weiß, daß er lebt. Ich gehöre zu ihm.«

»Er wird dich gar nicht beachten! Er liebt Sandra Belora!«

»Er ist in ihrem Bann, aber er liebt sie nicht. Ich weiß es...«

»Bildest du dir ein, die einzig richtige Frau eines Corani zu sein?!« Er lachte grell. »Die schönsten Frauen liegen ihm zu Füßen! Er ist nicht mehr der weltferne Franz Krone, der Blumen züchtete und dabei sang, sondern er ist der gefeierte Corani geworden, dessen Stimme selbst Gigli ein Wunder nennt! Greta, sei doch vernünftig...«

»Erst muß ich ihn sehen, ihn sprechen...« Sie fuhr sich mit der Hand zerfahren durch das Gesicht und die Haare. »Ich werde nach München fahren...«

»Nicht allein! Ich begleite dich!«

Sie schüttelte den Kopf. »Es ist besser, ich spreche allein mit ihm.«

»Ich habe ein Recht, als dein Verlobter dabei zu sein!«

Eine Weile sahen sie sich stumm an. Jeder wußte in diesem Augenblick, was der andere dachte. Es war eine jener geheimnisvollen Situationen, in denen die Seelen der Menschen bloßliegen und man ihr Inneres sieht wie auf einem Röntgenbild. Nichts war mehr zu verbergen, alles war klar, folgerichtig und auf einmal so einfach und selbstverständlich.

»Greta«, sagte der Assessor leise. »Greta – tu es nicht.«

Sie antwortete nicht, aber sie zog den schmalen, goldenen Ring von ihrer linken Hand und legte ihn auf die Tischdecke. Dort lag er im Schein der Stehlampe, schwach blinkend, ein Symbol der

Hoffnung und der Liebe.

Der Assessor senkte den Kopf. Er nahm den Ring nicht auf, er trat von der Wand weg ins Zimmer, nahm von der Garderobe seinen Mantel und seinen Hut und blieb an der Tür vor Greta stehen.

»Du schickst mich weg?« Alle Bitterkeit lag in diesen Worten. Greta schloß die Augen, weinend lehnte sie sich an den Türrahmen. »Ich wollte dich zu meiner Frau machen... Du hättest ein ruhiges, schönes, sorgloses Leben gehabt... Du und unsere Kinder...« Er schluckte, seine Stimme schwankte, und er zwang sich, fest zu bleiben. »Es wäre ein schönes Leben geworden, eine kleine, geborgene Welt, in der wir glücklich sein konnten. Wir hätten ein Häuschen gebaut mit einem Garten herum, wir wären in den Ferien verreist, irgendwohin, eine glückliche Familie, die man beneidete. Das alles wirfst du weg eines Mannes wegen, der ein Lump ist, ein Vagabund, und es immer bleiben wird. Ein Künstler, der das Maßlose braucht, um seiner Kunst zu dienen. Ein Mensch, der trotz seiner gottbegnadeten Stimme nie glücklich sein wird und nie wahres Lebensglück geben kann, weil er gar nicht weiß, was Zufriedenheit und Geborgenheit bedeuten!«

»Bitte – geh«, sagte sie leise.

Der Assessor nickte schwer mit dem Kopf. »Ich gehe, Greta. Du weißt, daß ich dich liebe, wirklich liebe. Ich werde immer für dich da sein, wenn du mich rufst. Vielleicht wird alles so, wie wir es uns erträumt haben, wenn du einsehen lernst, daß dieser Franz Krone nur eine Utopie ist, wenn er dich wieder enttäuscht und du einsamer als damals im Leben stehst und verzweifeln könntest. Du kannst immer zu mir kommen, vergiß es nicht, Greta –«

Er trat an ihr vorbei in den dunklen Flur; dort zog er seinen Mantel an und verließ dann die Wohnung. Sie hörte, wie unten die Haustür zuklappte; sein Schritt knirschte durch den Schnee, er verlor sich in der Nacht.

Da fiel sie aufschluchzend auf die Couch und vergrub das Gesicht in die Kissen.

Durch die Nacht – war es von oben oder unten, oder kam es über die Straße geflattert? – geisterte eine herrliche Stimme.

»Lodern zum Himmel…« Die Stretta des Manrico… Die Glanz-arie des Troubadours, nach der der Opernraum vom Beifall fast ge-sprengt wurde.

Francesco Corani sang. Seine Stimme riß Greta wieder empor, sie lauschte ihr, während ihr die Tränen unaufhaltsam über die Wangen liefen.

Mit dem letzten Nachtzug fuhr Greta Sanden nach München. Frierend stand sie in Frankfurt auf dem zugigen Bahnhof und war-tete auf den Anschluß. Beim Morgengrauen hockte sie in der Ecke des Abteils und schlief, zugedeckt mit ihrem Mantel. Draußen flog die verschneite Landschaft vorbei, im Frost erstarrt und leblos.

Als sie in München ankam, schneite es wieder. Dicke, schwere Flocken tanzten vom Himmel. Ein Taxifahrer nickte Greta zu, als sie, sich umblickend, aus der Bahnhofshalle trat. »Wollen S' foah-ren?« fragte er. Sie nickte und stieg in den Wagen. »Wohin denn, Fräulein?«

»Zur Staatsoper, bitte.«

Sie sank in die Polster zurück und blickte nicht nach rechts oder links. »Was wird Franz sagen?« dachte sie immer nur. »Wie wird er mich begrüßen, und was wird aus Sandra Belora…?«

Im Schnee knirschend hielt der Wagen vor der Oper. Der Fahrer wandte sich zurück. »Hier san mer. Mocht fünf Mark achtzig!«

Greta nickte und starrte auf den großen Bau.

Sie hatte Angst, den schützenden Raum des Wagens zu verlas-sen…

Francesco Corani war allein in dem Haus Dr. Fischers, als es schellte und der Diener ging, um zu öffnen. Caricacci, Sandra und Dr. Fi-scher waren in die Stadt gefahren, um Caricacci München zu zeigen. Sie wollten erst am Abend wiederkommen, denn der Professor aus Italien wollte die Luft des Hofbräuhauses genau so stilecht einatmen wie die Schönheit der Residenzbauten oder das Kreischen und To-ben der entfesselten Massen im Catcherzelt. Corani hatte gebeten, zu Hause bleiben zu dürfen. Er war müde von den Feiern nach dem Premierenabend, bei dem Empfang der bayerischen Regierung und dem Bankett im Bayerischen Hof. Außerdem wollte er ein wenig schreiben. »Ein paar Briefe nach Rom«, sagte er, »an die Kollegen.« So waren sie allein gefahren, und er saß jetzt im Salon seitlich von dem offenen Kamin, dessen Flammen über die dicken Teppiche zuckten und an den Wänden feurig emporkrochen.

Er schrieb einen Brief nach Köln, aber nicht an Greta Sanden, sondern an seinen alten Professor Glatt, den er einlud, sein nächstes Gastspiel in Hannover zu besuchen.

»Ich würde mich sehr freuen, wenn ich Sie für diesen Abend auch weiterhin meinen Gast nennen dürfte, denn ich weiß, ich habe gerade an Ihnen sehr viel gut zu machen. Daß ich Francesco Corani geworden bin, mag ein kleiner Dank an Sie, meinen Entdecker, sein, aber ich möchte, daß nun auch Sie an dem Erfolg teilhaben sollen, der auch Ihr Werk ist. Wie alles gekommen ist, werde ich Ihnen dann erzählen, und ich weiß, daß ich bei Ihnen Verständnis erwarten kann, wenn es auch schwer ist zu glauben, daß man verzeihen kann, wenn eine Enttäuschung so groß war wie die Ihre über mich.«

In diesem Augenblick schellte es, und Corani hörte in der Halle eine Stimme, die auf den Diener einsprach. Dann klopfte es, und der Diener trat in den Salon.

»Draußen ist eine Dame, die Herrn Corani sprechen möchte. Sie läßt sich nicht abweisen und sagt, sie sei eine alte Bekannte von Ihnen.«

»Ein alter Trick!« Francesco Corani lachte und legte den Füllfederhalter zurück. »Ist sie wenigstens nett?«

»Nicht ganz Ihr Typ«, meinte der Diener steif. Er dachte dabei an Sandra Belora und schüttelte bedauernd den Kopf. »Soll ich sie abweisen?«

»Bitte nicht!« Corani erhob sich. »Lassen Sie sie eintreten. Es interessiert mich, wer mich einen ›alten Bekannten‹ nennt...«

»Wie Sie wünschen.«

Der Diener öffnete die Tür und rief in die Halle: »Kommen Sie, bitte!«

Er gab die Tür frei und trat zur Seite. Greta Sanden blieb am Eingang zum Salon stehen und sah auf den großen Mann, der im Halbdunkel, von den Flammen des offenen Kamins umzuckt, im Zimmer stand und ihr entgegensah. »Franz«, sagte sie leise.

Corani war es, als griffe eine kalte Hand an sein Herz. Er atmete tief auf, weil es ihm war, als stehe er plötzlich in einem luftleeren Raum und müsse ersticken. »Greta«, sagte er mühsam.

Leise schloß der Diener die Tür und entfernte sich schnell.

Corani rührte sich nicht vom Kamin, er war unfähig, einen Schritt zu gehen. Auch Greta stand noch an der Tür und suchte Halt an der kalten Mauer. »Ist es schlimm, daß ich gekommen bin?« fragte sie leise.

»Nein… Aber nein… Durchaus nicht. Woher weißt du, daß ich in München bin…?«

»Ich habe deine Stimme im Radio gehört. Ich habe sie sofort erkannt, auch, wenn du jetzt Francesco Corani heißt… Der große Corani, der beste Tenor unserer Erde! Ich habe es gleich gehört und bin in der Nacht hierher gekommen.« Sie lächelte schwach und ein wenig wehmütig. »Aber diesmal ohne Papiere für das Standesamt…«

»Greta –« Corani trat auf sie zu. Es war, als sei ihm jeder Schritt eine Qual, als bringe ihn jeder Meter einer Schuld entgegen, die er nie begleichen konnte und die er zeit seines Lebens mit sich herumtragen würde. »Ich will dir alles erklären…«

»Was willst du mir erklären, Franz? Warum du damals weggelaufen bist, wo du die ganze Zeit gewesen bist, warum du nicht geschrieben hast, was du mit Sandra Belora hast oder mit anderen, die in diesen Monaten deinen Weg gekreuzt haben – willst du mir das alles erklären?«

»Greta – ich habe gemein gehandelt, ich weiß es.« Er streckte ihr die Hand hin, sie zitterte. »Willst du mir trotzdem die Hand geben?! Du brauchst es nicht – ich habe es nicht verdient. Aber glaube mir – es war alles so schrecklich, so hoffnungslos, so ohne Ausweg für mich…«

»Und heute?« Greta nahm die Hand, drückte sie schwach und entwand ihm dann ihre Finger. »Heute bist du weltberühmt und hast alles vergessen, nicht wahr?«

Corani senkte den Kopf. »Du – du – hast auf mich gewartet?« fragte er zögernd. »Die ganze Zeit?«

»Ja. ›Wenn ich Sänger bin, hole ich dich nach München‹, hast du gesagt. ›Wir heiraten dann‹ – ich habe es geglaubt, Franz.« Sie hob die Hand, als er den Kopf aufrichtete und etwas sagen wollte. »Nein – sprich jetzt nicht! Erkläre nichts, versuche keine Ausflüchte. Ich bestehe nicht mehr auf deinem Versprechen. Ich war verlobt – ich habe mich gestern abend von diesem Mann gelöst, als ich dich singen hörte. Nicht, weil ich dich zwingen will, etwas zu tun, was du längst vergessen hast, sondern weil ich allein sein will, jetzt, wo ich weiß, daß du lebst und mein Leben –« Sie sprach plötzlich nicht weiter, sondern wandte sich brüsk ab und weinte haltlos. Sie lehnte den Kopf an die Wand und schluchzte, ihr schlanker Körper bog sich wie in einem Krampf.

Corani stand hilflos daneben und rang die Hände. Zaghaft berührte er endlich ihre Schulter und drehte sie zu sich herum. Ihr tränenüberströmtes Gesicht war kindlich und aufgelöst. »Wie damals in der Gärtnerei«, dachte er, »als sie den letzten Omnibus wegfahren ließ und bei mir blieb.« Er hatte dieses Gesicht geküßt, er hatte von ihm geträumt, wenn er ruhelos in seinem Zimmer auf dem Bett lag und nur wenige Stunden Schlaf fand, sondern nur übte, übte und lernte, um Professor Glatt nicht zu enttäuschen und für Greta und sich eine Zukunft zu gewinnen.

»Greta«, sagte er zögernd. Seine Stimme war belegt vor Erregung. »Ich habe keine Zeit gehabt, an das Vergangene zu denken. In Österreich bin ich nachts durch die Straßen geschlichen und an den Promenaden entlang und habe in den Abfalleimern gesucht, ob nicht etwas zu essen darin war. Und fand ich ein halbes Brot, das ein Kind weggeworfen hatte, oder einen Apfelkern, dann setzte ich mich in eine Ecke und aß es mit Heißhunger. Das alles wißt ihr nicht… Und das hat mich verändert, das hat mich hart gemacht.«

»Und war das alles nötig?« Gretas Stimme war ohne Mitleid und Mitgefühl. Zum erstenmal erkannte auch Corani, daß Greta in diesen beiden Jahren eine andere geworden war, reifer, kritischer und nicht weniger hart dem Leben gegenüber als er selbst. Diese Erkenntnis erschreckte ihn – er fühlte, daß ihn die Wandlung Gretas mehr ergriff als das plötzliche Wiedersehen.

»Ich trage an allem allein die Schuld«, gestand er. »Ich habe versagt, seelisch versagt. Es war ein Kurzschluß in mir – das ist alles, was ich sagen kann.«

Greta Sanden nickte. »Und jetzt bist du stolz geworden, unnahbar, eingebildet, du bist der große Corani, dem eine Welt zu Füßen liegt und der an einem Abend drei- oder vier- oder fünftausend Mark verdient. Der Star! Der Liebling der Götter!«

»So darfst du nicht reden, Greta.« Er machte eine hilflose Gebärde des Bittens und zeigte dann auf die Sesselgruppe am Kamin. »Komm näher... Setz dich...«

Greta schüttelte wild den Kopf. »Warum, Franz? Ich gehöre nicht in diese weichen Sessel – ich habe immer auf harten Stühlen gesessen. Trauter Abend am offenen Kamin... Vielleicht eine Märchenstunde von der guten Fee Sandra, die den Sänger Corani groß machte...«

»Sandra ist meine Partnerin.« – »Mehr nicht?«

Er schwieg und ging zu dem Feuer des Kamins. Mit dem Fuß stieß er einen neuen Buchenklotz in die Flammen, die Funken sprühten bis auf den gemauerten Rand. »Warum bist du gekommen, Greta?« fragte er, ihr noch immer den Rücken zudrehend.

»Um Abschied zu nehmen, Franz. Abschied von dem Franz Krone, dem Gärtner des rheinischen Vorgebirges, den ich einmal sehr, sehr liebte. Ich habe geglaubt, noch ein Stück, ein kleines, ganz kleines Stückchen von ihm hier zu finden – aber wer da am Kamin steht, ist Francesco Corani, voll und ganz Corani, der Liebling der Massen. Ich habe zwei Jahre auf den Augenblick gewartet, an dem ich dich wiedersehen durfte. Ich habe nie an deinen Tod geglaubt wie etwa Professor Glatt – ich habe es gefühlt, hier drinnen in der Brust, mit dem Herzen gespürt, daß du lebst und eines Tages wiederkommst. Aber nicht so wie heute, nein, so nicht!«

Sie zuckte mit den Schultern – es war eine Geste des Fatalismus, der Schickung in das Unvermeidliche. »Aber nun bist du da, und es fällt mir leicht, Abschied von dir zu nehmen, weil du nicht mehr der Mensch bist, den ich einmal liebte. Du bist ein Fremder – du müßtest es eigentlich selbst sehen, wenn du in den Spiegel schaust. Deine Augen sind anders, dein Mund, dein Lächeln ist gespielt, dein Glück ist Schminke, du spielst Theater, eine immerwährende Oper...« Sie knöpfte sich den Mantel zu und zog den Schal höher. »Leb wohl, Franz. Ich habe mich getäuscht – Franz Krone ist doch gestorben...« Corani drehte sich herum und streckte die Hände nach ihr aus. In seinem Gesicht lag offen die Qual des Augenblicks, in dem auch er erkannte, wie recht Greta mit ihren Worten hatte. »Ich werde oft Ihre Stimme hören, Herr Corani«, sagte sie leise. »Aber sie wird mir fremd sein. Eine herrliche Stimme, die ich hören werde wie die Stimme Giglis oder Mario del Monacos. Leben Sie wohl, Herr Corani...«

»Greta!« Es war ein Aufschrei, er wollte zu ihr hinstürzen, aber sie hatte bereits die Tür geöffnet und war in die Halle gegangen, wo der Diener stand, steif, mumienhaft. Er schloß die Außentür auf und verbeugte sich leicht.

Corani stand im Salon und starrte ihr nach, wie sie das Haus verließ. In seinem Gesicht zuckte es, er hatte die Hände in die Lehne des Sessels verkrallt und zitterte am ganzen Körper.

Eine Stimme an der Tür schreckte ihn auf.

»Soll ich Herrn Corani eine Erfrischung bringen?« fragte der Diener. Sein Gesicht war ausdruckslos, fast ledern.

»'raus!« brüllte Corani auf. »'raus! Lassen Sie mich allein! Alle, alle laßt mich allein! Ich will keinen mehr sehen! Keinen! Keinen!«

Er stürzte auf die Tür zu und schlug sie vor dem Diener zu. Wir irrsinnig rannte er dann in dem großen Salon hin und her, bis er vor einem langen, venezianischen Spiegel stehen blieb.

»Sieh in den Spiegel«, durchfuhr es ihn. »Du bist ja nicht mehr du selbst...«

Er starrte sein Bild an. Den schmalen Kopf, die tiefliegenden fiebrigen Augen, die hagere Gestalt, den zusammengekniffenen Mund. Er sah sich an, lange, prüfend, schwer atmend... Dann nahm er einen Leuchter von dem Kamin und warf ihn mit einem Aufschrei in den wertvollen Spiegel. Klirrend zersprang das teure Glas, der handgeschmiedete Rahmen polterte auf den Teppich.

Durch die Tür kam der Diener. Er trug einen Handfeger und eine kleine, silberne Schippe herein. Stumm bückte er sich und begann, die Scherben sorgsam aufzufegen.

Den Mann in der Kaminecke beachtete er nicht. Er kehrte um ihn herum und verließ dann stumm das Zimmer.

Durch das Knistern des Feuers flatterte dünn ein Schluchzen. Francesco Corani, der große Tenor, weinte.

Der Stern Francesco Coranis leuchtete weiter.

Die beiden noch vertraglich gebundenen Abende in München sang er mit gewohnter Virtuosität. Niemand merkte ihm an, daß er innerlich seit der Begegnung mit Greta Sanden zerrissen war, selbst Caricacci nicht, der sonst ein sehr feines Gefühl für die seelischen Zwischentöne entwickelte und die sensible Natur Coranis genau kannte. Nur Sandra spürte, daß Corani anders war, stiller, in sich gekehrter, nachdenklicher und manchmal – vor allem, wenn sie hungrig nach Zärtlichkeit sich ihm näherte – ungebärdig und schroff in seiner Abwehr, die sie beleidigte.

Den zertrümmerten Spiegel hatte Dr. Fischer ihm nicht übelgenommen, obgleich es ein Erbstück war. Corani erklärte es mit einer Ungeschicklichkeit. Er habe einen Leuchter vom Kamin nehmen wollen, erzählte er, und durch eine unkontrollierbare Bewegung sei er mit dem schweren Silber in das Glas des Spiegels gekommen. »Ich ersetze Ihnen den Schaden selbstverständlich«, sagte er, aber Dr. Fischer winkte ab und meinte, das sei nicht der Rede wert.

Die nächsten Gastspiele waren für Hamburg, Hannover und Berlin vereinbart. Caricacci hatte die Gelegenheit des Münchener Gastspieles wahrgenommen und schnell eine Deutschlandtournee zusammengestellt. »Man muß jetzt das Eisen schmieden«, sagte er zu Sandra. »Corani ist in bester Verfassung – jetzt können wir gute, harte Mark sammeln. Ein Devisenkonto in allen Ländern der Erde macht uns unabhängiger von jeder Währungskrise.«

So sehr sich Corani Mühe gab, nach außen hin seine Selbstsicherheit zu bewahren, in den stillen Stunden des Abends, wenn er allein war und Sandra murrend und beleidigt die gesellschaftlichen Pflichten übernahm, dachte er immer wieder an die Minute, in der er vor dem Spiegel gestanden und sein fremdes Gesicht angestarrt hatte.

Es war eine furchtbare Minute gewesen, eine Minute, in der er in das nackte, wahre Leben blickte, das er jetzt führte, ein Blick in die Leere, die so erschreckend war, so gründlich das innere Gebäude, das er sich geschaffen hatte, zerstörend, daß er nicht anders konnte, als den Spiegel zu zertrümmern, der ihn so hüllenlos und armselig zeigte. Aber das Nackte blieb – manchmal sah er sich um, ob die Leute nicht auf der Straße stehen blieben und ihm nachschauten, weil er bloß und ohne Hülle an ihnen vorüberging; er beobachtete Sandra, ob sie sich etwas anmerken ließ, und sah, daß auch sie nichts als Theater spielte und alles um sie herum, die Schönheit, die Zärtlichkeit, der Ruhm, der Geist und das Gefühl, nur synthetisch war, anerzogen, gut geprobt und der Retorte für gutes Benehmen und starmäßiges Auftreten entnommen.

Er hatte versucht, an jenem Abend Greta noch zu erreichen. Er war hinaus zum Hauptbahnhof gefahren und den Nachtzug abgegangen, mit dem Greta nach Köln zurückfahren mußte. Aber sie war nicht auf dem Bahnhof – denn sie hatte damit gerechnet, daß Franz zum Bahnhof kommen würde, und war deshalb mit einem Personenzug zwei Stationen vorausgefahren. Dort wollte sie in den FD-Zug umsteigen, um einem weiteren schmerzlichen Zusammentreffen mit Krone aus dem Weg zu gehen.

Sandra Belora schob die Nervosität Coranis auf sein Wiedersehen mit Deutschland. Der Diener schwieg. Er hatte weder Dr. Fischer noch den anderen etwas von dem Besuch erzählt. Er ahnte, daß dieses blasse junge Mädchen irgendwie mit dem Schicksal des großen Corani verquickt war, daß sie etwas bedeutete in seinem Leben, und deshalb hielt er es für taktvoll, nichts gesehen und nichts gehört zu haben.

Das Gastspiel in Hannover, zu dem Corani Professor Glatt eingeladen hatte, ohne dabei zu wissen, daß ihn dieser schon in München gehört hatte, war keine Opernaufführung, sondern ein Arienabend mit dem niedersächsischen Staatsorchester. Besonders berühmte und bekannte Arien der italienischen und französischen

Komponisten standen auf dem Programm, in bunter Folge wechselnd mit Duetten, die er mit Sandra singen würde.

In Hannover wohnten sie im »Deutschen Haus« – Caricacci hatte vier Zimmer gemietet mit zwei Bädern und einem Salon, in dem er am Vorabend des Gastspiels wie ein kleiner König eine Pressekonferenz abhielt und Wunderdinge von Francesco Corani und Sandra Belora erzählte. Vor allem die »Entdeckung« der Wunderstimme bei dem grauenhaften Erdbeben von Epidauros wurde in seiner temperamentvollen südländischen Schilderung zu einem Ereignis, das weltbewegend schien wie die erste Atombombe oder die Entdeckung der Antibiotika.

Kurz vor dem Beginn des Konzertes, schon im Frack, aber noch ohne weiße Schleife, die ihm immer Sandra binden mußte, weil er behauptete, daß keiner eine Frackschleife so elegant und korrekt wie sie binden könne, ließ er den Theaterarzt zu sich in die Garderobe kommen. Caricacci war bei Sandra im Ankleidezimmer und besichtigte ein neues Abendkleid, das sie sich in einem hannoverschen Modeatelier hatte anfertigen lassen.

Der Theaterarzt sah erstaunt auf den großen Sänger, als er die Garderobe betrat. Corani saß am Schminktisch und trank eine Tasse Tee.

»Sie haben mich rufen lassen, Herr Kammersänger?«

»Ja.« Corani nickte. Er drehte sich auf seinem Hocker herum und sah den Arzt groß an. »Wie lange sind Sie Arzt, Herr Doktor?«

»Ungefähr vierundzwanzig Jahre.« – »Und wie lange Theaterarzt?«

»Etwa sieben Jahre.« Der Arzt setzte sich verwundert auf das Ruhebett, das neben dem Schminktisch stand. Dabei musterte er Francesco Corani. »Er sieht blaß aus«, dachte er. »Abgespannt, so, als habe er nächtelang kaum geschlafen. Vielleicht hat er Lampenfieber, das gibt es selbst bei den größten Künstlern.« Caruso litt so unter Lampenfieber, daß er vor seinem Auftritt am ganzen Körper zitternd hinter der Bühne stand und sich überwinden mußte, ins Scheinwerferlicht zu treten. Richard Tauber schwitzte vor Lampenfieber seine Hemden durch, nur Leo Slezak war nicht aus der Ruhe zu bringen und riß Witze vor dem Auftritt oder ärgerte die Inspizienten und Requisiteure. »Fühlen Sie sich nicht wohl, Herr Kammersänger?« fragte der Arzt vorsichtig. Er wußte, daß große Sänger empfindsamer als Mimosen sind und mit Samthandschuhen angefaßt werden wollen.

Francesco Corani schüttelte den Kopf. »Nicht unwohl in dem Sinne, daß man mir therapeutisch helfen könnte. Nein, durchaus nicht.« Er beugte sich zu dem Arzt vor. »Sie sind sieben Jahre Theaterarzt und fast vierundzwanzig Jahre im Dienst der Gesundheit. Sie haben bestimmt manchen Hysteriker gesehen, viele Schizophrene und Halbverrückte, nicht wahr?« – »Mir reicht's jedenfalls«, sagte der Arzt vorsichtig.

»Sehen Sie! Einer der Schizophrenen bin ich!«

»Aber Herr Kammersänger!«

»Ja, ja.« Corani winkte ab, als der Arzt weitersprechen wollte. »Sagen Sie nicht aus Höflichkeit, das wäre unmöglich. Als ich noch neu war auf den Brettern, die die Welt bedeuten – wie man so schön umschreibt –, sagte man mir: ›Wir vom Bau haben alle einen Tick! Sie bekommen ihn auch noch.‹ Ich habe darüber gelacht – jetzt habe ich den Tick! Schütteln Sie nicht den Kopf, Herr Doktor. Es ist so. Ich habe den Tick, trotz aller Erfolge, trotz allen Glanzes, mit dem man mich umgibt, im Grunde ein armseliger, unangenehmer, fast schon widerlicher Mensch zu sein. Ein Mensch, der sich selbst verleugnet, der sich verraten hat, der gar nicht der ist, als den man ihn kennt, und der doch nicht dahin zurückkann, woher er gekommen ist, weil auch das einfach unmöglich ist.« Corani lehnte sich zurück und trank seinen Tee aus. »Ich weiß nicht, ob Sie mich verstehen. Es ist auch schwer, hinter diese Dinge zu leuchten, weil ich eben ein Mensch bin, der willensschwach ist und stets leitbar durch Eindrücke des Augenblicks. Ich bin innerlich zerrissen, ich bin ein Torso eines Menschen – verstehen Sie das?«

»Nicht ganz, Herr Kammersänger.« Der Arzt betrachtete die Hände, die er aneinandergelegt im Schoß liegen hatte. »Sie sind der größte Sänger unserer Zeit – genügt Ihnen das nicht?«

»Das ist meine Stimme. Sie müssen einen Unterschied machen

zwischen der Stimme und dem Menschen, dem sie gehört. Als Mensch bin ich absolut nichts wert.«

»Die Stimme ist immer der seelische Ausdruck der eigenen Persönlichkeit. Wie könnten Sie so wundervoll singen, wenn Sie nicht auch seelisch das nachempfinden, was Sie darstellen?!« Der Arzt erhob sich, er sah ein wenig ratlos auf den Sänger hinab und hob die Schultern: »Sie sind durch irgendeinen äußeren Einfluß erregt. Ich werde Ihnen ein Beruhigungsmittel geben, und nach dem Konzert, bestimmt morgen früh, ist alles wieder wie vordem!«

»Und genau das soll es nicht sein!« rief Corani erregt. Er sprang auf und trat auf den Arzt zu. »Ist es möglich, daß ich verrückt bin, Herr Doktor? Kann das sein? Sagen Sie es ehrlich! Sehe ich wie ein Schizophrener aus? Blicken Sie mich an: Bin ich verrückt?!«

»Aber Herr Kammersänger...« Der Arzt wich zurück. »Welche Gedanken...«

»Seien Sie ehrlich, Doktor!«

Der Arzt zuckte wieder mit den Schultern. »Möglich – verstehen Sie mich recht –, möglich ist alles. Aber das kann nur eine eingehende psychiatrische Untersuchung feststellen.«

»Um das festzustellen, brauche ich keinen Psychiater!« sagte Corani grob. Der Arzt atmete auf... Diesen Ton kannte er, es war der Starton, der selbstbewußte Ausdruck großer Künstler: »Was ich sage, ist richtig!«

»Ich werde Ihnen noch ein paar Tabletten geben«, sagte er und verließ eilig die Garderobe. Auf dem Flur schüttelte er den Kopf und ging dann schnell die langen Gänge entlang zu seinem Zimmer, wo er ein paar harmlose Tabletten aus dem Wandschrank nahm, die er in einem Glas Wasser auflöste, das sie milchig färbten und so wirksam und sehr medizinisch aussehen ließen. Mit diesem Glas ging er, vor sich hinlächelnd, die Gänge zurück zu Corani und klopfte wieder an. »Er ist nicht anders als die übrigen«, dachte der Arzt dabei. »Lampenfieber will man mit großen Reden übertönen und wissenschaftlich verdecken. Hat mal was gelesen von Schizophrenie und weiß im Grunde gar nicht, was das ist.«

Er trat ein, als er ein kurzes »Ja!« hörte, und stellte das Glas auf den Tisch. »Ihre Tabletten, Herr Kammersänger«, sagte er dabei.

Corani sah auf die trübe Flüssigkeit und lächelte schwach. »Danke, Herr Doktor. Ich werde Ihre harmlosen Calciumtabletten schlucken. Guten Abend...«

Verwirrt verließ der Arzt die Garderobe.

Kurz vor dem Beginn des Konzertes kam Sandra in Coranis Garderobe. Sie trug das neue Abendkleid, ein feuerrotes Seidenkleid aus schwerer Duchesse, mit goldenen Pailetten bestickt. Das enge, schulterfreie und sehr tiefe Oberteil war mit Perlen verziert, die abstrakte Muster bildeten. Darüber trug sie eine weiße, lange Stola aus golddurchwirktem Organza.

Sie drehte sich vor Corani und trällerte dabei wie eine Lerche. »Wie gefall' ich dir, Liebling?« fragte sie. »Das Kleid heißt: Liebestraum...«

Corani verzog sein Gesicht zu einem Lächeln, mehr aus Höflichkeit als aus Begeisterung. »Du siehst wunderbar aus, Sandra«, sagte er. »Fast von einer unwirklichen Schönheit! Wer dich so sieht, muß glauben, daß er auf einem anderen Stern lebt.«

»Das hast du süß gesagt.« Sie beugte sich zu ihm hinab und küßte ihn. »Und auf diesem Stern bist du allein meine Sonne.«

Es klopfte, Caricacci trat ein, auch im Frack, mit einer Nelke im Knopfloch. Er hatte ein gerötetes Gesicht und war die Fröhlichkeit selbst.

»Euer Bier!« sagte er laut. »Diavolo! Euer Bier! Es schmeckt wie der götterhafte Met! Allein des Bieres wegen möchte ich ein Jahr lang in Deutschland Gastspiele geben!«

Er setzte sich auf das Ruhebett und rückte seine Frackschleife gerade. Aus der Tasche zog er ein Bündel Papiere und warf sie Corani auf den Schminktisch.

»Die Welt steht seit München kopf!« rief er begeistert. »London, Paris, Stockholm, Brüssel, sogar Belgrad und Moskau bieten sich an. Junge – die Große Oper Moskau will eine Woche mit dir abschließen. Gegen gute, harte Dollars! Hollywood schickt einen Vertragsentwurf: einen Film, Hauptrolle Francesco Corani. Gage – Junge, halte dich fest – 300 000 Dollar! Das sind nach deinem deutschen

Geld –«

»1 260 000 Mark!« sagte Corani ruhig. »Mehr als eine und eine viertel Million!«

Caricacci steckte die Papiere wieder ein. »Was soll ich telegrafieren? Sie wollen eine Drahtantwort. Dann geht sofort das Drehbuch an dich ab.«

Francesco Corani blickte zu Sandra hinüber. Wie eine goldrote Flamme stand sie im Zimmer, ihre Haut war dunkel, sie glühte auch innerlich vor Erregung.

»Ich nehme an!«

»Viva Corani!« schrie Caricacci. Über der Tür flammte eine rote Lampe auf… Fast in allen Theatern befindet sich über den Türen der Garderoben diese kleine rote Lampe, deren Aufleuchten ein Ruf an den Künstler ist, sich zur Bühne zu begeben.

»Wenn du heute singst, kannst du singen in dem Bewußtsein, ein Millionär zu sein«, sagte Caricacci fast feierlich.

An der Tür klopfte es. Hart, schnell hintereinander.

»Ja! Wir kommen!« rief Sandra. Sie küßte Corani noch einmal auf den Mund, ehe sie die Tür öffnete und alle drei durch den langen Gang hinüber zur Bühne gingen.

Im Saal war vollkommene Stille, als der Dirigent den Stab hob. Sandra Belora trat in die Lichtkegel, eine hellrote Flamme vor dem dunklen Hintergrund. Beifall prasselte auf, sie verneigte sich leicht. Das Orchester setzte ein.

»Dich, teure Halle…« aus dem »Tannhäuser« von Wagner.

Während die Arie die fast zweitausend Menschen ergriff und die Stimme Sandras über das Orchester hinweg strahlend den Raum erfüllte, stand Corani nervös an der Seite des Generalintendanten und Caricaccis in der Seitenkulisse und sah auf die Bühne.

Irgend etwas Fremdes, Unheimliches, Geheimnisvolles und Beängstigendes hatte ihn ergriffen. Er wußte nicht, was es war, aber er fühlte sich heute müde, so, als habe er die ganze Nacht hindurch getanzt oder sei mit einem holprigen, schlecht gefederten Auto über aufgerissene, steinige Wege gefahren, stundenlang, ohne Pause, in glühender Hitze, und nun steige er aus, lahm und zerschlagen und unfähig, seine Glieder richtig zu bewegen.

»Ich habe mich erkältet«, dachte er einen Augenblick. »Sicherlich ist es eine Grippe, die noch zum Ausbruch kommen wird. Das deutsche, rauhe, feuchte Klima... Ich bin es nicht mehr gewöhnt. Ich bin verweichlicht worden durch den Süden, überzüchtet wie ein Rennpferd, das bei dem geringsten Zug den Husten bekommt und in warme Decken gepackt wird. Ich bin eine Mimose, die beim geringsten Luftzug zusammenfällt. Was ist von dem alten Franz Krone übriggeblieben, von diesem wetterharten Gärtnerburschen, der im Regen zwischen den Beeten stand und jätete und Unkraut rupfte und dabei singen konnte, ohne heiser zu werden?! Corani bin ich, Francesco Corani – eine Wunderblume des Gesanges, ein Treibhausgewächs aus dem Garten Caricaccis, eine Victoria regia, die man so präpariert hat, daß sie nicht nur eine Nacht, sondern Monate, Jahre blüht!«

Sandra hatte die Arie beendet. Die zweitausend Menschen jubelten. Sie verbeugte sich; ihr flammendrotes Kleid mit den Pailetten glitzerte, als brenne sie wirklich. Caricacci klatschte hinter der Bühne mit und gab Corani einen leichten Stoß in den Rücken.

»'raus, Francesco«, sagte er leise. »Denk daran, daß Hollywood mithört...«

Corani betrat die Bühne von der anderen Seite, nachdem Sandra Belora sie, sich immer verbeugend, verlassen hatte. Er trat in den Scheinwerferkegel hinein und verneigte sich leicht.

Ein großer, schlanker, gut aussehender Mann in einem Frack, der auf seine Figur wie eine zweite Haut geschneidert war.

Der Beifall schwoll an, in ihn hinein begann das Orchester das Vorspiel der Arie. »Land, so wunderbar...« Die Arie des Vasco aus der Afrikanerin von Meyerbeer.

Atemlose Stille herrschte in dem weiten Saal, als die Stimme Francesco Coranis erklang. Es war, als hielten die zweitausend Menschen den Atem an, als wagten sie nicht mehr zu atmen, um diese Stimme nicht zu stören, um jeden Ton zu ergreifen, der rein, mit einem einmaligen Klang zu ihnen herabströmte und ihr ganzes Wesen mit einer nicht erklärbaren Ergriffenheit gefangennahm.

Der Saal war dunkel. Nur die beiden ersten Reihen hinter dem Orchester waren zu sehen, bleiche Köpfe mit großen, aufgerissenen Augen, unwirklich, gespensterhaft, eine Galerie von Schädeln, die frei im dunklen Raum lagen wie in einer Schauergeschichte von Poe.

Corani sah in das Dunkel hinein und sang. Er dachte einen Augenblick an Caruso, der gesagt haben soll: »Wenn ich das hohe C singen will, kneife ich mein Hinterteil zusammen und stoße es von mir weg...« Und da war es, das C, da gellte es durch den weiten Raum, rein, wie ein Ton, der mit einem stählernen Hammer aus edlem Erz geschlagen wurde, sieghaft, unüberwindlich, unnachahmlich stand der Ton als Fermate im Raum, das Orchester schwieg, die Augen der zweitausend Menschen wurden starr, ungläubig, verwirrt, denn sie standen einem Wunder gegenüber, das trotz der Gegenwart fast unbegreiflich schien. Der Dirigent hob wieder den Stab, das Orchester setzte ein...

In diesem Augenblick brach die Stimme!

Sie brach einfach mitten durch, sie halbierte den Ton, sie sank ab, sie verlosch wie eine heruntergebrannte Kerze, deren Flamme allmählich erlischt. Die Arie des Vasco zerflatterte, sie war in dem einen Augenblick nicht mehr da... Corani sah hinab zu dem entgeisterten Dirigenten, der reckte sich auf, er spannte die Stimmbänder an, er wölbte die Brust heraus. In seinen Augen stand maßloses Entsetzen, als er die Arme vorstreckte. Alle Luft, die ausgereicht hätte, die Arie in einem Atem durchzusingen, stieß er in die Kehle und gegen die Stimmbänder.

Die Kehle schwieg. Nur ein heiseres Krächzen flatterte dünn zu dem Orchester, ein Stöhnen fast, aber kein Ton mehr.

Caricacci stand in der Seitenkulisse und schwankte. Über sein Gesicht lief plötzlich kalter Schweiß, es war ihm, als erlebe er noch einmal das Erdbeben von Epidauros und stände in der verschütteten Höhle, ohne die Hoffnung, wieder herauszukommen. Die Luft wurde dünn, immer dünner, er rang nach Atem, er erstickte... Sandra, die neben ihm stand, war in dem Augenblick, als die Stimme Coranis brach, zu keiner Regung oder Handlung fähig. Ihr Gesicht war wächsern, als Corani mitten in der Arie, stumm, mit den Händen zu den erstarrten zweitausend Menschen hin um Verzeihung bittend, die Bühne verließ und müde, wie ein Zerschlagener, an Caricacci vorbei zu seiner Garderobe ging.

Der Generalintendant behielt als einziger den klaren Kopf. Er faßte Sandra an die nackte Schulter und drehte sie zu sich herum. »Sie müssen das Programm retten!« sagte er mit zitternder Stimme. »Singen Sie Ihre Arien hintereinander... Bis dahin weiß ich, was Herr Corani hat! Schnell auf die Bühne! Singen Sie, gnädige Frau, singen Sie!«

Verzweifelt trat Sandra wieder in den Lichtkegel, der ratlos auf der Bühne kreiste. Der Dirigent klopfte ab. Eine neue Melodie erklang, die »Tosca« Puccinis.

In die aufgeregten Menschen hinein perlte die Stimme der Belora, beruhigend, glättend, aufs neue ergreifend.

Und während sie sang, rannte Caricacci durch den langen Gang und stieß vor Coranis Garderobe mit dem Theaterarzt zusammen, der von der anderen Seite herbeigelaufen kam.

Corani lag auf dem Sofa neben dem Schminktisch, bleich, hager, mit geschlossenen Augen, den Mund fast verkrampft. Caricaccis Haltung fiel bei diesem Anblick endgültig zusammen, er stürzte auf ihn zu und fiel vor dem Sofa auf die Knie.

»Francesco!« schrie er. »Mein Junge, was hast du denn?! Francesco... Francessino...« Er tastete mit der Hand über Coranis Gesicht. Es war feucht; kalter, klebriger Schweiß bedeckte es über und über.

Der Theaterarzt hatte sich neben Corani auf das Sofa gesetzt und fühlte seinen Puls. Dann schüttelte er den Kopf und beugte sich zu ihm vor. »Herr Kammersänger?« fragte er leise.

Corani nickte. Er öffnete die Augen und sah den Arzt ängstlich und mit flatternden Augen an.

»Was fehlt Ihnen denn?« Der Arzt ergriff Coranis Hand. Sie war schlaff, schweißig und kalt wie bei einem Toten. »Haben Sie einen Schwächeanfall gehabt?«

Corani öffnete den Mund. Seine Lippen bewegten sich. Er sprach, aber keiner hörte, was er sagte; ein Krächzen, ein mißtönendes, klägliches, fast tierhaftes Krächzen war alles, was zwischen seinen Lippen herauskam.

»Francesco...«, stammelte Caricacci. Er flog am ganzen Körper, das Gräßliche, das Unaussprechliche, das Unfaßliche wollte er nicht glauben.

Der Arzt lehnte sich zurück, auch er war blaß geworden. Er ließ die Hand Coranis los, sie fiel auf seine Brust. Es war, als spräche er wieder, seine Hand hob sich, er zeigte auf seinen Hals und deutete durch eine Geste sein völliges Unvermögen an.

Caricacci starrte auf ihn. Die Lippen bewegten sich, der Kehlkopf zuckte. Corani sprach... Er sprach, und keiner vernahm einen Ton...

»Heilige Maria!« schrie da Caricacci auf. Er warf die Hände vor sein Gesicht und sank nach vorn. Haltlos weinte er und lag mit seinem Kopf neben der Schulter Coranis.

Das Schreckliche hatte ihn erfaßt. Es warf ihn nieder und zerstörte alles in ihm, was er in seinem langen Leben erbaut hatte.

Der Arzt tastete mit zitternden Fingern über den Hals Coranis; es war eine sinnlose Bewegung, ohne Zweck, ohne Nutzen. Schwach lächelte ihn Corani an. Seine Lippen bewegten sich; er sagte etwas, tonlos, völlig tonlos... Da wandte sich auch der Arzt ab, um seine Erschütterung zu verbergen.

Corani war stumm geworden. Die größte Stimme der Welt erlosch im Augenblick ihres höchsten Triumphes.

Für alle Zeiten wurde sie in diesem Augenblick nur eine Erinnerung, festgehalten auf Schallplatten und Magnetophonbändern des Rundfunks.

Eine Stimme war gestorben.

Unterdessen sang Sandra Belora, ohne zu wissen, welche unheimliche Tragödie sich hinter der Bühne abspielte, mit jubelnder Stimme die große Abschiedsarie der Butterfly.

Und während sich vor der Garderobe Coranis die Reporter der Zeitungen drängten und von dem heraustretenden Caricacci etwas erfahren wollten, während der Generalintendant mit versteinertem Gesicht am Lager Coranis saß und seine Hände wie bei einem kranken, hilflosen Kind hielt, telefonierte der Theaterarzt mit Dr. James White in London, dem berühmtesten Kehlkopfspezialisten Europas.

»Es ist schrecklich«, sagte er mit belegter Stimme. »Mitten im Konzert. Ohne Zweifel eine Stimmbandlähmung. Kurz nach dem hohen C! Wir sind alle aufs tiefste erschüttert. Wann dürfen wir Sie hier erwarten?«

Mit einem Aufklärungsflugzeug der britischen Luftwaffe flog eine Stunde später Dr. White von London nach Hannover. Ihm voraus eilte aber bereits an alle Nachrichtenbüros der Welt die Meldung, die von Millionen fast ungläubig gelesen wurde: »Der weltberühmte Sänger Francesco Corani hat seine Stimme verloren! Die Ärzte sagen: ›Er wird nie wieder singen können!‹«

Corani lag noch immer in seiner Garderobe. Er schlief. Der Theaterarzt hatte ihm eine Beruhigungsinjektion gemacht, außerdem hatte er ihm Cardiazol zur Festigung des Herzens gegeben.

Sandra Belora sang noch immer. Allein auf der großen Bühne stehend, angestarrt von zweitausend Menschen, sang sie tapfer und mit Tränen in den Augen ihr Programm herunter.

Neben dem Ruhebett saß jetzt ein anderer Mann bei Corani. Er sah stumm zu Caricacci hinüber, der mit zerwühlten Haaren immer wieder den Kopf schüttelte, als könne er die schreckliche Wahrheit nicht begreifen.

»Sie haben ihn überfordert, Herr Kollege«, sagte der alte Mann und streichelte die herabhängende Hand Coranis. »Sie haben ihn gejagt wie einen Rennwagen, von Rekord zu Rekord. Aber das hier ist ein Mensch, und seine Stimme ist ein Geschenk Gottes. Das haben Sie vergessen, Professor Caricacci.«

Der alte Mann legte die Hand auf Coranis Brust und deckte den lang hingestreckten Körper mit einer Decke zu.

»Was nun?« fragte der alte Mann.

Caricacci hob die Schultern. »Ich weiß es nicht, Professor Glatt«, sagte er kläglich. »Meine ganze Hoffnung ist Dr. White.«

Professor Glatt winkte ab. »Haben Sie schon einmal gesehen, daß man eine beiderseitige totale Recurrenslähmung heilen kann? Sie belügen sich ja selbst, Caricacci...«

»Ich weiß, ich weiß.« Caricacci legte wieder die Hände vor die Augen. Er weinte.

Erschüttert und wütend zugleich ging Professor Glatt in dem großen Zimmer hin und her. Ab und zu warf er einen Blick auf den schlafenden Corani. Der Theaterarzt trat ein; er schloß leise die Tür wie bei einem Schwererkrankten.

»Dr. White kommt in einer Stunde... Er fliegt mit einer Militärmaschine«, sagte er. Seine Stimme klang wie befreit.

Professor Glatt antwortete nichts. Er blieb stehen und sah aus dem verhängten Fenster hinaus in die dunkle Nacht. Es schneite wieder, dicke Flocken tanzten vom Himmel und überzogen das Land mit einem weichen, weißen Samt.

Durch die Tür klang Musik.

Sandra Belora sang mit der letzten Kraft ihre Schlußarie. Körbe voll Blumen warteten auf sie in der Seitenkulisse. Darunter ein Strauß roter Rosen, mit einem Band aus Seide umwickelt.

»Dem größten Sänger unserer Tage von zehn seiner Bewunderer.«

Das Begräbnis einer nie wiederkehrenden Stimme...

Dr. James White legte den Kehlkopfspiegel zur Seite und ging an das Waschbecken. Er wusch sich gründlich die Hände, ehe er sich umdrehte und die anderen Anwesenden in dem weißgetünchten, hellen Untersuchungszimmer ansah.

Dr. White war ein großer, hagerer Mann Ende der Fünfzig, mit grauen Haaren, die er kurz geschnitten trug, und einem altmodischen Eckenkragen. Seine Haltung war etwas nach vorn gebeugt, was ihn älter erscheinen ließ, als er in Wirklichkeit war. Auch seine etwas gelbliche Haut, die aussah und sich anfühlte wie abgelagertes Pergament, gab ihm den Ausdruck eines alten Sonderlings, wenn man seine Augen nicht genau betrachtete. Diese Augen waren eigentlich das einzig Lebendige und Strahlende an diesem Arzt, in diesen Augen sammelte sich die Energie, und sie ließen dem ersten Eindruck entgegen eine Persönlichkeit erkennen, deren Urteil man sich unbedenklich unterordnen konnte.

Francesco Corani saß auf einem Stuhl unter einer starken Lampe und hatte die Hände ineinander verkrampft. Caricacci und Sandra Belora standen neben ihm, während Professor Glatt am Fenster gegen die Scheiben trommelte. Eine fast körperhafte Spannung lag über dem Raum, knisternd, mit Zündstoff geladen.

Dr. White zuckte mit den Schultern.

»Eine beiderseitige totale Recurrenslähmung mit völliger Aphonie.« Seine Stimme war tief und dunkel. »Die Laryngoskopie hat ergeben, daß die Stimmbänder in einer Kadaverstellung stehen, das heißt, daß die Stimmbänder vollkommen stillstehen in einer Mittelstellung zwischen Respirations- und Phonationsstellung.«

Professor Glatt sah zu Corani hinüber. An seinen Augen sah er, daß dieser die Diagnose verstanden hatte: »Für immer stumm!« Er atmete tief auf und schüttelte den Kopf.

»Wie ist das bloß möglich?« sagte Professor Glatt schwach. »Wie konnte das vorkommen, Dr. White?«

Der Arzt warf das Handtuch, mit dem er sich die Hände abgetrocknet hatte, auf einen kleinen Tisch und sah zu Corani hinüber, der schweratmend auf seine Antwort wartete.

»Die Lähmung ist – wie wir sagen – eine sogenannte ›hysterische Lähmung‹. Sie entsteht durch große psychische Erregungen – das beweist das plötzliche Auftreten und laryngoskopisch der unvollkommene Schluß der Glottis bei dem Versuch der Phonation. Die Glottis bildet dann ein Dreieck!« Er sah die Anwesenden an und verschränkte die Hände auf dem Rücken. »Das ist leicht erklärlich: Die Innervation der Kehlkopfmuskeln erfolgt vom Gehirn aus bilateral – mit anderen Worten: Die beiden Großhirnhemisphären sind die Leitwerke des Kehlkopfes. Durch einen Nervenschock – auch durch große seelische Belastungen, verbunden mit einer physischen Überbelastung des Organismus und vor allem des Kehlkopfes – erlahmen die Nerven der Glottisöffner. Zurück bleibt, weil die Großhirnhemisphäre nicht mehr arbeitet, eine völlige Aphonie und ein Stillstand der Stimmbänder.«

Caricacci starrte Dr. White an, als habe er seine Worte überhaupt nicht vernommen. »Soll das heißen…?« stotterte er verwirrt.

Dr. White nickte. »Wir wollen in diesem Augenblick kein Theater spielen und die Wahrheit hinter schönen Worten verbergen: Die Lähmung ist endgültig. Der Herr Kammersänger wird nie wieder singen können!«

»Nein!« schrie Sandra Belora auf. Sie umklammerte Corani und drückte sein Gesicht an ihre Brust. »Das kann nicht wahr sein... Das ist doch unmöglich... Sie müssen sich irren...«

Dr. White hob bedauernd die Schultern. »Ein Irrtum ist ausgeschlossen. Wir müssen uns alle damit abfinden. Es wird durch Elektroschocks möglich sein, die bloße Sprechstimme wahrscheinlich zu erlangen – wenn auch in einer sehr heiseren Form –, aber singen? Ich darf sagen: Es ist unmöglich!« Er sah Corani an, der zum Schweigen verurteilt seinen Worten zugehört hatte. »Es klingt hart, was ich Ihnen sage, Herr Kammersänger.« Dr. White trat auf ihn zu und legte ihm die Hand auf die Schulter. »Aber warum soll ich Ihnen die Wahrheit nicht sagen? Es ist besser, das Leiden mit Bewußtsein zu tragen, als ständig in der Dunkelheit der Vermutungen und der unerfüllbaren Hoffnungen herumzutasten.«

Eine Schwester mit weißer Haube kam durch die breite Glastür des neben dem Untersuchungszimmer liegenden Vorbereitungsraumes herein und räumte die Instrumente zusammen, um sie in einem Sterilkocher auszukochen. Sie sah mit verwunderten Augen auf den noch immer auf dem Untersuchungsstuhl sitzenden berühmten Sänger und nickte ihm freundlich zu. Ein leises, fast schmerzliches Lächeln huschte über die Züge Coranis.

»Sie weiß es nicht«, dachte er. »Sie hat keine Ahnung, daß hier ein Stummer sitzt, ein Geschlagener, eine tote Stimme.« Er erhob sich und gab Dr. White, der vor ihm stand, die Hand. Er wollte etwas sagen, aber bevor er den Mund öffnete, fiel ihm ein, daß ihn keiner hören würde und die Worte nur Klang in seinem Gehirn waren, nicht aber in seiner Kehle. Er ging zu dem Tisch und nahm dort Bleistift und Papier. Mit schnellen Bewegungen schrieb er etwas auf das Blatt und betrachtete es dann. »Das wird von jetzt an meine einzige Verbindung zur Welt sein... Papier und Bleistift«, dachte er. Mit einem wehmütigen Lächeln reichte er den Zettel Dr. White.

»Ich danke Ihnen sehr«, stand darauf. »Ihre Ehrlichkeit erleichtert mir das Ertragen der Krankheit. Was soll ich tun?«

Dr. White las den Zettel und zerknüllte ihn zwischen den Fingern. In dieser Bewegung lag die ganze Hilflosigkeit des Arztes vor diesem schrecklichen Schicksal. »Ruhe«, sagte er stockend. »Vor allem Ruhe! Und dann die Schockbehandlung in einem guten Institut. Mehr können wir nicht tun...«

Professor Glatt schluckte. Die Zunge war ihm schwer. Hinter seinen blitzenden Brillengläsern schimmerte es feucht, es war fast, als unterdrückte er ein Weinen. »Darf er in den Süden fahren?« fragte er mühsam beherrscht.

»Das wäre sogar das Beste.« Dr. White zog seine Jacke an, die Schwester verschwand mit den Instrumenten im Nebenraum. Als sie die Tür öffnete, kam Geruch von Äther und Lysoform in das Zimmer. Sandra würgte und wandte sich ab. »Die Riviera ist am besten. Oder Capri, San Remo, überhaupt die ganze Mittelmeerküste. In Genua ist ein sehr gutes Krankenhaus, wo die Schocktherapie durchgeführt werden könnte.«

Caricacci biß sich auf die Lippen. »Und wie lange – wie lange wird es dauern – bis er wieder sprechen kann?«

»Das hängt von seinem Willen ab.« Dr. White wandte sich zu Corani. »Sie müssen den Willen haben zu sprechen. Sie dürfen nie den Glauben aufgeben, doch wieder einmal zu sprechen. Üben Sie, Herr Kammersänger... Üben Sie jede Stunde, jede Minute, sagen Sie immer: ›Ich *will* sprechen. Ich *muß* sprechen!‹ Überwinden Sie den seelischen Schock. Zwingen Sie Ihr Großhirn, die Kehlkopfmuskeln wieder zu bewegen. Es wird, es *muß* werden!«

Francesco Corani nickte. Er streckte Dr. White die Hand hin. An dem festen Druck spürte der Arzt, daß Corani ihn verstanden und den Kampf gegen sein Schicksal aufgenommen hatte.

In der Nacht nach der Untersuchung durch Dr. White fuhren Corani, Caricacci, Sandra und Professor Glatt nach Berlin. Sie fuhren zu Dr. Helmut Bornhoff, dem Kehlkopfspezialisten der ehemaligen Charité.

Von diesem Tage an begann eine Jagd um die ganze Erde. Was

an Ärzten einen Namen besaß, wer nur ein wenig Hilfe erwarten ließ, den kleinsten, letzten Hoffnungsschimmer nahmen sie wahr und fuhren oder flogen zu den Ärzten, um sie mit Kehlkopfspiegeln, Röntgenapparaten und modernsten Schockgeräten an den Stimmbändern Coranis arbeiten zu lassen.

Nach drei Monaten fuhren nur noch Glatt und Corani weiter von Arzt zu Arzt. Sandra Belora mußte weiter singen, Caricacci kehrte nach Rom in sein Konservatorium zurück. Das Leben ging weiter, die Erde drehte sich weiterhin in vierundzwanzig Stunden um die Sonne, Atombombenversuche in den Bikini-Atollen erschütterten die Menschheit, Unglücke, Überschwemmungen, Katastrophen erregten die Massen, Staatsmänner trafen sich, Verträge wurden geschlossen oder gebrochen, Wahlen veränderten die politische Struktur von Ländern... Nur über den Rundfunk ertönte noch immer ab und zu in einer bunten Opernsendung eine herrliche, eine einmalige Stimme, und der Ansager sprach mit routinierter Stimme: »Sie hörten die Arie des Lyonel ›Ach so fromm‹ aus der Oper ›Martha‹ von Friedrich von Flotow. Es sang Francesco Corani.«

Und das Programm ging weiter... Neue Sänger, neue Namen, neue Erfolge. Nur die Erinnerung blieb an diese Wunderstimme, an diesen Kometen am Himmel der Oper, der emporstieg, seinen Glanz über die Menschheit ausgoß und dann wieder hinabstürzte in die Dunkelheit, aus der er gekommen war und in der ihn niemand wiederfand.

In diesen Tagen der völligen Einsamkeit verwandelte sich der Sänger Corani. Er nannte sich wieder Franz Krone und stand in einem kleinen Garten eines flachen Hauses bei Cattolico und jätete die Beete und band die Rosen fest. Ein Gärtner, der freundlich die Leute grüßte und ihnen zunickte, wenn sie an seinem Garten vorbeigingen...

Sechstes Kapitel

Wer von dem alten, sagen- und heldenumwobenen Sparta die breite Staatsstraße südwärts fährt, kommt bei dem Orte Gythion an das Mittelmeer, an den herrlichen Lakonischen Golf. Das Land ist hier gebirgig; der 2407 m hohe St. Elias reckt seine Grate in den blauen Himmel, an dem die weißen Wolken landeinwärts ziehen wie riesige Schiffe, die von Afrika kommend das weite Meer durchfahren haben. Von Gythion etwa 10 km weiter im Süden des Peloponnes liegt das Dorf Ageranos, hingeduckt auf einen schmalen, ebenen Küstenstreifen, angelehnt an das Bergmassiv, das hinunterreicht bis zum Kap Tänaron, von dem aus man den großen Leuchtturm der Insel Kythira durch die Nacht kreisen sieht.

Hier, südlich von Ageranos, auf einem Felsen über dem brausenden Meer, lag ein weißes Haus mit weiten Gärten, Weinreben, Ölbäumen und Jasminsträuchern wie eine Oase inmitten einer rauhen Landschaft. Ein steiler Weg führte zu dem Haus hinauf und endete vor einem Tor, hinter dem der Weg, mit weißem Kies bestreut, weiterging, um sich hinter hohen Maulbeerbäumen zu verlieren. Nur das Dach des weißen Hauses sah man von diesem Tor aus, das auch von der Seeseite her nur zu einem Teil sichtbar wurde. Es lag ganz in den weiten Garten gebettet, abgeschlossen von der Außenwelt – eine Einsiedelei voll duftender Blumen und blühender Büsche.

Die Bauern von Ageranos waren stolz auf dieses Haus. Es gehörte früher dem Großgrundbesitzer Sokrates Pallidides, dessen Ländereien fast ganz Taygetos umfaßten: Weingüter, Ölbaumplantagen, Orangenhaine, Gärtnereien und einige Steinbrüche. Er hatte in diesem weißen Haus auf der Höhe wie ein kleiner König regiert, er war in Gythion ebenso bekannt wie in Sparta oder gar Athen, wo er ein Handelsbüro für seine Exportgeschäfte besaß. Jetzt lebte er an der Riviera, nicht weit von Cattolico entfernt, in einem Sanatorium, von dem aus er seine weiten Handelsbeziehungen mit Telefon und Kurieren weiterführte.

Das weiße Haus auf dem Hügel bei Ageranos aber hatte er ver-
mietet. An einen Sänger, der seine Stimme plötzlich verloren hatte
und der sich verkriechen wollte in die Einsamkeit des südlichen Peloponnes.

Franz Krone hatte Sokrates Pallidides auf der Strandpromenade
kennengelernt, als er, auf einer Bank sitzend, einen Brief von Professor Glatt las, der ihn sehr erregte. Es war ein Brief, den er immer
wieder lesen mußte und der eigentlich kaum begreifbar war.

Professor Glatt schrieb:

»Wenn Du diesen Brief erhältst, wirst Du glauben, es sei alles
nicht wahr, was ich schreibe, und es sei alles nur in Worte gesetzt,
um Dich zu trösten. Aber ich weiß, daß Du keinen Trost brauchst,
sondern einen Menschen, der zu Dir steht und Dir die Kraft gibt,
die Zeit der Heilung durchzustehen und die Stunden, in denen Du
verzweifeln wirst, von Dir zu nehmen durch seine Liebe und seine
Nähe.

Ich habe noch einmal mit Dr. White in London und Dr. Bornhoff
in Berlin gesprochen – beide sind der Ansicht, daß Du wieder sprechen wirst, wenn der seelische Schock, der wie ein Sperr-Riegel zwischen Dir und Deiner Stimme liegt, verblaßt ist.

Um es Dir gleich zu sagen, damit Du nicht hoffst, es könnte von
Sandra eine Wendung kommen: Sandra Belora ist seit zwei Wochen
in den USA und singt in San Francisco und in einem Hollywoodfilm
an der Seite des Baritons Ettore Constantino. Sie hat in ihm ein neues
Opfer gefunden... Ich weiß aus sicherer Quelle, daß sie zusammen
ein Haus in Beverly Hills bewohnen und dort auch Gesellschaften
geben. Es ist schwer für Dich, mein Junge, ich weiß es, und ich ver-
damme die Stunde, in der ich Dich einmal mit Sandra bekannt gemacht habe. Aber ich muß es Dir schreiben, damit Du Klarheit hast
und nicht mehr hoffst, sie würde wieder zu Dir kommen. Ich nehme
an, sie hat Dir auch in den letzten Wochen nicht mehr geschrieben
– nimm es als das gute Zeichen des Vergessens! Vergiß auch Du und
sei stolz genug, ihr nicht nach Hollywood zu schreiben, weder in
Vorwürfen noch in Bitten, zurückzukommen.

Statt dessen wird in den nächsten Tagen ein anderer Besuch zu Dir kommen, den ich zu Dir geschickt habe, weil ich ihn für die beste Therapie Deiner Krankheit halte, besser als Elektroschocks und Massagen. Mit diesem Besuch verordne ich Dir eine echt menschliche Arznei, und ich hoffe, daß Du nicht müde sein wirst, dieses Medikament wirklich mit Freude zu nehmen...«

Das waren die Stellen des langen Briefes, die Franz Krone immer wieder las und an denen er herumsinnierte wie an einem Rätsel. Er konnte sich nicht denken, wer der Besuch sein sollte... Die Untreue Sandras erschütterte ihn weniger, als Glatt vermutete. Franz hatte es nicht anders erwartet, nachdem er in den letzten Monaten allein mit Professor Glatt nach Rom, Madrid, London, Berlin, New York und Montreal geflogen war, um von den besten Kehlkopfspezialisten nur zu hören, daß es gegen seine Krankheit keinerlei therapeutische Mittel gäbe, sondern nur Ruhe, Abwarten und eine langwierige Schockbehandlung. Da war er zurückgekehrt nach Cattolico, während Sandra neue Gastspiele gab und nur ab und zu an ihn schrieb, wie herrlich es in Lissabon oder wie wunderbar schön der Strand von Miami sei. Sie habe riesige Erfolge, ihre Stimme werde immer noch freier und klarer. Da zerriß er die Briefe... Die nächsten las er gar nicht mehr, sondern warf sie ungeöffnet in den Kamin seiner Pension. Vielleicht stand in einem dieser Briefe etwas von Trennung und von Ettore Constantino – es war ihm gleichgültig geworden wie alles, was hinter ihm lag. Ein stummer Sänger hat nichts mehr zu erhoffen – die Welt geht über ihn hinweg, das Leben will Gesunde, Starke sehen... Ihnen gehört die Erde, gehören die Menschen und die Erfolge. Er sah es ein, still, ohne zu jammern, ohne aufzubegehren, ohne anzuklagen oder sich gegen das Schicksal aufzubäumen. Er nahm es hin und unterdrückte den Schmerz in seinem Herzen mit ein paar Worten, die lautlos in den Raum gingen. Da wurde er wieder still und nickte wie einer, der in einen Spiegel blickt und statt des Gesichtes die entstellte Fratze der Lepra sieht. Auch er war ein Ausgestoßener, ein Mensch, der von jetzt an abseits stand; und so pflegte er wieder die Blumen und kehrte dorthin zurück, woher er gekommen war – zu der Natur, die ihm Trost gab durch ihr Wachsen, Blühen und in sich ruhendes Leben.

An einem dieser Tage, an denen er an der Strandpromenade von Cattolico saß und über das Meer blickte, über die Zelte und bunten Wimpel des Campingplatzes, die Badekabinen und Sonnenschirme neben den Liegestühlen, setzte sich Sokrates Pallidides zu ihm auf die Bank und wischte sich den perlenden Schweiß von der Stirn. Er knöpfte sein Hemd vor dem dicken Hals auf und fächelte sich Luft zu. »Eine Hitze!« stöhnte er. »Ich komme mir vor, als würde ich gebraten!« Er sprach englisch und sah dabei Franz Krone an, als erwarte er eine Antwort oder Bestätigung. Da er nichts derglichen vernahm, wiederholte er den Satz auf französisch und bekräftigte ihn durch ein neues, lautes Stöhnen. Aber auch hiermit kam er in kein Gespräch. Erstaunt sah er seinen Nebenmann genauer an und bemerkte, daß dieser leicht lächelte. Völlig verblüfft aber war er, als der Fremde eine kleine Schiefertafel aus der Tasche holte und einen Griffel, wie ihn Kinder in der Grundschule benutzen. Mit diesem schrieb er auf die Tafel in englischer Sprache: »Bitte, sprechen Sie ruhig. Ich verstehe Sie. Nur antworten kann ich nicht, da ich die Sprache verloren habe.«

Franz Krone reichte das Täfelchen zu Pallidides hinüber und nickte. Der Grieche las die Sätze – ein Ausdruck des Verzeihens und des Mitleids überzog sein dickes Gesicht. »Ich danke Ihnen«, sagte er stockend. »Ich habe das nicht gewußt. Sind sie Engländer?«

Krone schüttelte den Kopf.

»Franzose?«

Wieder Kopfschütteln. Pallidides atmete tief, es klang wie ein Schnaufen. »Etwa Deutscher?« sagte er leise.

Franz Krone nickte.

»Deutscher!« rief Pallidides enthusiastisch. »Deutscher! Ich liebe die Deutschen! Sie haben einen Blick für das Gute! Sie sind meine besten Exportkunden!« Er gab Krone die Schiefertafel zurück. »Haben Sie Aussicht, daß sich Ihr gräßlicher Zustand bessert?« fragte er.

Krone schüttelte den Kopf.

Pallidides betrachtete den großen Mann neben sich mit sichtlichem Mitgefühl. »Kann ich etwas für Sie tun?« fragte er.

»Ich suche ein stilles Haus, wohin ich mich zurückziehen kann«, schrieb Krone auf seine Tafel und reichte sie Sokrates.

»Ein Haus?!« Pallidides klopfte sich auf die mächtigen Schenkel. »Ein stilles Haus – ich habe es! In meiner Heimat, in Griechenland! Im Süden des Peloponnes! Auf einem Felsen, einsam, wunderschön, ein Gedicht! Wollen Sie es haben?« Er faßte in seine Brusttasche und zog eine dicke Brieftasche hervor. Nachdem er einige Papiere durchstöbert hatte, reichte er Krone die Fotografie des weißen Hauses von Ageranos und lehnte sich dann schnaufend zurück. »Das wäre etwas für Sie, Sir! Das ist der beste Ort, den ich mir denken kann. Dort stört Sie keiner, dort sieht Sie keiner – wenn Sie gestorben sind, wird man das erst entdecken, wenn das Haus zugewachsen ist!« Er betrachtete das als einen Witz, als einen sehr guten sogar, und lachte dröhnend. »Wie wäre es mit dem Haus, Sir? Ich lasse es Ihnen billig, Sir. Ich kann es nie mehr bewohnen…« Er beugte sich vor und flüsterte Krone ins Ohr. »Ich habe nämlich Arthritis«, flüsterte er wie ein Geheimnis. Dabei wehte eine Wolke süßlichen Schweißgeruches zu Krone hin, vermischt mit einem säuerlichen Parfüm.

Franz Krone lehnte sich schnell zurück, ihm wurde übel. Er nahm seine Tafel und schrieb darauf: »Besuchen Sie mich bitte heute abend. Ich wohne in der Pension Miramar. Franz Krone heiße ich.«

Der Grieche las die Zeilen und verbeugte sich. »Ich heiße Sokrates Pallidides.« Er wartete, ob seine Worte irgendwelche Wirkung zeigten, und sagte dann erklärend: »Ich bin der Anbauer und Exporteur des Weines ›Sonne von Lakonien‹. Sie kennen doch diesen besten Griechenwein der Welt?!« Da Krone noch immer nicht antwortete, besann sich Sokrates darauf, daß sein Gegenüber ja stumm sei. Bedauernd hob er die breiten Schultern. »Schade – mit dem ist keine Unterhaltung möglich«, meinte er leise auf griechisch. »Aber ich komme bestimmt – heute abend, Sir. Auf Wiedersehen.«

Und Franz Krone kaufte sich das weiße Haus am Meer, auf dem Felsen des St.-Elias-Massivs bei Ageranos im Süden des Peloponnes.

Zwei Tage später klopfte es an seine Zimmertür in der Pension Miramar.

»Es wird wieder Pallidides sein«, dachte Franz Krone. Er hatte sich kaum gewaschen und ein reines Hemd übergestreift und zog jetzt mit dem Kamm seine Haare nach. Er sah sich auch nicht um, als sich die Tür öffnete und jemand den Raum betrat. Er kämmte sich weiter und drehte sich dann herum, nachdem er den Kamm auf die gläserne Schale über dem Waschbecken gelegt hatte.

Mitten im Zimmer stand ein Mädchen. Ein zartes, blasses, blondhaariges Mädchen mit großen, leuchtenden Augen.

Greta Sanden.

Franz Krone starrte sie an, als sei sie eine Erscheinung, ein Wesen somnambuler Träume. Er öffnete die Lippen, er vergaß seine Stummheit. Er streckte die Hände vor und schrie ihren Namen. Man sah, daß er es schrie, aber kein Ton kam über seine Lippen, sie zitterten nur, und der Hals schwoll an. Da öffnete Greta die Arme und stürzte auf ihn zu, hing sich an seinen Hals und küßte ihn. Er umfaßte sie und drückte sie an sich, so fest und impulsiv, daß sie nach Luft rang und ihn doch immer wieder küßte, seinen Namen nennend und ihm mit der kleinen zärtlichen Hand, die er einmal so liebte, über das hagere, zerfurchte, leidvolle Gesicht streichelnd.

»Professor Glatt sagte, du hättest ihm geschrieben, ich solle kommen«, sagte sie päter, als sie sich am Fenster gegenübersaßen und hinaus auf den Strand und das abendliche Mittelmeer blickten. Es leuchtete in der untergehenden Sonne wie eine polierte Kupferscheibe, durchsetzt mit Ornamenten aus Segelbooten und bunten Wimpeln an weißen oder grünen Zelten.

Franz Krone nickte. Er schrieb auf seine Tafel: »Professor Glatt hat recht... Ich habe nach dir verlangt, aber glaubte nicht, daß du kommen würdest. Ich habe dir so weh getan.«

»Nicht mehr davon sprechen.« Greta wischte mit der Hand über die Tafel. »So wie diese Schrift wollen wir alles wegwischen, was gewesen ist. Beginnen wir mit einer reinen Tafel.« Sie nahm den Griffel aus Krones Hand und schrieb in großen Buchstaben, die ganze Tafel ausfüllend: »Ich liebe dich!«

Am nächsten Morgen kaufte Franz Krone eine neue Tafel. Die alte legte er wie eine Kostbarkeit in den Schrank, die Schrift Gretas mit einem Papier bedeckend, damit sie nicht verwischt würde. Sie wurde für ihn das Wertvollste, das er besaß.

Drei Wochen später heirateten Franz Krone und Greta Sanden auf dem Standesamt in Genua und in der schönen Kirche von San Remo. Über einen Teppich von Rosen und Nelken schritten sie zu ihrem Wagen, der sie zurückbrachte nach Cattolico.

Am übernächsten Tag verließen sie Italien und das Blumenmeer der Riviera. Ein weißes Schiff der griechischen Mittelmeerflotte, die »Agamemnon«, brachte sie von Genua nach Athen, um Italien herumfahrend, an Sizilien vorbei und entlang der zerklüfteten Küste des Peloponnes, ihrer zukünftigen Heimat.

Die Bauern von Ageranos sahen das junge Ehepaar gern. Wenn sie – meistens an den kühlen Abenden – von ihrem Hügel herunterstiegen und am Meer spazierengingen, untergefaßt, eng aneinandergeschmiegt, nahmen sie teil an diesem Glück und lächelten sich zu. »Etwas anderes als der dicke Sokrates«, sagten sie. »Wenn wir Pallidides trafen, wollte er immer Geschäfte mit uns machen und unsere Felder aufkaufen... Aber dieser Deutsche, dieser arme, stumme Mann mit der schönen, blonden Frau, hat für uns alle ein Nicken und sitzt oft in Gythion im Café und trinkt eine Karaffe süßen Samos. Ein armer Mensch – wir wollen für ihn beten...«

Mit der anderen Welt hatten Franz und Greta keinerlei Verbindung mehr, nur Professor Glatt schrieb ab und zu und berichtete aus Köln; Caricacci schrieb aus Rom und erzählte lang und breit von seinem Glauben, daß Corani wieder singen werde. Nur Geduld solle er haben. Geduld und den festen Willen. Die Heirat mit Greta Sanden ignorierte Caricacci – nie ließ er Greta in seinen Briefen grüßen, noch beglückwünschte er Krone zu seinem neuen Glück. Aber er war auch so taktvoll, nichts mehr von Sandra zu schreiben. Ab und zu las Krone in alten französischen oder italienischen Zeitungen, die in dem Café von Gythion auslagen, daß Sandra Belora in Kanada und zuletzt sogar in der Großen Oper von Moskau Triumphe feierte und zusammen mit Ettore Constantino einen neuen Film drehen würde über das Leben der großen Sängerin Melba.

Krone las es wie jede andere Meldung, ja er freute sich ehrlich über die Erfolge Sandras, obwohl er ihren plötzlichen Bruch mit ihm nie ganz verstehen konnte. Noch in Hannover, bei der Untersuchung Dr. Whites, hatte sie ihn umarmt und ihm Trost zugesprochen, hatte sie ihn nach Hause begleitet und ihm immer wieder gut zugeredet; aber als dann nach den Untersuchungen in Rom, Berlin, London, New York und Montreal feststand, daß Krone nie wieder singen konnte, war sie plötzlich aus seinem Leben verschwunden, wie sie aufgetreten war, ohne Aufhebens, ohne großen Abschied. »Ich fahre zu einem Gastspiel nach Neapel«, hatte sie lediglich gesagt – und von diesem Gastspiel war sie nie wiedergekommen, sondern ließ durch Caricacci, dem sie öfter schrieb, Grüße an Corani und gute Besserung bestellen.

Das Leben in dem weißen Haus über dem Lakonischen Golf war still, in sich gekehrt, aber voll inneren Glücks und tiefer Freude. Jeden Tag saß Krone in dem großen blühenden Garten und übte sprechen. Und wenn auch kein Laut von seinen Lippen kam, keine geformten Worte, kein Ton, so entrang sich seiner Kehle doch ein Krächzen, zunächst schauerlich anzuhören, aber später freudig begrüßt, wenn es lauter klang und weniger tierhaft. Wie hatte Dr. Bornhoff von der Berliner Charité gesagt: »Ihre totale hysterische Recurrenslähmung kann behoben werden, wenn es Ihnen gelingt, Ihre Großhirnhemisphäre, die durch einen Schock lahmgelegt wurde, wieder so anzuregen, daß sie die Nerven der Glottisöffner wieder arbeiten läßt und die Phonation langsam zurückkehrt. Bei den ersten Tönen – und wenn es nur ein Jaulen wie das eines Hundes wäre – haben wir viel gewonnen!«

Das Jaulen eines Hundes! Damals hatte ihn Krone entsetzt angestarrt, aber heute begriff er, was Dr. Bornhoff mit diesen Worten sagen wollte: »Jeder Ton, und ist er noch so gräßlich, ist ein Ton! Darauf kommt es an! Jeder Ton ist ein Stein, mit dem man die Straße zu einer Heilung pflastern kann.«

Greta Sanden trug die Schwere der Pflege, die sie mit dem Namen Krone übernommen hatte, mit Geduld und wirklicher Liebe. Kein Wort erinnerte mehr an die vergangenen Jahre... Sie setzte wieder dort an, wo Franz sie verlassen hatte, an jenem Tag im Kölner Hauptbahnhof, an dem sie weinend dem Zug nachgerannt war, der Franz nach München und damit für immer aus ihrer Welt entführte. Sie hatte, bevor sie nach Cattolico fuhr, alles verkauft, was sie in Köln besaß, die Möbel, das Radio, den Teppich, das Geschirr, all die kleinen Dinge, die sich im Lauf eines Lebens ansammeln und Gemütlichkeit und Vertrautheit in die sonst kahlen Wände eines Zimmers bringen. Sie hatte ihr Postsparbuch aufgelöst und das Geld über die Kölner Sparkasse in Devisen umwechseln lassen. Fast viertausend Mark waren es, die sie mit nach Italien und Griechenland brachte und auf der Staatsbank in Athen einzahlte. Noch besaß Franz ein sehr ansehnliches Bankkonto von seinen Konzerten und Opernabenden her, aber Greta wagte nicht daran zu denken, was geschehen sollte, wenn die hohen Rechnungen der Kehlkopfärzte voll bezahlt waren, Rechnungen, die – wie in Montreal – fast dreitausend Mark betrugen, ohne die Kosten für die Assistenten und die Röntgenaufnahmen, die jeweils ein anderer Professor machte. Wenn ihr diese schweren Gedanken für die Zukunft kamen, ging sie hinaus in den Garten zu Franz Krone und setzte sich still neben ihn. Sie sah ihm zu, wie er übte, wie er die Beete umgrub, die Blumen festband, das Gras mähte, das Obst erntete, neue Pflanzen setzte und die weiten Anlagen um das weiße Haus herum mit einem Fleiß ohne Ermüdung in Ordnung hielt. Dann wurde sie wieder froh und verscheuchte die bösen Gedanken und umarmte ihn manchmal impulsiv, küßte ihn und lief dann fort wie ein sich schämendes Mädchen.

»Jetzt bin ich doch wieder ein Gärtner«, schrieb Franz einmal auf seine Schiefertafel. »Und in einer größeren Gärtnerei als in Liblar. Wenn ich wieder sprechen könnte, würde ich ehrlich sagen: Ich bin glücklich! Ein Garten, ein Haus, Sonne, Meer und eine herrliche Frau – was will ich denn mehr vom Leben?«

In diesen Tagen fuhr er nach Patras, durch den ganzen Peloponnes, weil er gehört hatte, daß in Patras der bekannte japanische Arzt Tayo Kuranomu für einige Tage anwesend sei, um dann weiterzufahren nach Korinth. Dr. Kuranomu hatte sich einen Namen durch Strumaforschung und eine neuartige Methode der Ösophagusresektion gemacht. Seine Arbeiten in den medizinischen Wochenschriften waren eine kleine medizinische Sensation gewesen und wurden von der Fachwelt als Revolution der Ösophagus-Therapie angesehen. Diesen Arzt wollte Franz Krone sprechen und sich ihm vorstellen. Vielleicht wußte er einen Weg, nur einen kleinen Hinweis, einen winzigen Strohhalm der Hoffnung.

Aber Dr. Kuranomu war an dem Tag, an dem Franz und Greta in Patras eintrafen, nach Korinth weitergereist. Durch die Vermittlung des Bürgermeisters von Patras bekamen sie ein Ferngespräch nach Korinth und hinterließen Dr. Kuranomu, daß er – wenn er Zeit und Lust habe – nach Gythion kommen möchte, wo ihn der Sänger Francesco Corani erwarte. Zu einer dringenden Konsultation. Einer sehr dringenden sogar.

Drei Tage später fuhr ein weißer Nash durch Gythion, bestaunt von den Bauernjungen und den Eselstreibern, die von den steinigen Feldern kamen. Noch mehr aber als den weißen Straßenkreuzer bewunderten sie den Mann hinter dem großen Steuerrad, einen gelben, kleinen, schlitzäugigen Mann, der mit breitem Grinsen sprach und sie fragte, wo hier ein gewisser Corani wohne. Sein schwarzes Haar lag glänzend um den runden Schädel, und trotz der Hitze, die sich zwischen den Felsen staute und das Atmen schwer machte, schwitzte er nicht, sondern machte den Eindruck, als sei er frisch einem kalten Bad entstiegen.

Wenig später parkte er den Wagen unten am Hügel des weißen Hauses und blickte den Felsen hinauf zu dem großen Garten mit der Fülle blühender Büsche und rankenden Weins.

Dr. Kuranomu schlug die Tür des Wagens zu und kletterte den gewundenen Weg hinauf. Vor dem hohen Gittertor sah er sich um und drückte dann auf die Klingel, die in einen der Gitterstäbe eingelassen war. Er mußte etwas warten, bis eine junge, hellblonde Frau den Weg entlang kam und – als sie ihn sah – zu laufen begann. Noch bevor sie das Tor aufschloß, sagte sie atemlos: »Dr. Kuranomu?«

Der Japaner nickte. »Ja, gnädige Frau.« Er sprach deutsch, ein wenig singend, mit einer hohen, fast einer Fistelstimme.

Greta öffnete das schwere Tor und ließ den Gast in den Garten.

Hinter ihm verschloß sie wieder sorgsam die Gittertür. Dr. Kuranomu sah sich erstaunt um.

»Wie eine Festung«, bemerkte er. »Ist der Herr Kammersänger menschenscheu geworden?«

»Sie wissen es noch nicht?« Greta war stehen geblieben. Etwas Geheimnisvolles, fast körperlich spürbar Strahlendes ging von dem kleinen Japaner aus. »Man hat es Ihnen nicht gesagt? Sie haben es nicht gelesen?«

»Nein.« Kuranomu schüttelte den gelben Kopf. Das Grinsen in seinem Gesicht verlor sich. »Corani – Verzeihung – Ihr Gatte ist erkrankt?«

»Er hat seine Stimme verloren... Er ist stumm«, sagte Greta mühsam. Sie fühlte, wie es in ihrem Hals würgte. »Nur nicht weinen«, zwang sie sich zu denken. »Nicht zeigen, daß du es schwerer trägst, als die Umwelt wissen soll. Du hast stark zu sein, ganz stark... Nur so kannst du ihm helfen.«

Dr. Kuranomu schob die schmale Unterlippe vor. »Stumm?« sagte er leise. Seine Stimme hatte den leichten, freundlichen Ton verloren. »Völlig stumm?!«

»Ja.«

»Ich habe Ihren Gatten in San Francisco gehört. Wir hatten einen Ärztekongreß und besuchten am Abend die Oper. Er sang den Turridu in Mascagnis ›Cavalleria rusticana‹. Wir saßen alle wie vor einem Wunder, gnädige Frau. Wir begriffen nicht, daß es möglich war, solche Töne aus einer menschlichen Kehle zu hören. Wir waren etwa sieben Kehlkopfspezialisten, wir kannten genau die Leistungskraft einer menschlichen Kehle. Und an diesem Abend erlebten wir die Demonstration, daß wir uns irrten, daß es doch noch Wunder gab und unsere Theorien ad absurdum geführt wurden. ›Wie lange hält die Kehle das aus?‹ dachten wir damals. ›Das kann nicht gut gehen, das ist eine Überforderung, eine Herausforderung an die Natur, eine physiologische Folterung.‹ Er sang wie ein Gott, und wir verließen die Oper in dem Bewußtsein, etwas gehört zu haben, was wir nie wieder hören würden. Darum bin ich sofort nach Gythion gekommen, als in meinem Hotel in Korinth Ihr Telefonanruf auf meinem Tisch lag.« Er knöpfte den Kragen seines Seidenhemdes auf, trotz der Rasensprenger war es brütend heiß. »Und jetzt ist er stumm? Eine vollständige Lähmung?«

»Ja. Die Ärzte – wir haben in diesen Monaten zwölf bekannte Spezialisten aufgesucht – sagen, es sei eine doppelseitige Recurrenslähmung.«

»Durch einen Tumor?«

»Nein. Auf hysterischer Basis...« Sie schämte sich, das Wort auszusprechen, es klang, als würde sie sagen: »Mein Mann ist ein Hysteriker, ein halber Irrer, ein Mensch ohne Selbstbeherrschung.« Aber Dr. Kuranomu nahm die Diagnose seiner Kollegen gelassen hin. Für ihn war der Ausdruck »hysterische Lähmung« ein wissenschaftlicher Fall, nichts weiter.

»Hat Ihr Gatte Schocktherapie bekommen?«

»Ja. Aber ohne Erfolg.«

Dr. Kuranomu nickte. »Ich dachte es mir.« Er sah hinüber zu dem weißen Haus mit dem leuchtenden roten Dach. »Kann ich Ihren Gatten jetzt sehen?«

»Aber bitte, Herr Doktor.«

Sie gingen um die Maulbeerbüsche herum und kamen an das große Rosenbeet, das vor dem glasüberdachten Eingang lag. Der schwere Duft der Rosen schlug ihnen entgegen, er staute sich in der heißen, fast stillstehenden Luft.

Abseits von der Terrasse, in einem Beet voller Chrysanthemen, stand Franz Krone und harkte den steinigen Boden locker. Er war mit Staub überzogen, auf seinem Kopf trug er einen breitkrempigen, geflochtenen Strohhut, wie ihn die griechischen Weinbauern tragen.

Dr. Kuranomu blieb stehen und sah dem Arbeitenden eine Weile zu. »Das ist gut«, sagte er dann und nickte vor sich hin. »Das festigt seinen gesundheitlichen Gesamtzustand.«

Sie traten aus den Maulbeerbüschen hinaus in die Sonne. Franz Krone sah sie kommen, warf seine Geräte hin und eilte ihnen entgegen. Mit ausgestreckten Armen kam er auf Kuranomu zu.

In einem abgedunkelten Zimmer saßen sich Dr. Kuranomu und

Franz Krone gegenüber. Die Jalousien waren vor die Fenster gelassen, nur durch die Ritzen der einzelnen Glieder streute die Sonne dünne goldene Fäden in den Raum. Ein wohltuendes, kühles Halbdunkel lag über dem großen Zimmer.

Dr. Kuranomu hatte seinen Kehlkopfspiegel hingelegt und nahm jetzt auch den Stirnspiegel von seinem Kopf. Er legte die Hände gespreizt gegeneinander und sah Franz Krone an, der erwartungsvoll in seine Augen schaute.

»Was die Laryngoskopie ergeben hat, brauche ich Ihnen nicht zu sagen«, begann Kuranomu die Unterhaltung. »Ich kann nur bestätigen, was meine Kollegen Ihnen gesagt haben. Nur über eines bin ich mir nicht im klaren: Warum?! Warum diese Lähmung? Ihr Kehlkopf ist gesund, Sie haben nie Diphtherie gehabt, kein Tumor ist zu sehen, auch eine Laryngitis liegt nicht vor. Sie haben eine ausgesprochen hysterische Lähmung des Recurrens, und das nur, weil Sie diese Lähmung wollten!« Franz Krone hob die Hände, aber Kuranomu winkte ab. »Täuschen Sie mich nicht! Sie wollten natürlich nicht diese Lähmung, aber irgend etwas in Ihrem Leben hat Sie dermaßen erschüttert, daß Sie Ihren Beruf als ›Wunderstimme‹ innerlich verfluchten. Und zwar so gründlich und – wie man sagt – tiefenpsychologisch verfluchten, daß Ihr an sich schon sensibles Gehirn sehr streng reagierte und einfach die Stimmbänder lähmte. Also – Hysterie im tiefenpsychologischen Sinne. Da helfen keine Schockbehandlungen und keine Pülverchen und Tröpfchen.« Der Japaner neigte sich vor. Sein gelbes, breites Gesicht mit den schmalen, schwarzen Augen lag dicht vor Franz Krone, der ihn fast ängstlich ansah. »Bleiben wir bei der Wissenschaft«, sagte Dr. Kuranomu. »Ihre Recurrenslähmung unterliegt dem sogenannten Semon-Rosenbachschen Gesetz: Die Nerven der Glottisöffner erlahmen schneller als die der Glottisschließer. Es muß also bei unserer Therapie darauf geachtet werden, daß wir diese Nerven – also die betreffende Hemisphäre im Großhirn – zu neuem Leben anregen. Sie sind so etwas wie ein Grenzfall der Medizin – eine bis heute nicht ganz erkannte tiefenpsychologische Schockerregung erzeugt eine ganz klare Diagnostizierung einer bekannten Krankheit des Larynx.«

Dr. Tayo Kuranomu lehnte sich wieder zurück und legte die Hände auf seine Knie. Dabei sah er plötzlich Franz Krone aus anderen Augen an. Sie waren größer, scharf, in ihrer glitzernden Schärfe fast beängstigend zwingend. Franz spürte den Blick und bemühte sich, wegzusehen. Aber es gelang ihm nicht, so sehr er seinen Willen anstrengte, ihn gegen Dr. Kuranomu zu setzen. Der Japaner lächelte leicht.

»Bemühen Sie sich nicht«, sagte er mit seiner sanften, singenden, hellen Stimme. »Wir werden uns noch öfter über Ihren Fall unterhalten. Fall nicht im medizinischen Sinne, sondern Fall in seelischer Hinsicht – Sie sind gefallen, Sie haben sich einfach fallen lassen, Sie haben einen Abgrund gesehen, und statt ihn zu überbrücken oder ihn zu umgehen, haben Sie sich mit geschlossenen Augen hineingestürzt in der Hoffnung, vielleicht auf dem Grunde des Abgrundes einen Fluß zu finden, der Ihren Sturz mildern und abfangen würde. Aber es war kein Fluß da... Sie schlugen auf den Steinen auf, Sie zerschellten – seelisch, moralisch, wenn Sie wollen. Und als Sie sich erhoben, erstaunt, daß Sie noch leben, waren Sie ein Seelenkrüppel! Das ist es, was ich aus Ihnen heraustreiben werde: die seelische Hemmung, die auch Ihre Stimmbänder lähmt. Haben Sie etwas dagegen, wenn ich eine Zeitlang bei Ihnen in Ihrem Haus bleibe?«

Franz Krone schüttelte den Kopf. Er fühlte, wie ihm der Schweiß ausbrach, wie die unerbittlichen Worte des Japaners ihn zermarterten, ihn wie durch eine Mühle drehten und ihm keinen Ausweg mehr ließen, hindurchzuschlüpfen. Er fühlte sich seelisch nackt vor diesen schwarzen Augen, die ihn anstarrten und ihm fast einen fremden Willen aufzwangen.

»Sie kennen die Yogaschule?« fragte Dr. Kuranomu. »Mit ihr werde ich bei Ihnen beginnen. Mit Übungen der Selbstverleugnung und der Selbstbeherrschung, mit der Entpersönlichung Ihres Wesens. Dann sind Sie nur noch menschlicher Rohstoff, und aus diesem forme ich Sie neu!« Er schaute auf seine schlanken, langen, gelben Hände und lächelte das unergründliche Lächeln seiner Rasse. »Wir Asiaten sind der westlichen Welt immer ein Rätsel«, sagte er versonnen. »Man sieht uns als Träger geheimer Kräfte an. Es stimmt nicht,

Herr Kammersänger. Wir machen nur alle Kräfte nutzbar, die im Menschen verborgen sind, Kräfte, die Ihre weiße Welt nicht erkannt hat. Der Mensch ist eine Strahlenmaterie... Er strahlt aus, und er empfängt, und mit diesen Strahlen kann er heilen oder töten – ganz, wie er es beherrscht. Ich kannte einen Priester aus Tibet, aus der Tempelstadt Tsangpo am Quellfluß des großen Bramaputra. Er nahm einen Kopf in die Hand, er sah in die Augen, und er sagte: ›Du hast ein Geschwür im Bauch, aber es wird vertrocknen, es muß vertrocknen, denn ich will, daß es vertrocknet! Hörst du, ich *will* es!‹ Und das Geschwür vertrocknete... Ich habe es später unter dem Leuchtschirm des Röntgenapparates selbst gesehen! Sehen Sie – das sind die Strahlen des Willens, dem sich der andere Körper mit all seinen Säften unterordnete.« Er beugte sich ruckartig vor – seine Augen stachen in Krone hinein, wie betäubt starrte er den Japaner an. »Und ich will, daß Ihre Stimme wiederkommt! Ich will, daß Sie wieder sprechen! Sie sind nicht krank. Sie sind auch kein Fremder, wie Sie glauben... Legen Sie Corani ab, werden Sie wieder Krone, voll und ganz... Ich *will*, daß Ihre Stimme wiederkommt...«

Als Franz Krone eine Stunde später am Arm des japanischen Arztes das dunkle Zimmer verließ und auf die sonnenüberflutete Terrasse trat, war sein Gesicht eingefallen, verzerrt, von Schweiß überströmt. Er schwankte und hielt sich an der Mauer fest. Greta, die in einem Sessel unter einem Sonnenschirm saß, sprang auf und stürzte auf ihn zu. »Franz!« schrie sie. »Franz – was hast du?! Mein Gott – wie siehst du aus?!«

Und Franz Krone öffnete die Lippen und sagte: »Ah.« Klar und deutlich! »Ah.«

Er vernahm es, er hörte sich »ah« sagen, und er warf die Arme empor, als wolle er den Himmel herunterreißen. Mit einem Aufschrei fiel er ohnmächtig in die Arme Dr. Kuranomus.

»Er wird wieder sprechen«, sagte der Japaner lächelnd. »Er sagt schon ah...«

Sieben Wochen blieb Dr. Tayo Kuranomu in dem weißen Haus bei Ageranos. Er bewohnte zwei Zimmer zum Garten und zu den Klippen hinaus und nahm die seelischen Übungen immer in dem verdunkelten Zimmer neben der Terrasse vor. Nach jeder dieser Übungen war Franz Krone am Ende seiner Kräfte; meistens saß er dann in einem Liegestuhl und erholte sich mit einem Siphon Orangeade, oder er ging mit Greta schwimmen und legte sich auf einer kleinen Felseninsel im Golf von Lakonien in die Sonne. Dr. Kuranomu schrieb unterdessen in seinem Berichtsbuch über den »Fall Corani« einige neue Seiten und berichtete von den Fortschritten seiner tiefenpsychologischen Experimente und den Entspannungsübungen in einer hypnotischen Halbtrance des Patienten.

Der Erfolg gab dem Japaner recht: Franz Krone konnte nach diesen sieben Wochen bereits lallen... Er sagte »ah« und »eh« und sogar »ei«, wobei Kuranomu auf das I besonders Wert legte, weil es eine ausgeprägte Schwingung der Stimmbänder voraussetzt. Allerdings gelang ihm dieses wertvolle I nur in dem Zustand der Hypnose. Erwachte er aus seinem Trancezustand, war die Verkrampfung wieder vollkommen, die Großhirnhemisphären arbeiteten wieder aus eigenem Willen und lähmten die Glottisöffner. Aber schon der Beweis, daß in der Hypnose die Stimmbänder wieder schwingen konnten, ermutigte den Japaner, in seiner Methode fortzufahren. Er hatte damit klar erkannt, daß die Lähmung wirklich hysterischer Natur war und genau so schnell geheilt werden konnte, wie sie auftrat, wenn es ihm gelang, den Ansatzpunkt zu finden, auf den das schockierte Gehirn mit einem neuen Gegenschock – der Heilung – antwortete.

An einem Donnerstag fuhren Dr. Tayo Kuranomu und Greta nach Gythion, um einige Flaschen Wein einzukaufen und Fleisch zu holen. Greta hatte am Sonntag Geburtstag, und man wollte diesen Tag in aller Stille auf den Felsen im weißen Haus feiern – den ersten Geburtstag Gretas als Frau Krone. Franz blieb zurück. Er arbeitete wieder im Garten und wollte einige große Klematisranken festbinden und mit ihnen einen Teepavillon umranken lassen, den Pallidides hatte verfallen lassen und den Franz in diesen Monaten wieder aufgebaut hatte. Er winkte ihnen von einem Vorsprung des Felsens, von dem man die Straße nach Gythion übersehen konnte, zu, als sie

in den Nash des Japaners stiegen und in schneller Fahrt die Küstenstraße entlang nach Norden fuhren.

Es war ein schöner, sonniger, etwas dunstiger Vormittag. Vom
Meer herüber wehte ein leichter Wind, der die Felsen kühlte und das
Obst an den Bäumen wiegte. Franz setzte sich unter das Sonnendach
der Terrasse und las die französischen Zeitungen, die Dr. Kuranomu
von seinem letzten Besuch Gythions mitgebracht hatte. Die laute
Welt außerhalb des weißen Hauses von Ageranos verblüffte Krone
immer wieder. Man stritt sich um Nichtigkeiten. Morde, Selbst-
morde, Überfälle füllten die Seiten, politische Spannungen erregten
die Parlamente, Streiks legten Industriebetriebe still, Demonstratio-
nen wurden niedergeknüppelt – er las das alles wie ein Mensch, der
von einem fernen Stern die kleine Erde betrachtet und nicht weiß,
warum dies alles geschah. Hier, in der Einsamkeit der Felsen und
des Meeres, umweht von der Salzluft des Mittelmeeres, waren die
erregenden Probleme alle so klein und nichtig, war das Leben im
Grunde so einfach und damit so schön, daß es ihm unverständlich
wurde, warum die Menschheit sich in Leidenschaften verzehrte und
Probleme aufwarf, die den gottgewollten Rhythmus des Lebens
störten und verdarben. Er fühlte jetzt die Ausgeglichenheit, die von
ihm Besitz ergriffen hatte, die wundervolle Ruhe seiner Seele; er erkannte den Sinn des Lebens: als Mensch nur ein Stück der Natur zu
sein, die ihm dafür dankte mit den Schätzen ihres Wachsens und
Reifens.

Aber die Probleme des lauten, äußeren Lebens gingen auch an ihm
nicht vorbei. Das weiße Haus hatte er Pallidides bezahlt – seine
Konten in Frankreich und Italien waren damit geräumt. Die Ärzte
in Berlin, London, Paris, Montreal und New York hatten ihre Ho-
norare erhalten – was ihm auf den Banken blieb, waren geringe,
kaum nennenswerte Beträge. Dr. Kuranomu hatte noch keine
Rechnung vorgelegt, aber sie würde nicht niedrig sein, und er würde
sie sofort bezahlen, das wußte er. Was dann kam, war eine Zukunft,
an die er nicht denken mochte. Er würde allein auf den Erlös ange-
wiesen sein, den ihm sein Garten einbrachte, der Verkauf von Blumen und Früchten an die Touristen, die nach Sparta kamen, um die

klassischen Stätten zu besichtigen und ihre humanistischen Erinnerungen aufzufrischen. Vielleicht konnte er auch eine Samenhandlung gründen und wertvolle, seltene Blumensorten exportieren – es würde sich alles zeigen und im nächsten Jahr entscheiden. Mit Greta sprach er nicht darüber, er wollte ihr das Leben nicht noch schwerer machen, als es an sich schon war. Manchmal bewunderte er sie, wenn sie lachend und trällernd durch den Garten ging, neben ihm auf der Terrasse saß und geduldig die vielen, vielen Sätze las, die er auf seine Tafel schrieb, in einem Mitteilungsdrang, der oftmals beängstigend war. Er wurde dann eher müde vom Schreiben als sie vom Lesen. Dann saßen sie stumm nebeneinander, eng aneinandergelehnt, und blickten über das Meer, das tiefblau sich in der Sonne wiegte oder sich bei Sturm grünschillernd und brüllend die Felsen hinaufdrängte.

Nachdem er die Zeitung gelesen hatte, ging Franz, die Klematisranken festzubinden und um die Laube zu ziehen. Er blickte kurz auf seine Armbanduhr, es war halb zwölf Uhr – in einer Stunde würden Greta und Dr. Kuranomu wieder um den Felsen im Hintergrund biegen und die schmale Straße zu dem weißen Haus hinaufbrummen. Bis dahin wollte er seine Arbeit getan haben. Nach dem Mittagessen und einer Stunde Ruhe würde dann Dr. Kuranomu wieder in dem abgedunkelten Zimmer sitzen und ihn seelisch zermürben – wie Franz es nannte. Jeden Tag schauderte ihn vor dieser Stunde in dem dunklen Zimmer und den stechenden schwarzen Augen des Japaners, aber jeden Tag ging er wie unter einem Zwang in das Zimmer und setzte sich wie ein gehorsamer Schüler in den Sessel, dem kleinen, gelben Mann gegenüber, der ihn mit aneinandergelegten Händen wie eine Statue einer asiatischen Gottheit erwartete.

Gegen ein Viertel vor zwölf Uhr fuhren Dr. Kuranomu und Greta aus Gythion ab und bogen in die Küstenstraße ein. Sie führte am Rande eines Plateaus entlang, rechts stiegen die Felsen an, links fiel die Straße etwa dreißig Meter steil ab zu einem schmalen, steinigen Strand, über dem bei starkem Wind das Meer brandete.

An diesem schönen Mittag war der Strand frei. Muscheln und Seetiere trockneten in der Sonne, Tang lag zwischen den Steinen,

Treibholz und Fetzen eines losgerissenen Netzes. Der weiße Nash fuhr schnell diese schmale Stelle, die etwa einen Kilometer lang war, entlang. Hinter diesem Engpaß senkte sich die Straße etwas, wurde breiter und führte am Strand entlang bis Ageranos.

Dr. Kuranomu sprach wenig. Sein gelbes, zerknittertes Gesicht mit dem ewigen Grinsen lag im Schatten einer weißen Sportmütze, die er der Sonne und der Blendung wegen trug. Greta saß neben ihm; ihr Haar flatterte im Zugwind. Auf dem Schoß hielt sie eine Tasche mit Weintrauben fest, während das Fleischpaket und eine kleine Kiste Konserven auf dem Notsitz hin- und herschütterten. Ihr Klappern übertönte das leise Summen des starken Motors.

»Wann, glauben Sie, Doktor, wird Franz wieder sprechen können?« fragte sie. »Er ist ganz glücklich über die wenigen Töne, die er schon sagen kann.«

»Es ist ein Fortschritt, bestimmt.« Der Japaner starrte geradeaus auf den gelbbraunen, staubenden Steinbelag der Straße. »Aber ich glaube nicht, daß wir weiterkommen.«

»Sie machen mich ängstlich, Doktor.«

Kuranomu hob die Schultern. »Irgend etwas sperrt sich in ihm gegen meinen Willen – ich kann nicht erkennen, was es ist! Ich komme bis zu einer gewissen Tiefe seiner Seele – aber dann ist es dunkel, auch für mich. Ich ringe mit ihm, jeden Tag, ich bin ohne Mitleid, bis er zusammenbricht – aber in der Tiefe ist es dunkel…«

»Und die Buchstaben, die Laute, die er schon sagt? Sie sind doch ein Beweis, daß seine Stimme wiederkommt.«

»Es ist der Beweis von der Rückkehr einer gewissen, noch sehr begrenzten Phonation. Sicherlich – es ist verblüffend, daß die Glottisnerven wieder – wenn auch nur schwach – reagieren. Aber –« Er machte die Handbewegung des Bedauerns. In diesem Augenblick fühlte sich Greta nach vorn geschleudert. Sie schrie auf, instinktiv umklammerte sie einen Haltebügel vor sich am Armaturenbrett. Glas splitterte, der schwere Wagen schleuderte über die enge Straße, er drehte sich und raste dann mit der ihm von der Fahrt innewohnenden Fliehkraft auf den Felsen zu. Mit starrem Gesicht sah Dr. Kuranomu den Felsen auf sich zukommen, seine gelben Hände hielten das Steuerrad umklammert, dick lagen auf seinen Händen die Adern. Er versuchte, das Rad herumzureißen, er trat auf das Gaspedal und dann wieder auf die Bremse – zu spät, der Felsen war da, er wuchs vor ihm auf wie eine brausende Vision, dann krachte der Wagen gegen das Gestein und wurde zurückgeschleudert auf die Straße, wo er, auf der Seite liegend, die ganze Fahrbahn einnahm. Im Augenblick des Umstürzens gellte die Hupe auf, sie zerschnitt die stille Einsamkeit und blieb in den Felsen hängen, grell, schreiend, während der zerdrückte Motor schwieg und eine Lache Benzin über die Straße floß.

Jaulend humpelte ein verwilderter Hund an den Trümmern vorbei und verschwand zwischen den Felsen.

Ein kleiner, braungelber, struppiger Hund, der mitten auf der Straße gesessen und vor dem Kuranomu plötzlich gebremst hatte, um ihn nicht zu überfahren.

In den Trümmern des Wagens lagen zwei Menschen. Über ihre blaßgelben Gesichter wehte der Staub. Die Hand Kuranomus hielt noch immer das Steuerrad umklammert, aus seiner Schulter sickerte Blut auf die Lederpolster.

Die Einsamkeit um sie herum war vollkommen. Die Sonne fraß das auslaufende Benzin. Nur die Hupe gellte durch die blaue, staubige Stille wie eine Sirene, die um Hilfe schrie.

Erst um halb vier Uhr wurden sie gefunden von einem Bauern, der mit seinem Eselskarren von Ageranos nach Gythion wollte.

Die Nachricht von dem gräßlichen Unglück überbrachte der Bürgermeister von Ageranos. Nachdem ein Rettungswagen die Verletzten nach Gythion gebracht hatte, wo der einzige Arzt sie flüchtig untersuchte und dann sofort das Hospital von Sparta anrief, beratschlagte man in Ageranos, wer die schreckliche Nachricht dem stummen Hausherrn der weißen Villa überbringen sollte.

Greta war in dem kleinen Ordinationszimmer des Arztes für einen kurzen Augenblick erwacht und hatte mit leiser, oft stockender Stimme, unterbrochen durch Wimmern und Stöhnen, von den wenigen, entsetzlichen Sekunden berichtet, bis durch den Aufprall alle

Erinnerung ausgelöscht worden war. Dann fiel sie wieder in tiefe Bewußtlosigkeit, aus der sie auch im OP des Krankenhauses von Sparta nicht erwachte.

Schließlich übernahm es der Bürgermeister selbst, der Unglücksbote zu sein. Er zog seinen besten Anzug an, nahm sein besticktes mazedonisches Käppi und stieg den Berg hinauf zu dem großen Garten. Da er dort niemand sah, entschloß er sich zu schellen. Er drückte auf die Klingel neben der Tür und sah kurz darauf, wie der stumme Hausherr mehr laufend als gehend den Weg herabkam und zum Tor eilte. Schon als er ihn sah, nahm der Bürgermeister sein Käppi ab und drehte es verlegen in den Händen. »Wie soll ich es sagen?« durchfuhr es ihn. »Welche Worte soll ich nehmen?... Wie soll ich überhaupt anfangen...?« Er wünschte sich, tief unten in einem sehr großen Weinkeller zu sein und nicht hier oben unter der brennenden Sonne vor den Augen eines großen Mannes, der ihn forschend ansah, als er das Tor aufschloß.

»Guten Tag«, sagte der Bürgermeister und trat zögernd auf den Kiesweg. Er begann zu schwitzen und schnaufte leicht. »Ich – ich soll Ihnen etwas bestellen...« Er schwieg wieder und sah Franz Krone an. In den Augen des Stummen stand eine große Frage. »Wenn er doch bloß sprechen könnte«, dachte der Bürgermeister. »Dann würde man ihm alles viel leichter sagen. Aber so... Einem Stummen...« Er wischte sich den perlenden Schweiß mit dem Jackenärmel von der Stirn. »Es ist nämlich...« Er schluckte krampfhaft. »Sie kennen doch die Straße nach Gythion... Dort, wo sie enger wird und zum Meer hin abfällt...«

Franz Krone nickte. Er fühlte, wie es durch seinen Körper zuckte, wie etwas Unbekanntes, Ängstliches, Entsetzliches in ihm emporkroch.

Der Bürgermeister schluckte wieder und atmete tief. »Dort, auf der Straße, genau an der engsten Stelle, saß ein Hund. Ein räudiger, verfluchter, stinkender Hund! Ein Saustück von einem Hund! Und gerade, als der Hund da saß, kam das Auto... Ihr Freund bremste... Er ist ein Tierfreund, ein großer Tierfreund... Er bremste... Und der Wagen...« Der Bürgermeister sah zu Boden und schwieg.

In Franz Krone brach etwas zusammen. Er spürte es deutlich, es war, als krache es in seiner Brust, als stürze wieder ein Felsen ein wie damals in Epidauros und begrabe ihn diesmal wirklich wie einen lebenden Toten. Der Himmel wurde dunkel, die Sonne verblaßte, die Gärten, die Felsen, das Meer wurden aufgesogen von einer Dunkelheit, die plötzlich wie von einem Blitz zerrissen wurde und grell sein Inneres zerriß. Er warf die Arme vor, er umklammerte den bebenden Bürgermeister, und dann brach aus seinem Mund, aus seinem stummen Mund ein Schrei, so gellend, unmenschlich und nie gehört, daß der Bürgermeister sich beide Ohren zuhielt und die Augen vor Grauen schloß.

Der Kopf Krones sank auf die Schulter des zitternden Mannes. Und dann hörte der Grieche etwas, was ihn in die Knie fallen ließ, was ihn zu Boden warf wie zu einem Gebet. Der Stumme sprach…

»Greta…«, sagte er leise, ganz klar und deutlich, »Greta…«, und dann lauter, immer lauter, als wolle er es selbst hören, als solle dieses Wort nie mehr versiegen, schreiend und sich überschlagend: »Greta! Greta! Greta!«

Er ließ den betenden Bürgermeister im Kies liegen und rannte in langen Sätzen den Weg hinab, die Hände um den Kopf gepreßt und den Namen immer wieder rufend, bis seine Stimme zwischen den Felsen erstarb und die Stille wieder vollkommen war.

Und er konnte noch sprechen, als er Stunden später im Hospital der Barmherzigen Brüder von Sparta an dem weißen Bett Gretas saß und ihre blassen, schmalen Hände hielt. Sie war noch nicht erwacht. Ein dicker Verband hüllte ihr Gesicht ein, ihr Rücken lag in einer Wanne aus Gips. Röchelnd, unregelmäßig und ab und zu aussetzend ging ihr Atem.

Der Arzt, ein junger Spartaner, stand neben dem Bett und zog eine Cardiazol-Injektion auf. »Wir müssen noch röntgen«, sagte er leise. »Wir vermuten, daß es eine ernsthafte Rückgratverletzung ist.«

»Ich werde sofort mit Berlin sprechen«, sagte Franz Krone. Er lauschte dem Klang seiner Worte. Sie waren rauh, aber man vernahm sie. Er dachte sie nicht mehr, er sprach sie aus. Er konnte sprechen, er war wieder ein Mensch... Da senkte er den Kopf auf die Hände Gretas und weinte.

In der Nacht erreichte er durch das Telefon den bekannten Chirurgen Professor Dr. von Kondritz. Der griechische Arzt schilderte ihm in englischer Sprache seine erste Diagnose.

»Abwarten«, sagte Professor von Kondritz. »Im Augenblick ist gar nichts zu tun. Wir müssen die weiteren Reaktionsfähigkeiten der Nerven erst überblicken können. Behandeln Sie den Fall klinisch, wie Sie denken. In etwa zwei Monaten wird man alles klar übersehen können.«

In dem kleinen weißen Krankenzimmer saß Franz Krone wieder am Bett Gretas. Sie war aus ihrer Ohnmacht erwacht, aber sie erkannte ihn nicht mehr. Ihr Blick irrte stumpf durch das Zimmer, flog über ihn hinweg, dann schloß sie wieder die Augen und lag teilnahmslos in den Kissen. An der Seite blutete der Kopfverband durch und beschmierte den Kissenbezug. Franz legte ein Tuch unter; vorsichtig, ganz langsam hob er Gretas Kopf an, um es darunterzuschieben. Der Arzt, der ins Zimmer kam, schellte den Pflegern, ernsten, stillen, in schwarze Soutanen gehüllten Mönchen mit langen, wallenden Bärten.

»Wird sie weiterleben?« fragte Krone leise, als sie den Verband wechselten. Er sah dabei zur Seite, er konnte die Wunde nicht sehen, ohne aufzuschreien.

»Wir wollen beten.« Der Arzt beugte sich über den Kopf und streute Penicillinpuder auf die breite Wunde. »Wenn Gott gnädig ist, wird sie weiterleben...«

In der Nacht saß Franz Krone in der Kapelle des Krankenhauses. Das Licht der riesigen Kerzen umflackerte ihn. Er hatte die Hände gefaltet, und auf diesen Händen lag sein Kopf.

Er schlief. Und der Bruder Küster ließ ihn schlafen, weil er wußte, was ihn zu Gott getrieben hatte.

In dieser Nacht starb der Japaner Dr. Tayo Kuranomu. Er erwachte nicht wieder. Doppelter Schädelbruch. Er dämmerte hinüber in die Geheimnisse seines schintoistischen Glaubens, ohne gehört zu haben, wie Franz Krone wieder sprach.

Sieben Wochen lag Greta in dem Hospital der Barmherzigen Brüder von Sparta, ehe der Arzt, der noch einen bekannten griechischen Chirurgen aus Patras hinzugezogen hatte, es wagen konnte, neue Röntgenaufnahmen von den Rückgratverletzungen zu machen. Die Kopfwunde und die Gehirnerschütterung waren von sekundärer Bedeutung; sie heilten schnell aus und gaben zu keinerlei Besorgnis Anlaß. Nur die innere Verletzung an der Wirbelsäule, hervorgerufen durch den Aufprall des Rückens gegen die Oberkante der Tür des Autos, war besorgniserregend. Soviel hatte man in diesen sieben Wochen bereits erkannt, daß eine Bewegungsunfähigkeit beider Beine vorhanden war, sie schienen sogar gefühllos zu sein, denn bei einem Probeeinstich in die Ober- und Unterschenkel zeigten die Nerven keinerlei Reaktion.

Diesen Zustand verheimlichten die Ärzte Franz Krone. Sie sprachen von einer vorübergehenden Gefühllosigkeit infolge einer Prellung, die bald behoben werden könnte.

Vor dem ersten richtigen Erwachen, vor der Wiederkehr der geistigen Klarheit hatte sich Franz gefürchtet. »Keine Aufregung!« hatte der Arzt immer gesagt. »Zeigen Sie Ihrer Frau nicht, daß Sie wieder sprechen können. Dieser freudige Schock könnte ihren Zustand nur verschlimmern. Wir müssen warten, bis wir es ihr sagen können…« Und so saß Franz Krone am Bett und hielt die Hände Gretas, als sie nach sieben Tagen die Augen aufschlug und sich erstaunt umblickte. Als sie Franz sah, lächelte sie und schloß glücklich wieder die Augen. Er beugte sich über sie und küßte sie zart auf die blassen, schmalen Lippen.

»Nicht böse sein«, sagte sie leise, fast wie ein Hauch. »Es kam so plötzlich…« Sie legte den Arm um seinen Nacken und drückte seinen Kopf zu sich hinunter. »Bin ich sehr verletzt…?«

Franz schüttelte den Kopf. Mit zitternden Fingern griff er in die Tasche und holte Bleistift und Papier heraus. »Der Arzt sagt, daß bald alles wieder gut ist«, schrieb er. Mühsam unterdrückte er den Wunsch, den unbändigen Drang, aufzuspringen und zu schreien: »Ich kann ja sprechen! Ich kann sprechen! Hör mich doch, Greta, hör mich… Ich kann wieder sprechen! Du glaubst es nicht? Nein, du träumst nicht... Hör doch, hör: Ich liebe dich... Hörst du? Ich liebe dich – ich liebe dich! Das habe ich gesagt, mit meiner Stimme... O Greta... Greta...«

Aber er schwieg... Er legte den Kopf neben den ihren auf das Kissen und streichelte ihre langen, blonden Haare. »Sie darf es noch nicht wissen«, sagte er leise zu sich. »Sie darf es erst wissen, wenn sie ganz gesund ist...«

Mit verkrampften Fingern, fast unleserlich, schrieb er weiter auf das Papier.

»Ich habe Professor von Kondritz in Berlin verständigt. Wenn du transportfähig bist, werden wir dich nach Berlin schaffen.«

»Ist es so schlimm?« sagte sie mit einem müden Lächeln, als sie die Zeilen gelesen hatte. Er schüttelte den Kopf.

»Nein«, schrieb er auf den Zettel. »Aber ich will, daß der beste Arzt dich untersucht. Ich liebe dich, Greta!«

Sie nahm seinen Kopf und küßte ihn auf die Lippen. Ein zufriedenes Lächeln überzog ihr blasses, schmales Gesicht. »Bleibst du bei mir?« fragte sie. Das Sprechen strengte sie an, man sah es an den kleinen Schweißperlen, die sich auf ihrer Stirn zeigten. »Bleibst du hier, bis ich ganz gesund bin?«

Franz nickte. Er schluckte; die Qual, jetzt freiwillig stumm zu sein, übermannte ihn fast. Er beugte sich über sie und tupfte mit einem Mulltuch den Schweiß von ihrer Stirn.

»Wie geht es Dr. Kuranomu?« fragte Greta nach einer Zeit der Stille.

»Er ist auf dem Wege der Besserung«, log Franz und schob den Zettel zu ihr.

»Schädelbruch?«

Er nickte und machte ein Zeichen, daß es nicht so schwer sei.

»Gott sei Dank.« Greta legte sich in die Kissen zurück. »Er konnte nicht dafür, Franz. Er wollte den Hund nicht überfahren, und die Straße war zu eng, der Wagen schleuderte, als er bremste... Er ist wirklich nicht schuldig.«

Er nickte Zustimmung und legte seinen Finger auf ihre Lippen. »Still«, sollte das heißen. »Nicht zu viel sprechen... Ruhe dich aus, schlafe... Werde gesund.« Sie lächelte ihn an und küßte den Finger, der auf ihrem Mund lag. Gehorsam schloß sie die Augen und fiel nach einiger Zeit in einen Dämmerschlaf.

Leise erhob sich Franz und ging hinaus in den steinernen Bogengang des Hospitals. Er lehnte sich an die Balustrade und sah hinunter auf den von Säulengängen eingerahmten Klostergarten, in dem drei bärtige, schwarze Mönche mit primitiven, selbstgezimmerten Hakken und Schaufeln den steinigen Boden bearbeiteten und die Blumen von Unkraut säuberten.

Er rauchte in kurzen, hastigen Zügen eine Zigarette und nahm dabei aus seiner Brusttasche einen schon vielfach zerknitterten Brief. Er war von Caricacci und eine Antwort auf die Bitten Krones, ihm etwas Geld zu leihen. Die Konten waren erschöpft; die Arztkosten, der Hauskauf, das tägliche Leben hatten sie aufgebraucht. Nur noch ein paar Dollar standen auf einer Bank in San Francisco...

Caricacci schrieb, daß er Franz tausend Dollar überwiesen habe, in griechischer Währung. Er wünschte Greta – die er zum erstenmal in einem Brief erwähnte – schnelle Besserung und teilte ihm mit, daß er für drei Monate nach Spanien gehe, wo ein Talentsucher in den Toledobergen eine Naturstimme entdeckt habe, einen Bariton vom Format eines Bastianini oder Schlusnus.

Tausend Dollar – und was kam dann? Greta mußte operiert werden. Professor von Kondritz hatte angesichts der ersten Röntgenaufnahmen vorgeschlagen, die äußerst schwierige Rückgratoperation in Berlin vornehmen zu lassen. Ohne eine Operation würde Greta nie wieder laufen können – die Nervenstränge zu den Beinmuskeln waren abgeklemmt, die Wirbelsäule verbogen und deformiert. Was sind da tausend Dollar!

In diesen Wochen begann Franz Krone etwas, was alle Ärzte, die ihn bisher behandelt hatten, für Irrsinn gehalten hätten: Er sang!

Eigentlich war es kein Singen, sondern ein schreckliches Krächzen und ein mißtöniges Gewimmer; er konnte zwar wieder sprechen bis zu einer gewissen Lautstärke, aber darüber hinaus versagten die Stimmbänder weiter den Dienst und schwangen nicht mehr mit.

Es kümmerte Franz Krone nicht, daß sein erster Gesang wie das

Heulen eines kranken Hundes klang... Er fuhr jeden Tag hinaus aus Sparta nach Artemisia, einem Dorf im Taygetos-Gebirge, und dort, in den einsamen Schluchten gebleichter, graugelber Felsen, umgeben von zerzausten Ölbäumen oder windschiefen Tamarisken, brüllte er in die Einsamkeit und lauschte, ob seine Stimme einen Klang bekam, ob sie sich nicht wandelte, ob sie nicht doch den Ansatz einer Harmonie der Töne zeigte.

Drei, vier, sechs, neun Wochen lang sang er mit grausamer Konsequenz in den Felsen von Artemisia. In der Zwischenzeit saß er am Bett Gretas und schrieb noch immer auf eine neu gekaufte Schiefertafel die wenigen Sätze, die er ihr zu sagen hatte: Trost, Geduld und Glaube an das Morgen.

Seinen Garten am weißen Haus von Ageranos pflegte ein junger Bauer. Mit einem alten, klapprigen Ford brachte er jeden Dienstag eine Ladung Obst und Blumen nach Sparta – dann setzte sich Franz Krone auf den Markt oder neben die Ruinen des berühmten Stadions und verkaufte an die Touristen die ersten Früchte seines Felsengartens. Die Amerikaner und Engländer, Franzosen und Schweizer, Deutschen und Schweden, die mit den Fremdenführern durch die antiken Trümmer einer weltweiten Kultur gingen, kauften gern die leuchtenden Früchte und die dicken Sträuße, die der lange, hagere, braungebrannte Händler ihnen entgegenhielt. Kaum einer der Fremden warf einen genaueren Blick auf den »Griechen« – vielleicht fiel es einer Lady auf, daß er eine alte, blaue, ausgeblichene Baskenmütze trug und ein Hemd, das auf der Brust offenstand... Sie gab ihm dann einen Schilling mehr und nahm schnell den Blumenstrauß.

»Einen Strauß? Bitte schön, oui, Madame – cette rose est la rose du maréchal Niel.« Das Geld – Hand auf, ein Nicken. »Merci, Madame. Au revoir...«

Neun Wochen lang... Tag für Tag... Das Bett Gretas mußte bezahlt werden, die Ärzte verlangten ihr Geld, die Medikamente verschlangen große Summen, die Verbände, die Bettwäsche...

Und in den Felsen bei Artemisia schrie jeden Morgen ein Mann gegen das Gestein und lauschte auf die Töne, die aus seiner Kehle quollen und sich mißtönend überschlugen.

Aber es waren Töne! Das gab ihm Mut, das gab ihm Kraft, durchzuhalten, in der Sonne mit seinen Blumen und Früchten zu sitzen, wie ein dreckiger Händler aus der Levante behandelt zu werden und vor den snobistischen Fremden zu katzbuckeln – den gleichen Menschen, die ihm einst zujubelten, ihm Blumen auf die Bühne warfen und – wie in Neapel – ihn singend auf der Schulter durch die Straßen trugen.

In der elften Woche gelang es ihm, einen sauberen Ton festzuhalten. Einen einzigen Ton nur... Aber er brach nicht mehr, er stand fest, er behielt seinen Klang, und dieser Klang wehte durch die Einsamkeit der Taygetos-Felsen wie die Fanfare eines schwererrungenen Sieges.

Erschrocken hielt Franz Krone inne, als er den Ton mit vollem Bewußtsein vernahm. Er schloß die Augen und lehnte sich zitternd gegen das Gestein. Sollte es wahr sein? Hatte ihn nicht ein Wunschbild genarrt? War es wirklich ein Ton, ein klarer, anhaltender, nicht sich überschlagender, auseinanderbrechender und flatternder Ton?

Er hielt die Augen geschlossen, als er den Ton noch einmal sang. Er hatte die Hände ineinander verkrampft, ein Schütteln durchzog seinen schmächtigen, ausgezehrten Körper.

Der Ton – da war er wieder – ja, er war da, er klang... Er klang!

Franz trat von dem Felsen zurück, er wölbte die Brust, er breitete die Arme weit aus, als wolle er die ganze Welt umarmen – und er sang, noch unrein zwar, aber es war eine Melodie, sie hatte einen Klang, sie war erkennbar, sie war sogar schön, herrlicher für ihn als die schönste Arie, die er je gesungen hatte.

So stand er in der Einsamkeit glühender Felsen, die Arme ausgebreitet, mit geschlossenen Augen, unter deren Wimpern die Tränen über seine braunen, eingefallenen Wangen liefen. Die Melodie zerflatterte in einem Schluchzen, das seinen ganzen Körper ergriff, er schlug die Hände vor die Augen und weinte laut wie ein Kind.

Die tausend Dollar Caricaccis teilte Franz auf. Fünfhundert Dollar überwies er an den Professor von Kondritz als Vorauszahlung für

Operation und stationäre Behandlung, mit den anderen fünfhundert Dollar bezahlte er seine Schulden in Sparta und Gythion. Dann saß er wieder auf dem Markt und in den Ruinen Spartas und verkaufte seine Blumen.

Aber es war ein anderer Mensch, der jetzt seine Waren den Touristen anbot. Etwas Selbstbewußtes ging von ihm aus, eine federnde Energie, ein Leuchten in seinen Augen, aus dem die Hoffnung strahlte. Jetzt übte er jeden Morgen und jeden Abend in den Felsen, und es war, als habe das Dunkel, das bisher seine Stimme hemmte, sich zurückgezogen, als hätten die Nerven nie geruht und das Gehirn nie seinen Dienst verweigert. Seine Stimme blühte von Tag zu Tag mehr auf, schon füllte sie die Felsenschluchten, und ihr Wohllaut trieb ihm immer wieder Tränen in die Augen. Manchmal auch brach er mitten im Gesang ab und lauschte den in den Felsen sich brechenden Tönen nach, als könne er noch nicht glauben, daß es wirklich seine Stimme war, die er hörte. Zuerst sang er nur Töne, dann wurde es ein Volkslied, eine kleine Arie, aber auch von ihr nur ein paar Takte, um seine Kehle nicht zu überlasten. Nach siebzehn Wochen sang er in den Felsen bei Artemisia die große Arie des Faust »Sei mir gegrüßt, du heil'ge Stätte« aus »Margarete« von Gounod. Er sang sie wie vor zwei Jahren in Rom und New York, nur das hohe C war noch etwas dünn und hatte nicht den metallenen Klang, der ihn von den anderen Sängern unterschied. Aber es war ein C – es machte ihm keine sonderliche Mühe, es zu singen, er tastete sich nicht an den Ton heran, sondern ergriff ihn gleich bei dem ersten Ansatz in voller Klarheit und Reinheit.

An diesem Abend kehrte er nicht in das Krankenzimmer Gretas zurück, um sich an ihr Bett zu setzen, wo sie geduldig darauf wartete, nach Berlin geflogen zu werden. Er ging um das Hospital herum und suchte das Fenster von Gretas Zimmer. Als er es gefunden hatte, zögerte er einen Augenblick, ehe er die geliehene Laute nahm und die Saiten zupfte.

Der Abend war warm und doch mild. Blütenduft lag in der Luft... Kletterrosen rankten sich an der Hauswand empor und überzogen die Steine mit roten, duftenden Blüten.

Er sah, daß das Fenster von Gretas Zimmer geöffnet war. Lichtschimmer geisterte aus ihm durch die Dunkelheit, schwach nur, wie von einer Tischlampe. »Sie liest«, dachte er. »Sie liest immer, manchmal bis tief in die Nacht hinein, weil sie in dem Gipsbett nicht schlafen kann. Wir grausam ist doch unser Schicksal, wie unerbittlich.« – »Wenn ich lese, vergesse ich die Schmerzen«, sagte sie einmal, als er ihr von drei Tageseinnahmen seines Blumenstandes neue Bücher gekauft hatte und sie ihr aufs Bett legte. »Ich zwinge mich, zu vergessen. Früher, wenn du sangst, war es ebenso – dann gab es nichts für mich auf der Welt als dich und deine Stimme…« Und sie lächelte verzeihend, daß sie von seiner Stimme sprach, zu ihm, dem ewig Stummen.

Er hob die Laute und zupfte die Melodie. Er dehnte die Einleitung aus, er spielte sie zweimal. »Jetzt wird sie das Buch hinlegen und verwundert lauschen«, dachte er. »Sie wird den Kopf zum Fenster drehen und vielleicht sogar lächeln. Ach Greta… Greta…« Er schloß die Augen und sang.

»Una furtiva lacrima… Heimlich aus ihren Augen sich eine Träne stahl…« Der »Liebestrank« von Donizetti. Die zarte, schmeichelnde, wie ein Streicheln klingende Arie des Nemurino, in der die Träne mitklang, die er verklärt besang.

Er fühlte nicht mehr seine Finger, die über die Saiten der Laute glitten, er sah nicht mehr, wo er stand, er sah keine Sterne und keine Rosen, nicht die sich öffnenden Fenster und die ratlosen, erstaunten und dann lächelnden Gesichter der bärtigen Mönche, den weißen Kittel des Arztes, der aus einer Tür auf einen Balkon wehte; er sang mit der ganzen Inbrunst eines Gebetes, eines Dankes, einer jubelnden Wiedergeburt aus der Hand Gottes.

Als er die Arie beendete und wie erschöpft die Laute sinken ließ, zerriß ein heller Schrei die Stille der Nacht. Er kam aus dem Fenster des Krankenzimmers – ein Schrei, der wie ein Schwert durch sein übervolles Herz schnitt.

»Greta!« stammelte er. »Greta… Mein Gott… Greta!«

Er ließ die Laute fallen und rannte durch den Garten die Treppe hinauf ins Haus.

Als er in das Zimmer stürzte, stand der Arzt schon am Bett und zog eine Spritze auf. Greta lag ohnmächtig in den Kissen, mit den Händen noch immer den Nachttisch umklammernd, als habe sie sich daran emporziehen wollen, um an das Fenster zu treten.

Stumm sank er vor dem Bett in die Knie und vergrub das Gesicht neben ihrer Hand in das Kissen.

Mit versteinertem Gesicht gab der Arzt die Injektion.

Das Märchen schien sich zu vollenden – mit Riesenschritten kam Franz Krone die Zeit entgegen, so, als wolle das Schicksal die Jahre, die er verloren hatte, nachholen.

Mit dem nächsten Flugzeug, das von Patras abging, flog er nach Athen, von Athen nach Rom. Dort sang er Giulio vor, der ihn zuerst skeptisch betrachtete und nur unlustig zur Probenbühne mitging. Aber als Franz die ersten Takte gesungen hatte, sprang Giulio auf und schlug mit den Armen um sich wie ein Tobsüchtiger.

»Umdisponieren!« schrie er dem Dramaturgen zu, der ebenfalls von seinem Stuhl aufgefahren war. »Plakate an alle Säulen und Wände – riesige Plakate: ›Francesco Corani singt wieder!‹ Am Sonnabend zum erstenmal! ›Turandot‹! Mit der Spinelli als Turandot! Und morgen abend eine Pressekonferenz im Foyer der Oper! Haben Sie? Ja? ’raus! An die Arbeit! Amigo mio –« Er stürzte auf Krone zu und umarmte ihn. Er küßte ihn schmatzend auf beide Wangen und drückte ihn immer wieder. »Sie sind wieder da?! Ihre Stimme ist nicht weg?! War alles nur ein Reklametrick von Caricacci, was? Guter Trick! Sehr wirkungsvoll! Genial! Die ganze Welt wird kopfstehen: Corani, der stumme Sänger, singt wieder! Und schöner, voller, gereifter als bisher! Ich werde verrückt vor Freude.«

Franz Krone lächelte. Er befreite sich aus den Armen Giulios und rückte seine Krawatte gerade. »Noch eins, Giulio«, sagte er. »Bevor ich überhaupt einen neuen Vertrag eingehe und den Kalaf in ›Turandot‹ singe – als Honorar das Doppelte wie damals!«

»Ich werde verrückt vor Kummer!« schrie Giulio auf. »Das Doppelte?!«

»Ich brauche Geld, viel Geld! Nicht für mich – für meine Frau.

Sie muß wieder gesund werden.«

»Amigo – sagen wir: Die Hälfte mehr«, stöhnte Giulio.

»Das Doppelte – oder ich singe in der Scala!«

»Diavolo!« Giulio setzte sich schwer auf seinen Stuhl. »Das ist Mord! In der Scala?! Du bekommst das Doppelte, du Lump, du Erpresser!« Aber er lachte dabei und wischte sich mit einem großen Seidentuch den Schweiß von der Stirn.

Am Dienstag war die Pressekonferenz, am Mittwoch las es die Welt: »Corani singt wieder!« Am Donnerstag landete Caricacci aus Madrid kommend in Rom und fiel Krone um den Hals. Am Freitag war die erste und letzte Probe mit Aurelia Spinelli als Turandot. Am Samstag flatterte ein Telegramm aus Hollywood auf den Tisch Krones: »Viel Glück und Erfolg stop Ich freue mich mehr als Worte sagen können stop Ich bin mit dir glücklich stop Sandra.« Franz Krone zerriß das Telegramm in ganz kleine Stückchen und warf sie aus seinem Hotelfenster hinab in den Tiber, der unter ihm träge dahinfloß.

Caricacci sah es und trat an das Fenster. »Sandra?« fragte er.

»Ja. Aus Hollywood.« – »Sie will kommen?«

»Ich weiß es nicht. Aber es ist mir gleichgültig, ob sie kommt oder nicht. Sie steht für immer außerhalb meiner Gedanken. Ich habe eine Frau – und nur für sie muß ich jetzt singen. Ihr Leben, ihre Gesundheit hängen an meiner Stimme.«

»Und wenn Sandra doch kommt?«

»Dann sprich mit ihr und sage ihr, daß ich verheiratet bin und meine Frau liebe, mehr, als es Sandra empfinden kann!«

Am Sonnabend war die Premiere der »Turandot« von Puccini. Mit geschlossenen Augen, mit stockendem Atem hörten die Menschen Francesco Corani als Kalaf. Sein »Nessun dorma – Keiner schlafe«, erschütterte das weite Rund der Oper. Als der riesenhafte Gong am Ende der Arie ertönte, erhoben sich die Zuhörer und trampelten, daß Orchester und Chor in diesem vulkanischen Jubel untergingen.

Nach drei Abenden in Rom verließ Franz Krone Italien und kehrte nach Sparta zurück. Eine Spezialmaschine der amerikanischen Luftwaffe – ein Lazarettflugzeug – wartete auf einem Feld außerhalb der Stadt.

Mit einem großen Lazarettwagen wurde Greta in ihrer Gipswanne zu dem Flugzeug gefahren. Vorsichtig hob man die schwere Bahre in das Innere des silbernen Vogels, ein Arzt der US-Army nahm sie in Empfang. Dann wurde die Tür geschlossen, die beiden Motoren brüllten auf, ein Zittern ging durch den Leib der Maschine.

Franz Krone saß neben der Bahre auf einem Hocker und hielt die Hände Gretas. Ihr Gesicht lag im Schatten, er konnte es nicht sehen, aber an dem Zucken ihrer Hände merkte er, daß sie weinte. »Mut«, sagte er leise. »Nur Mut, Greta. Ich weiß, daß wir dir helfen können... Ich weiß, daß Gott es will.« Er senkte den Kopf und fügte leise hinzu: »Ich weiß es, weil er mir nicht vergebens die Stimme wiedergegeben hat.«

Ruhig zog der silberne Vogel über den Wolken nach Norden. Wenn die Wolkendecke aufbrach, leuchtete das rote Kreuz unter seinen Tragflächen weit über das Land.

Greta schlief jetzt. Der Arzt in Sparta hatte ihr noch eine Beruhigungsinjektion gegeben. Franz Krone saß vorne bei den Piloten in der kleinen, gläsernen Kanzel und blickte hinunter über das schwach bewegte Mittelmeer, das sie überflogen. Der Militärarzt legte ihm die Hand auf die Schulter.

»Ich habe Sie in Frisco gehört«, sagte er in gebrochenem Deutsch. »Vor etwa zweieinhalb Jahren... Ich wünsche Ihnen von ganzem Herzen, daß Ihr deutscher Arzt die Operation machen kann.«

Franz Krone nickte dankbar. Er sah über die Köpfe der Piloten hinweg in den Himmel, in die ziehenden Wolken. »Laß sie gesund werden«, dachte er. »Mein Gott – zeige, daß es noch Wunder gibt...«

Gegen Mitternacht landeten sie in Berlin-Tempelhof.

Professor Dr. von Kondritz stand an der Maschine, als sie ausrollte. Er fror. Der Wind, der über das Rollfeld trieb, blähte seinen Mantel auf.

Von der Zollabfertigung her rollte ein geheizter Krankenwagen heran. Zwei junge Ärzte sprangen auf die Zementbahn.

Langsam öffnete sich die Tür des Flugzeugs, die fahrbare Treppe wurde herangeschoben. Von der Spitze des Wetterturmes kreiste ein Scheinwerfer durch die stürmische Nacht. Rote und grüne Blinklichter zuckten durch die Dunkelheit.

»Vorsichtig!« sagte Kondritz, als die mit dicken Decken umhüllte Bahre aus dem Flugzeug geschoben wurde. »Kanten Sie die Bahre nicht…«

Ein Zollbeamter trat aus der Dunkelheit heran.

»Zuerst zum Zollgebäude!« sagte er laut.

»Lassen Sie uns in Ruhe!« zischte Kondritz. »Hier sind dreißig Pfund Gips!« Die Ärzte schoben den Zöllner zur Seite, die Bahre wurde in den geheizten Wagen gehoben.

Franz Krone stand an der fahrbaren Treppe und sah hinüber zum Flughafengebäude. »Willkommen in Berlin!« schrie ihm eine flimmernde Leuchtschrift entgegen.

Der Zollbeamte verhandelte erregt mit dem amerikanischen Militärarzt. Er wollte darauf bestehen, daß die verdeckte Bahre auf Schmuggelgut untersucht wurde.

»Deutschland«, dachte Franz Krone. Ein bitterer Geschmack kam ihm auf die Zunge. Professor von Kondritz schrie den Zöllner an, während der geheizte Krankenwagen schon langsam zum Ausgang rollte. »Kommen Sie mal her!« brüllte der Zollbeamte, als er Krone sah. »Sie sind der Mann von der kranken Frau? Ihren Paß bitte!«

Der amerikanische Militärarzt lächelte und gab Krone die Hand. »Good night«, sagte er lachend. »Germany ist immer wie ein schlechter Film – da wollen die Nebenrollen eine große Rolle spielen…«

Am nächsten Vormittag, nachdem Greta sehr tief geschlafen und Professor von Kondritz durch Beruhigungs- und Herzinjektionen die Operation vorbereitet hatte, wurde unter der Assistenz mehrerer Ärzte die schwierige Rückgratoperation vorgenommen. Sie dauerte fünf Stunden.

Franz Krone saß im Zimmer des Chefarztes und starrte aus dem Fenster hinaus auf die Terrasse, unter der ein großer Garten lag.

Weißlackierte Bänke standen an den Rändern der geharkten Wege. Der Tag war trübe... Schwere Regenwolken hingen über Berlin. Die Bäume und Büsche zitterten unter seinem stoßweisen Wind, der die tiefhängenden Wolken vor sich herjagte.

Ab und zu trat Franz Krone an das große Fenster und sah hinaus in den trüben Tag. Dann überkam ihn wieder die Angst, und er trommelte mit den Fingern gegen die Scheiben oder rannte im Zimmer hin und her.

Nach drei Stunden würgte ihm die Angst die Luft ab. Er riß den Kragen auf und stürzte auf den Flur. Eine Schwester, die an ihm vorbeieilte, hielt er am Arm fest.

»Wie geht es meiner Frau?« keuchte er. Er war bleich und zitterte wie in einem Anfall von Schüttelfrost.

Die Schwester hob die Schultern. »Ich weiß es nicht... Der Herr Professor operiert noch...«

»Noch immer? Schon drei Stunden?« Er schlug die Hände vor die Augen und schwankte in das Zimmer zurück.

Drei Stunden... Er drückte die Stirn gegen die kalte Scheibe des Fensters und schloß die Augen. »Ich halte das nicht mehr aus«, dachte er. »Ich werde wahnsinnig... Was machen sie bloß mit ihr? Warum dauert es so lange? Ist sie vielleicht schon tot, und sie wollen es mir nicht sagen? Halten sie mich nur hin?! Eine Operation kann doch keine drei Stunden dauern! Sie ist gestorben... Sie ist ihnen unter den Händen gestorben, und sie sagen es mir nicht! Sie suchen erst nach einer Erklärung, um mir dann zu sagen: ›Sie ist gestorben.‹«

Er hieb mit den Fäusten gegen die Wand und schrie plötzlich. »Greta!« brüllte er. »Greta! Du darfst nicht sterben! Nein! Nein! Gebt mir meine Frau wieder!«

Er wollte aus dem Zimmer rennen, hin zum Operationsraum, als er auf einen Arzt prallte, der gerade die Tür öffnete. Mit einem Schrei fiel er ihn an wie ein Tier und umklammerte seine Rockaufschläge.

»Was ist mit ihr?« heulte er. »Ist sie tot?! Sagt es doch, daß sie tot ist! Sagt es doch!«

Der Arzt nahm Franz Krone wie ein Kind an der Hand und führte ihn zu einem Sessel. Er drückte ihn hinein und hielt seine Hand fest. Mit starren Augen sah ihn Krone an.

»Sie sind so still…«, stammelte er. »Sie sind so leise… Versuchen Sie nicht, mich zu belügen… Sagen Sie die Wahrheit… Ich kann es ertragen: Greta ist tot…«

»Nein.« Der Arzt nahm eine Schachtel Zigaretten aus der Tasche und hielt sie Krone hin. »Rauchen Sie erst einmal eine. Und einen Kognak lasse ich Ihnen auch bringen. Der Herr Professor operiert noch…«

»Nach vier Stunden?«

»Wissen Sie, was eine Nervenoperation bedeutet? Und gerade innerhalb des Rückenmarks? Wir haben es freigelegt, den ganzen Hauptnervenstrang!«

»Mein Gott, mein Gott.« Franz Krone ließ die Zigarette fallen und fuhr sich mit beiden Händen durch die Haare. »Sie wird nicht sterben?«

»Aber nein.« Der Arzt trat die brennende Zigarette aus. »Sie wird im Gegenteil wieder laufen können… Der Herr Professor hat berechtigte Hoffnungen…«

Als der Arzt das Zimmer verließ, saß Franz Krone am Fenster und weinte.

Und wieder tropften die Minuten dahin, zäh wie Sirup, jedes Tikken der Uhr wie einen Stich in das Gehirn des Wartenden jagend.

Die fünfte Stunde der Operation, die Stunde an der Grenze des Irrsinns.

Dann öffnete sich die Tür. Professor von Kondritz trat in den Raum, müde, abgespannt, mit tiefen Falten zwischen den Nasenflügeln. Er sah aus wie ein alter Mann, der lange nicht geschlafen hat.

»In zehn Minuten können Sie Ihre Frau sehen«, sagte er leise. In seiner rauhen Stimme schwang die Anstrengung der vergangenen fünf Stunden mit. »Sie ist noch in Narkose, aber –«

»Aber?« Franz Krone umklammerte den Tisch, vor dem er saß.

»Aber sie ist gerettet! Nach menschlichem Ermessen müßte sie wieder gehen können.«

An dem erschöpften Chirurgen vorbei rannte Franz Krone aus dem Zimmer. Er stand vor der Tür zu Gretas Raum, als die Bahre, mit Tüchern zugedeckt, vom Fahrstuhl herüber zu dem Zimmer gerollt wurde – den Weg zurück ins Leben.

Am Abend dieses Tages sang Francesco Corani in der Berliner Oper.

Caricacci hatte dieses Gastspiel gleich von Rom aus abgeschlossen, als er erfuhr, daß Corani seine Frau zur Operation nach Berlin bringen wollte. »Ich singe in dieser Zeit nicht!« hatte Corani geschrien, aber Caricacci hatte in alter Manier die Hände gehoben und ruhig gesagt: »Francesco – die Flugkosten, die Operation, der Krankenhausaufenthalt werden dich Tausende von Mark kosten! Woher willst du das Geld nehmen? Von drei Opernabenden in Rom?! Das Konzert in Berlin bringt dir gute viertausend Mark ein – für deine Frau, Francesco!«

Und Corani sang den Rudolf in »La Bohème«.

Es war eine erschütternde Stille in dem großen Opernraum, als Corani mitten im Spiel – vor dem Einsatz seiner großen Arie – an die Rampe trat und leise sagte: »Diese Arie singe ich für meine Frau – sie soll so fest wie ich glauben, daß sie wieder gesund wird.«

Die Geigen sangen... Corani stand vorne am Souffleurkasten, nahe dem Mikrophon, das neben dem Dirigenten über die Orchesterrampe ragte.

»Wie eiskalt ist dies Händchen...« Die Liebesarie des Rudolf, der einschmeichelndste, süßeste Gesang aller Opern.

In der Stimme Coranis schwangen die Tränen mit, die er unterdrückte, es war, als sei seine Stimme in diese Melodie hineingeschmolzen, eine unerklärbare Süße, eine Weichheit, die träumen ließ, ein Schweben, schwerelos wie im unendlichen Raum.

Caricacci stand hinter der Bühne und hatte die Hände gefaltet. Atemlos stand neben ihm der Generalintendant und lauschte. »Ein Wunder«, flüsterte Caricacci. »Niemand wird diese Arie wieder so singen können. Es ist wie eine Beschwörung Gottes...«

Die Opernaufführung wurde auch in das stille Zimmer der Klinik übertragen. Professor von Kondritz und der Oberarzt saßen am Bett Gretas, als die Übertragung begann. Sie waren bereit, den Radioapparat sofort abzustellen, wenn die Stimme Coranis Greta zu sehr erregte. Sie lag wieder in einer Gipswanne, aber nicht, wie vorher, auf dem Rücken, sondern auf der rechten Seite.

Still, ohne Bewegung, aber mit glücklichen Augen hörte sie die Oper an. Als Franz die wenigen Sätze vor dem Beginn der Arie sprach, schloß sie die Augen. Und während er sang, rannen ihr unter den geschlossenen Lidern die Tränen über die blassen, eingefallenen Wangen. So lag sie die ganze Aufführung über bis zu Mimis Tod. Da schlug sie die Augen wieder auf und blickte hinüber zu Professor von Kondritz.

»Sie stirbt so glücklich, die kleine Mimi«, sagte sie schwach. »So tapfer und demütig. Muß ich auch sterben...«

Kondritz fuhr auf. »Aber nein, gnädige Frau. Wo denken Sie hin?! Wir wollen Sie gesund sehen – etwas anderes gibt es bei mir nicht.«

»Aber ich bin so schwach... Um mich herum ist alles so leicht, so federleicht. So stelle ich mir das Sterben vor – ein Loslösen von aller Erdenschwere, ein Schweben, das in die Weite führt...«

»Das macht noch die Narkose, gnädige Frau.« Der Oberarzt beugte sich vor und fühlte den Puls. Er sah dabei Kondritz an und schüttelte den Kopf. »Eine postoperative Schwäche, es hat nichts zu sagen.«

Greta schloß die Augen. »Wie schön er singt«, flüsterte sie. »Nicht wahr, Herr Professor...«

»Gewiß, gnädige Frau. Eine solche Stimme habe ich noch nie gehört.«

»Und er war stumm, Herr Professor. Völlig stumm! Mein Unglück hat ihm die Stimme wiedergegeben...« Sie lächelte schwach. »Dann waren sie nicht umsonst – die Schmerzen, die Ängste...« Sie schwieg und schluckte mühsam. »Ich habe Durst, Herr Professor...«

Der Oberarzt erhob sich und tränkte einen Mullstreifen mit Wasser. Mit diesem Stückchen Stoff befeuchtete er die Lippen Gretas. Sie öffnete den Mund, und der Arzt wusch ihr die Mundhöhle aus.

»Das tut gut«, sagte sie schwach.

»Morgen dürfen Sie wieder etwas trinken.« Kondritz erhob sich. »Schwester Bettina wird Ihnen immer die Lippen anfeuchten.«

»Danke, Herr Professor...«

Aus dem Radio quoll der Beifall auf. Die Oper war zu Ende, die Zuschauer riefen Corani immer wieder vor den Vorhang. Ihr begeistertes Klatschen überschlug sich im Lautsprecher des Apparates.

»Soll ich abstellen?« fragte der Oberarzt.

»Nein – bitte – lassen Sie an! Ich freue mich ja so über seinen Erfolg...«

Leise verließen die Ärzte das schmale Zimmer. Schwester Bettina saß draußen auf dem Flur in einem Korbsessel am Fenster. Sie erhob sich, als die Ärzte auf den Gang traten.

»Jede halbe Stunde den Mund auswaschen«, sagte Kondritz, während der Oberarzt schon voraus auf sein Zimmer ging. »Dr. Bormann soll gegen Abend noch eine Cardiazol-Injektion machen; wenn die Schwäche anhält, 10 ccm Traubenzucker! Bei jeder anderen Veränderung des Zustandes rufen Sie mich sofort an. Ich bin zu Hause.«

»Jawohl, Herr Professor.«

Schwester Bettina öffnete leise die Tür des Zimmers und trat ein. Sie stellte das Radio ab und deckte Greta bis zur Brust zu. Sie schlief, mit einem Lächeln auf den Lippen, das sie im Traum hinübergerettet hatte von dem Glück, den Erfolg Coranis miterlebt zu haben.

Und wieder flog die Stimme um die Welt.

Während Greta nach zwei Monaten Gipsbett wieder aufstehen durfte und in einem Gehgestell die ersten Schritte probte, sang Corani in New York an der Metropolitan. Als Greta wimmernd und vor Schmerzen das Taschentuch zwischen den Händen zerfetzend auf dem Massagetisch lag, sang er in Rio de Janeiro. Bei den Festspielen in Mailand tobte die Scala und stürmten die Enthusiasten die Bühne nach einer Aufführung des »Rigoletto«... An diesem Tag unternahm Greta, auf die Schultern von zwei Schwestern gestützt, die ersten Schritte im Garten ohne Gehgestell bis zu einer Bank, wo sie sich mit schmerzverzerrtem Gesicht setzte. Aber sie konnte gehen... Die Beinnerven versagten nicht, sie waren nicht mehr gefühllos, sie gehorchten wieder dem Willen... Sie ging und spürte unter sich den Kies des Weges und die kleinen Erhebungen der festgestampften Erde.

Noch einmal sah Francesco Corani Sandra Belora wieder. Es war bei einem Konzert im Musikhaus von Los Angeles. Er sang Opernarien und italienische Volkslieder, begleitet von dem großen Sinfonieorchester Los Angeles. Als er an die Rampe der Bühne trat und hinabblickte in den Zuschauerraum, sah er in der ersten Reihe neben dem Bariton Ettore Constantino und Caricacci die schwarzen Haare und die leuchtenden Augen Sandras. Er grüßte hinab, sie grüßte mit erhobener Hand zu ihm hinauf, Constantino winkte ihm zu. In diesem Augenblick wußte Franz, daß Sandra wirklich mit seinem Leben nichts mehr zu tun hatte und der letzte, innerliche Druck, die letzte Angst vor einer Wiederkehr aller Zwiespalte und Versuchungen von ihm genommen war. Befreit erschütterte seine Stimme die Zuhörer im riesigen Saal, und als man ihm einen wundervollen Rosenstrauß auf die Bühne brachte, nahm er eine langstielige, rote Rose aus dem Bukett und warf sie von der Bühne hinab in Sandras Schoß.

»Leb wohl«, sollte dies heißen. »Und habe Dank für alles, was wir miteinander erlebten. Wir sind eine Zeitlang miteinander des Weges gezogen und waren glücklich. Jetzt haben wir jeder seine Straße, und wir wollen uns zuwinken, wenn wir uns hier und da einmal wieder begegnen...«

Sandra verstand ihn. Sie nahm die Rose und drückte sie an die Lippen. Ettore Constantino war aufgesprungen und applaudierte, bis ihm die Hände schwollen. Auch er spürte, wie tief dieser Abend in sein Leben eingriff und ihm Sandra erst richtig schenkte.

An diesem Abend ging Greta allein durch den Garten an der Seite Professors von Kondritz. Sie war noch blaß, eingefallen und ein wenig nach vorn gebeugt, aber sie schritt an der Seite des Arztes durch die Blumenrabatten und spürte keine Schmerzen mehr beim Auftreten und Weiterbewegen der Beine.

»Es geht doch ganz gut«, sagte Kondritz und blieb stehen. »Sie sollen sehen, gnädige Frau – in ein paar Wochen können Sie laufen wie eine Sprinterin. Morgen beginnen wir mit dem Schwimmtraining, und es wird nicht lange dauern, dann werden Sie zu mir sagen: ›Ich war einmal krank? Ich war gelähmt? Ich habe in einer Gipswanne gelegen? Das ist doch nicht wahr?‹« Kondritz lächelte und bot ihr seinen Arm. »Und eins müssen Sie mir versprechen, gnädige Frau: Den ersten Walzer, den Sie wieder tanzen werden, schenken Sie mir...«

Der Klang von Coranis Stimme eroberte die Welt. Legendäre Geschichten von seiner Stummheit und seiner Rettung kursierten bereits im Volksmund. Wo er auftrat – und die weite Welt war seine Bühne –, standen die Menschen von den Sitzen auf und riefen seinen Namen. Er sang in Tokio, Delhi und Teheran, er sang in Kairo die »Aida« und in Moskau die »Rusalka« – als er zurückkam nach Berlin, unerkannt, unter seinem Namen Franz Krone, und zitternd vor Erwartung im Zimmer von Professor von Kondritz saß, war er trotz seines Ruhmes doch nur ein kleiner Mensch, der bebend auf die Minute wartete, seine kranke Frau wiederzusehen.

Auf dem Flur erklang ein Schritt. Kondritz entfernte sich in sein Nebenzimmer. Es klopfte, die Tür schwang auf... Zierlich, mit langen blonden Haaren, ohne Stock betrat sie das Zimmer, ein fast seliges Lächeln auf den schmalen Lippen.

Einen Augenblick war es Franz, als hielte ihn der Sessel fest, in dem er saß. Wie angewurzelt starrte er ihr entgegen... Sie ging... Sie ging, als sei sie nie gelähmt gewesen – sie kam auf ihn zu, frei, ohne Hilfe.

»Greta!« schrie er auf. »Greta!« Er stürzte auf sie zu, umfing sie, als habe er Angst, sie könne stürzen, und vergrub sein Gesicht in ihre blonden Haare. So standen sie eine ganze Zeit stumm, eng aneinandergeschmiegt und hörten nur das Klopfen ihrer Herzen.

»Ich habe dich wieder«, sagte er später leise und streichelte sie. »Ich habe dich wirklich wieder...«

Professor von Kondritz war durch den Nebenraum auf den Flur getreten. Er winkte Schwester Bettina zu. »Legen Sie bitte alle Gespräche für mich in das Arztkasino«, sagte er mit bedeckter Stimme. »Ich bin vorläufig nicht in meinem Zimmer...«

Am 23. Juli 1957 wurde in New York, morgens gegen halb sieben, Annegret Krone geboren. Franz saß an dem winzigen Körbchen und blickte ungläubig auf die kleinen, geballten Fäuste und das verkniffene, rosige Gesicht des Kindes. Es schlief... Der Mund war im Schlaf verkrampft, durch die kleine Nase pfiff leise der Atem.

»Ist sie nicht süß?« fragte Greta. Sie saß im Bett, gestützt durch einen Berg Kissen, und trank einen Schluck Rotwein, in den man ein Ei geschlagen hatte. »Sie sieht dir so ähnlich, Franz...«

Er bemühte sich, diese Ähnlichkeit in dem zerknitterten Gesichtchen festzustellen, und nickte. »Ja, bestimmt«, sagte er. Er richtete sich auf und sah zu Greta hinüber. »Jetzt sind wir eine richtige, große Familie«, meinte er glücklich.

Das Kind bewegte sich. Es hob die Fäustchen hoch und begann zu weinen. Er sprang sofort an das Körbchen und beugte sich über das Kind. »Nicht weinen«, sagte er zärtlich und leise. »Nicht weinen, Annegret... Ich bin ja da... Pst... Hörst du mich...? Nicht weinen.« Er setzte sich neben das Körbchen und sang mit leiser, schwebender Stimme ein Lied, das Schlaflied von Brahms. Und während er sang, streichelte er mit der Hand die Fäuste des Kindes und über die Decke, die es einhüllte.

Schwächer und schwächer wurde das Weinen... Jetzt war es nur noch ein Greinen, ein Schluchzen, ein im Traum versickernder Ton...

»Es schläft«, flüsterte er glücklich. »Sieh es dir an... Es schläft, wenn ich singe...«

Und er blieb am Körbchen sitzen und schaute auf das kleine Gesicht seines Kindes, als sei es ein Wunder, das er nicht begriff.

Als er sich umdrehte zu dem großen Bett, lag auch Greta in den Kissen und schlief. Da schlich er sich auf Zehenspitzen aus dem Zimmer und zog hinter sich vorsichtig und jeden Ton vermeidend die Tür zu. Auf dem Flur stellte er sich an das Fenster und blickte auf die Wolkenkratzer New Yorks.

Eine Schwester kam den Flur entlang und blieb bei ihm stehen. »Sie können sich unten etwas zu essen geben lassen«, sagte sie. »Sie haben doch die ganze Nacht gewacht.«

»Ich habe keinen Hunger.« Er schüttelte den Kopf. »Sie schlafen beide«, sagte er glücklich.

Die Schwester nickte und eilte weiter.

»Wie alle Väter«, dachte sie dabei. »Sie sind doch alle gleich, ob sie nun Smith oder Parker, Fisher oder Corani heißen. Und das ist gut so, denn im Grunde ist jeder ein Mensch wie du…«

**Goldmann
Verlag
München**

Henry Pahlen
– der Spitzenautor,
wenn es um
Spannung geht!

Schwarzer Nerz auf zarter Haut

Beschützt von einer hinreißend schönen Agentin, begibt sich der deutsche Physiker Dr. Franz Hergarten, Erfinder eines neuartigen Raketentreibstoffes, an Bord des Luxusdampfers Ozeanic, um die Unterlagen seiner Entdeckung in die USA zu bringen. Er ist Geheimnisträger Nr. 1 und wird mit sämtlichen zur Verfügung stehenden Mitteln abgeschirmt.

An alles hatte man gedacht, nur nicht an die unberechenbaren Gefühle zweier Frauen, die schließlich sämtliche Sicherheitsmaßnahmen zunichte machen.

Während die ahnungslosen Passagiere in ihren luxuriösen Kabinen dem Dolce vita frönen, in den Salons und Restaurants rauschende Bordfeste feiern und keiner von Ihnen an das Gestern und Morgen, an die Wirklichkeit denkt, stehen sich die beiden Frauen als erbitterte Rivalinnen gegenüber und kämpfen Agenten verschiedener Mächte erbarmungslos miteinander – alle mit dem einen Ziel: Dr. Hergarten!

Roman. (2624)

**Goldmann
Verlag
München**

**Vom Autor des Weltbestsellers
HEBT DIE TITANIC.**

**Clive Cussler
Eisberg**

Der turmhohe Eisberg, der durch
den Nordatlantik trieb, war ein
schwimmendes Grab: In seinem
Innern war ein Schiff einge-
schlossen, von dem nicht einmal
mehr die Masten zu sehen waren.
Als die Besatzung eines Küsten-
Kontrollflugzeuges den riesigen
Eisberg entdeckt, markieren sie
ihn mit roter Farbe. Sobald das
Flugzeug verschwindet, kriechen
zwei in weiße Schneeanzüge
gehüllte Männer aus ihrem Versteck auf dem Eisberg und
beginnen Funksignale auszu-
strahlen.
Wenig später entdecken Major
Dirk Pitt von der amerikanischen
Air-Force und der weltberühmte
Ozeanograf, Dr. Bill Hunnewell,
daß die roten Flecken von dem
Eisberg entfernt worden sind.
Irgend jemand hat zu verhüten
versucht, daß das geheimnisvolle
Schiff entdeckt wird. Nachdem
sie haben einsehen müssen, daß
es dazu zu spät ist, greifen die
unbekannten Feinde zu brutaler
Gewalt, um zu verhindern, daß
der Hubschrauber des Majors in
Island landet.
So beginnt Dirk Pitts geheimnis-
voller Auftrag. Er kommt Ver-
schwörern auf die Spur, die, was
sie vorhaben, ebenso zu verbergen wissen, wie ihre Identität.
Er schleppt sich; verwundet und
zu Fuß, quer durch die einsamen
Tundren Islands. Er taucht in die
Tiefe des Wassers, das gegen

Islands Küsten brandet. Eine
verwirrend schöne Frau wird ihm
zum Schicksal. Er hat kaum
Freunde und viele Gegner. Seine
Tapferkeit und seine zähe Aus-
dauer, seine kaltblütige Verach-
tung der Gefahr sind Legende –
aber reichen diese Eigenschaften
aus, das böse Komplott der rück-
sichtslosen Mörder zu zerschlagen?

Clive Cussler wuchs in Alaham-
bra, Kalifornien, auf. Nach
Studien am Pasadena-City-
College ging er zur Air-Force.
Kurz darauf begann er seine
Karriere als Schriftsteller. Seine
Rundfunk- und Fernseharbeiten
trugen ihm zahlreiche Ehrungen
ein.

Roman. (3513)
Deutsche Erstveröffentlichung.